Georg Bemmerlein
Walter Göbel

Abiturwissen

Geschichte

19. Jahrhundert bis 1933

Klett Lerntraining

Georg Bemmerlein ist Gymnasiallehrer für die Fächer Geschichte, Deutsch, Sozialkunde, Wirtschaft und Informatik in Rheinland-Pfalz.
Er hat folgende Kapitel geschrieben:

- Von Napoleon bis zum Wiener Kongress
- Vormärz und Revolution
- Industrialisierung und soziale Frage
- Das preußisch-deutsche Kaiserreich bis 1890
- Imperialismus und Wilhelminisches Zeitalter

Dr. Walter Göbel ist Gymnasiallehrer für die Fächer Geschichte und Englisch in Bayern und war langjähriger Referent an der Akademie für Lehrerfortbildung in Dillingen a. d. Donau und bei der Konrad-Adenauer-Stiftung. An der Universität Würzburg hat er einen Lehrauftrag für das Fach „Didaktik der Geschichte".
Er hat folgende Kapitel geschrieben:

- Von der Monarchie zur Republik
- Die Weimarer Republik
- Der Vertrag von Versailles – die wichtigsten innenpolitischen Belastungen
- Die Außenpolitik
- Die ruhigen Jahre der Weimarer Republik und ihr Untergang

Bibliografische Information der Deutschen Nationalbibliothek
Die Deutsche Nationalbibliothek verzeichnet diese Publikation in der Deutschen Nationalbibliografie; detaillierte bibliografische Daten sind im Internet über http://dnb.d-nb.de abrufbar.

Auflage 4. 3. 2. 1. | 2012 2011 2010 2009
Die letzten Zahlen bezeichnen jeweils die Auflage und das Jahr des Druckes.
Dieses Werk folgt der neuesten Rechtschreibung und Zeichensetzung.
Ausnahmen bilden Texte, bei denen künstlerische, philologische, lizenzrechtliche oder andere Gründe einer Änderung entgegenstehen.

www.klett.de/lernhilfen
Redaktion: Sandra Meyer
Umschlaggestaltung: Know idea GmbH, Freiburg, mit Franziska Döhler
Umschlagfoto: Corbis, Düsseldorf
Satz: Klaus Bauer, Bondorf
Reproduktion: Meyle + Müller, Medien-Management, Pforzheim
Druck: Mediahaus Biering GmbH, München
Printed in Germany
ISBN 978-3-12-929706-3

9 783129 297063

Liebe Abiturientin, lieber Abiturient,

Sie wollen sich intensiv vorbereiten, um eine gute Note in Geschichte zu erzielen. Dieses Buch bietet Ihnen besonders übersichtlich und ausführlich den kompletten Abiturstoff zu dem Thema „19. Jahrhundert bis 1933“.

Was macht dieses Buch so übersichtlich?

1. Jedes Kapitel beginnt mit einer Kurz-Zusammenfassung. Sie führt in das Thema ein und nennt das Allerwichtigste.
2. Praktisch zum Lernen, finden Sie eine ausführlichere Zusammenfassung immer am Ende eines Kapitels.
3. Querverweise im Text (➢ S. 17) vernetzen den Stoff und bieten einen vertiefenden Einblick. Alle Querverweise werden am Kapitelende noch einmal separat aufgeführt.
4. Außerdem finden Sie in jeder Randspalte die Schnell-Lese-Straße. Hier sind die wichtigsten Informationen auf den Punkt gebracht.
5. Die wichtigsten Personen der Geschichte werden in farbigen Infokästen vorgestellt, auf die mit dem Symbol **S. 11** verwiesen wird.
6. Sie suchen ein bestimmtes Thema, einen bestimmten Begriff? Das Begriffsverzeichnis ✱ und das Stichwortverzeichnis am Ende des Buches helfen Ihnen weiter.

Auf einen Blick!

Das besondere Extra dieses Buches sind die **ÜBERSICHTSSEITEN UND ZEITLEISTEN**. Vor jedem Kapitel werden Ihnen auf einer Doppelseite alle Daten, Fakten und Zusammenhänge präsentiert, mit denen Sie in Prüfungen und im Unterricht punkten können!

Viel Erfolg wünscht Ihnen

Ihr Klett Lerntraining-Team!

1790 | 1795 | 1800

1791 Pillnitzer Deklaration
Österreich und Preußen verbünden sich gegen Frankreich aus Angst vor einem Überschwappen der Revolution.
Dieser **„ersten Koalition“** schließen sich u.a. Spanien und Großbritannien an.

1792 Frankreich erklärt Österreich und Preußen den Krieg.
Die **Revolutionskriege (Koalitionskriege)** beginnen.
→ **S. 10**

1795 Preußen wird neutral. Preußen und Spanien schließen den **Frieden von Basel**. Der Krieg gegen Frankreich geht ohne sie weiter. Hauptgegner zu Lande sind dann noch Österreich und das Heilige Römische Reich Deutscher Nation.
→ **S. 10**

1801 Friede von Lunéville
Frankreich gewinnt auch den **„zweiten Koalitionskrieg“**. Österreich und das Deutsche Reich müssen die linksrheinischen Gebiete an Frankreich abtreten.
→ **S. 10**

1803 Reichsdeputationshauptschluss
Die deutschen Fürstentümer, die ihre linksrheinischen Besitzungen an Frankreich abtreten mussten, werden mit rechtsrheinischen Territorien (u.a. mit bis dahin geistlichen Herrschaftsgebieten) entschädigt.
Preußen, Baden, Bayern und Württemberg vergrößern sich um ein Mehrfaches der Verluste.
→ Die Macht des Kaisers im Reich zerbröckelt.
→ **S. 10**

1804 Napoleon krönt sich zum Kaiser.
→ **S. 11**

„The plum pudding in danger“
William Pitt, der Jüngere (links) und Napoleon Bonaparte teilen sich die Welt.
Karikatur von James Gillray, 1805

VON NAPOLEON BIS ZUM WIENER KONGRESS

1806 Ende des Heiligen Römischen Reiches Deutscher Nation
Ursachen:
1805 erhebt Napoleon Bayern, Sachsen und Württemberg zu Königreichen. Die süddeutschen Staaten gründen mit Napoleon den **Rheinbund** und treten aus dem Reich aus. Die neu gegründeten Königreiche kommen einem Reichsverrat gleich: Kaiser Franz legt die deutsche Kaiserkrone nieder.
➣ **S. 11**

1809 Die **preußischen Reformen** (u.a. Bauernbefreiung, Städteordnung, Judenemanzipation, Bildungsreform) sind eine **„Revolution von oben"**, um die preußische Bevölkerung an der gesellschaftlichen Verantwortung zu beteiligen.
➣ **S. 14**

1813 Die Unzufriedenheit gegenüber Napoleon wächst; es entsteht ein **deutsches Nationalbewusstsein**. Schließlich geht Preußen ein Bündnis mit Russland gegen Napoleon ein – Österreich zieht nach – der Rheinbund löst sich auf.
In der **Völkerschlacht bei Leipzig** wird Napoleon endgültig besiegt.
1814 dankt Napoleon ab.
➣ **S. 15**

1812 Russlandfeldzug
Da Russland den Frieden von Tilsit nicht einhält, zieht Napoleon gegen den Zaren in den Krieg und wird vernichtend geschlagen. → Der Mythos des unbesiegbaren Napoleon zerbricht.
➣ **S. 15**

1805 | **1810** | **1815**

1806 Preußen erklärt Frankreich den Krieg und wird in **Jena und Auerstedt** vernichtend geschlagen.
1807 Preußen und Russland schließen mit Napoleon den **Frieden von Tilsit**.
➣ **S. 13**

1815 Wiener Kongress
Die wichtigsten Ziele:
- Wiederherstellung der politischen Verhältnisse vor der Französischen Revolution
- Kampf gegen Liberalismus und Nationalismus
- Gleichgewicht der Mächte in Europa
- die Neuordnung Deutschlands.

➣ **S. 17**

1805 In der **„Dritten Koalition"** eint William Pitt, der Jüngere (englischer Premierminister) England, Russland und Österreich gegen Napoleon.
→ Britischer Seesieg bei **Trafalgar**
→ Die Koalition verliert in der Schlacht bei **Austerlitz** den Krieg zu Lande. Österreich will daraufhin den Frieden, Russland zieht sich zurück, England macht weiter.
➣ **S. 12**

Delegierte des Wiener Kongresses 1815

1 Von Napoleon bis zum Wiener Kongress

In diesem Kapitel erfahren Sie:

- Die militärischen Niederlagen Österreichs gegen das revolutionäre und dann napoleonische Frankreich bewirken das Ende des Heiligen Römischen Reiches Deutscher Nation.
- Bis 1809 führen Napoleons Siege auch über Preußen zur Teilannexion und völligen Neuordnung Deutschlands durch Frankreich.
- Der aufkommende Widerstand der deutschen Bevölkerung erzeugt ein neues Nationalbewusstsein und führt zu politischen Reformen.
- Nach der Niederlage Napoleons versuchen die europäischen Fürsten im Wiener Kongress die alte Ordnung zu restaurieren.

1.1 Das Ende des Heiligen Römischen Reiches Deutscher Nation ⊛

Voraussetzungen

Seit 1792 führten die Mächte Europas Krieg gegen das revolutionäre Frankreich. Preußen war seit 1795 neutral. **Hauptgegner Frankreichs** zu Lande waren noch **Österreich und das Heilige Römische Reich Deutscher Nation**, die in Personalunion ⊛ verbunden waren. Frankreich siegte und besetzte die Reichsgebiete links des Rheins. Nach dem verlorenen zweiten Koalitionskrieg 1801 mussten Österreich und das Deutsche Reich im **Frieden von Lunéville** endgültig die linksrheinischen Gebiete abtreten. Die seit 1797 geplante Entschädigung der deutschen Fürsten, die linksrheinische Besitzungen verloren hatten, mit rechtsrheinischem Reichsgebiet war Teil des Friedensvertrags. 1803 beschließt eine Reichsdeputation (Reichstagsausschuss) folgenden Plan:

Im **Reichsdeputationshauptschluss** werden große deutsche Fürstentümer für den Verlust linksrheinischer Besitzungen an Frankreich mit den rechtsrheinisch gelegenen reichsunmittelbaren Territorien und den geistlichen Fürstentümern entschädigt.

Der so genannte Reichsdeputationshauptschluss 1803

Fast alle geistlichen und reichsunmittelbaren Herrschaften (Fürstbistümer und -abteien, Reichsstädte und Reichsritterschaften) werden aufgelöst. Vier neue Kurfürstentümer entstehen, die Reichsverfassung wird verändert (Ende der Reichskirche auch rechtlich). Preußen, Baden, Bayern und Württemberg vergrößern sich um ein Mehrfaches der Verluste.

Folgen und Auswirkungen

- Der Kaiser verliert die letzten Grundlagen seiner Macht im Reich.
- Frankreich gewinnt in den vorrangig betroffenen süddeutschen Staaten Verbündete.
- Der österreichische Herrscher und Deutsche Kaiser Franz II. nimmt den Titel eines erblichen Kaisers von Österreich an, nachdem sich 1804 Napoleon zum Kaiser der Franzosen krönt.
- Napoleon erhebt im Jahre 1805 Bayern, Sachsen und Württemberg zu Königreichen.
- Die süd- und westdeutschen Fürsten gründen unter Napoleons Protektorat den Rheinbund und treten aus dem Reich aus.
- Auf ein Ultimatum Napoleons legt Kaiser Franz 1806 die deutsche Kaiserkrone nieder. Damit hört das Heilige Römische Reich Deutscher Nation auf zu existieren.

Die süd- und westdeutschen Fürsten gründen **den Rheinbund** mit Napoleon und treten aus dem Heiligen Römischen Reich Deutscher Nation aus.

Die **Königskrönungen 1805 in Bayern, Sachsen und Württemberg** sind rechtlich Reichsverrat.
1806 legt der österreichische Kaiser die deutsche Kaiserkrone nieder.

1.2 Die Kriege Napoleons I. von 1803 – 1809

NAPOLEON BONAPARTE (1769 – 1821)

- aus korsischem Niederadel
- steigt in der französischen Revolutionsarmee zum General auf
- macht sich 1799 zum Alleinherrscher Frankreichs und 1804 zum Kaiser
- verliert in den Jahren 1813 – 15 das von ihm 1796 bis 1812 eroberte europäische Großreich
- stirbt 1821 in Exilhaft auf der Insel St. Helena

Die Niederwerfung Österreichs und des Reiches

Zwischen 1803 und 1807 bringt Napoleon ganz Mitteleuropa unter seine Kontrolle.

Österreich wird geschlagen, bleibt aber bestehen. Nur noch **Russland** steht auf dem Kontinent Frankreich ernsthaft gegenüber. Zur See bleibt **England** gegen Frankreich überlegen.

1803 führte Frankreichs wirtschaftliche und koloniale Rivalität mit England erneut zum Krieg. 1805 gelang es dem englischen Premierminister William Pitt Junior, England, Russland und Österreich in der so genannten **Dritten Koalition** gegen Napoleon zu einen. Trotz des britischen Seesieges bei Trafalgar verlor die Koalition in der Schlacht bei Austerlitz den Krieg zu Lande. Österreich bat um Frieden und Russland zog sich aus Mitteleuropa zurück. Nur England hielt an der Auseinandersetzung fest.

Der Sieg über Preußen und Russland 1806/07

Friedrich Engels über Friedrich Wilhelm III.:

„… einer der größten Holzköpfe, die je einen Thron geziert."

Ursachen: Preußen fühlte sich durch die französische Besetzung des britischen Hannover (1803) in seiner Neutralität bedroht. 1805 überließ Napoleon jedoch Preußen Hannover als Ersatz für den Verlust süddeutscher preußischer Besitzungen. Als Bonaparte starke Truppenverbände an den Westgrenzen Preußens stationierte, glaubten antifranzösische Teile der preußischen Beamtenschaft, die Generalität und Mitglieder der königlichen Familie, Napoleon wolle mit Gewalt Preußen seinen Plänen dienstbar machen. Dadurch geriet der preußische König Friedrich Wilhelm III. unter innenpolitischen Druck.

FRIEDRICH WILHELM III. VON PREUSSEN (1770–1840)

- seit 1797 preußischer König
- galt als unschlüssig, zaudernd und wenig begabt
- treibende reformerische Kraft war bis 1810 seine Frau Luise
- nach dem Wiener Kongress politisch konservativer Spätabsolutist

Ausbruch und Verlauf des Krieges: Berlin hatte sich der russischen Unterstützung versichert und erklärte **1806** den Krieg, nachdem Frankreich ein Ultimatum auf Abzug der Truppen an der Westgrenze zurückgewiesen hatte.

In der **Doppelschlacht von Jena und Auerstedt** wurde die preußische Armee **1806** vernichtend geschlagen. Der König flüchtete in die Ostprovinzen und führte mit russischer Hilfe den Krieg weiter, während die französischen Truppen den größten Teil des Landes besetzten. Die preußische Bevölkerung brachte den Siegern sogar Sympathie entgegen, soweit sie sich nicht völlig passiv verhielt. **1807** erlitt das neue russisch-preußische Heer bei Friedland eine weitere Niederlage. Der Zar und Friedrich Wilhelm III. schlossen mit Napoleon den Frieden von Tilsit. Preußen blieb zwar bestehen, musste aber Gebietsverluste im Westen, hohe Kontributionszahlungen an Frankreich und teilweise militärische Besetzung hinnehmen.

Preußen verliert 1806/07 den Krieg gegen Frankreich, wird teilweise besetzt und im Westen verkleinert.

Nur der mit Preußen verbündete **Zar bleibt als Gegner** Napoleons auf dem Kontinent übrig.

Deutschlands Neuordnung durch Napoleon ab 1805

Das Ziel Bonapartes war die Organisation der betreffenden Territorien zur Sicherung und Erweiterung seiner eigenen Herrschaft.

Die **linksrheinischen** deutschen Gebiete annektierte Frankreich und etablierte die **einheitliche napoleonische Verwaltung**. Die Bereitschaft mit den Franzosen zusammenzuarbeiten war im Bürgertum dieser Gebiete vorhanden. Zur Sicherung der Kontinentalsperre✻ gegen England verleibte Napoleon die **Gebiete der deutschen Nordseeküste** (Ostfriesland, Hansestädte) ebenfalls dem französischen Territorium ein. Dazu kamen **weitere Länder in Deutschland**, die sich der Korse als Stützpunkte vorbehielt und deshalb nach französischem Recht verwalten ließ (Teile Hannovers, Fulda, Erfurt, Bayreuth, Hanau). In diesen Gebieten kam es aus verschiedenen Gründen häufig zu Zusammenstößen mit der deutschen Bevölkerung:

- Abneigung gegen die französische Kultur- und Kirchenpolitik und das Gefühl einer Fremdherrschaft ausgeliefert zu sein,
- französische Waren wurden privilegiert,
- die Kontinentalsperre gegen England traf die Nordseeküste wirtschaftlich besonders stark, zumal die ehemals reichsfreien✻ Gebiete des Nordens (Hansestädte) die alte Selbstständigkeit vermissten.

Große **Teile des alten Reiches** werden **von Frankreich annektiert** und nach dem modernen französischen Rechts- und Verwaltungssystem umorganisiert.

Erste Konflikte zwischen der französischen Besatzung und der deutschen Bevölkerung entstehen.

1.3 Die Reformen in den deutschen Staaten

Reformen in den deutschen Fürstenstaaten

Im Westen werden Reformen in den nicht besetzten Fürstentümern Deutschlands **nach französischem Vorbild** durchgeführt.

Im Osten und Norden kommt es nur zu geringeren Veränderungen.

Der **Absolutismus** wird aber **nicht beseitigt**.

Den Reformen lag die Erkenntnis der Regierungen zugrunde, dass die **überkommenen Herrschaftsstrukturen** angesichts der französischen Fortschrittlichkeit nicht mehr aufrecht erhalten werden konnten. Frankreich diente als Vorbild der Verwaltungs- und Gesellschaftsreformen. In den kleineren Staaten, v.a. im Osten und Norden des Reiches blieben die alten ständischen und absolutistischen Strukturen bestehen. In den drei süddeutschen Staaten Baden, Bayern und Württemberg kam es zu deutlichen Veränderungen: Bayern erhielt 1808 eine Verfassung. Den Code Napoléon übernahm Baden mit Zusätzen als Landrecht. In allen drei Staaten wurden religiöse Toleranzedikte verkündet, Steuer- und Verwaltungsreformen durchgeführt und Privilegien für einzelne Personen oder Gruppen beseitigt. Diese **Revolutionen von oben** fanden nur teilweise Zustimmung, da sie oft alte ständische Mitbestimmungsrechte beseitigten. Die Macht lag jetzt noch mehr in den Händen des Souveräns ⊛.

Die preußischen Reformen

Die Niederlage zwingt Preußen zu Reformen

Voraussetzungen

- Die **Unfähigkeit des preußischen Kabinetts** und die **passive Haltung der preußischen Bevölkerung gegenüber den Eroberern** zeigte, dass die Reform von Staat und Gesellschaft überfällig war.
- Nach der Niederlage sah dies auch der konservative **König** ein und **ernannte** den früheren Oppositionsführer im preußischen Kabinett, **Freiherrn vom Stein, zum ersten Minister**, der aber 1808 auf Druck Napoleons entlassen wurde. Der **Nachfolger, von Hardenberg**, trieb die Reformen, wenn auch vorsichtiger, weiter.

Die preußischen Reformen (Bauernbefreiung, Städteordnung, Judenemanzipation, Verwaltungs-, Wirtschaft-, Bildungs- und Heeresreform) waren eine **„Revolution von oben"** um die preußische Bevölkerung an der gesellschaftlichen Verantwortung zu beteiligen.

Inhalte

- **Bauernbefreiung:** Abschaffung der persönlichen Dienstbarkeit, Freiheit der Bauern im Güterverkehr, Überlassung der Höfe an die Bauern gegen Entschädigung der Grundherren, Aufteilung der Gemeindeländereien an die Bauern zur Individualnutzung.
- **Städteordnung:** Wahl der Stadtverordneten durch die vermögenden Bürger. Diese Verordneten kontrollieren die Verwaltung und bestellen den Magistrat ⊛ (Kommunale Selbstverwaltung).
- **Verwaltungsreform:** Fünf Fachministerien: Inneres, Finanzen, Auswärtiges, Krieg und Justiz.

- **Wirtschaftsreform:** Gewerbefreiheit, Aufhebung der Zünfte und Standesschranken, freier Wettbewerb, Rechtsgleichheit in der Wirtschaft, weitgehende Abschaffung von Ausbildungs- und Qualifikationsanforderungen.
- **Judenemanzipation:** Gesellschaftliche und wirtschaftliche Gleichberechtigung der Juden.
- **Bildungsreform:** Humanistische Bildung an Gymnasien, selbst verwaltete Universitäten mit Freiheit von Lehre und Forschung.
- **Heeresreform:** Allgemeine Wehrpflicht; Abschaffung „entehrender" Strafen; Militärakademie zur Offiziersausbildung.

Bewertung der preußischen Reformen

- Preußens Reformen waren eine „Revolution von oben", die König und Adel dem Volk zugestanden. Jetzt sollten Bürger und Bauern an der gesellschaftlichen Verantwortung beteiligt werden.
- Ein großer Teil der Reformen blieb auch nach 1815 erhalten.
- Die Bauernbefreiung führte wegen der schlechten Finanzlage der Bauern nach 1815 nur zum Teil zum Erfolg. Ein Teil der Bauern sank in die Schicht der Lohnarbeiter herab.
- Viele weitergehende Reformpläne und Versprechungen aus der Zeit vor 1815, wie Verfassung, Bauernschutz und erweiterte kommunale Selbstverwaltung, scheiterten am Widerstand des preußischen Adels. Dennoch bedeuteten die **Reformen** unzweifelhaft einen **Fortschritt**.

Die Befreiungskriege

Ursachen

Zar Alexander hielt die Verpflichtungen aus dem Frieden von Tilsit nicht ein, vor allem nicht die Kontinentalsperre gegen England. Napoleon zog deshalb mit dem größten Heer, das es bis dahin in Europa gegeben hatte, gegen den Zaren. Er musste sich aber wieder zurückziehen. Hunger, Frost, Krankheiten und das russische Heer vernichteten die „Grande Armée" fast ganz mit schwerwiegenden Folgen:

- Napoleons Armee erlitt nicht wieder gutzumachende Verluste;
- der Mythos der Unbesiegbarkeit Bonapartes war endgültig dahin;
- die gewaltigen Verluste der verbündeten europäischen Heereskontingente erbitterten Bevölkerung und Regierungen dieser Staaten.

Napoleon verliert den Russlandfeldzug 1812, das führt zu einem russisch-preußisch-österreichisch-englischen Bündnis.

Es entsteht ein **deutsches Nationalbewusstsein** in Abgrenzung zur französischen Besatzungsmacht.

Schon 1812 verraten preußische Generäle Napoleon.

Weitere Ursachen für den Beginn der Befreiungskriege:

- **Unzufriedenheit der Bevölkerung** in den von Napoleon unterworfenen Gebieten wegen der Kriegslasten und des ungeschickten Verhaltens französischer Besatzer und ihrer Verwaltungsbeamten;
- Entstehung eines deutschen **Nationalbewusstseins**;
- Anteilnahme der Untertanen am Schicksal des Staates durch politische Reformen und Zugeständnisse der Herrschenden an das Volk;
- wachsendes Misstrauen der absolutistischen deutschen Fürsten gegen die französische Herrschaft, weil die Besatzungsmacht den liberalen Geist (Verfassungen, Code civil u. a. m.) begünstigte.

1813 bricht der Rheinbund zusammen. Napoleon wird bei Leipzig von den Alliierten geschlagen. **1814 ist Frankreich endgültig besiegt** und bleibt in den Grenzen von 1792 bestehen.

Verlauf

- Während des Russlandfeldzuges heimliche Waffenstillstandsabkommen zwischen preußischen und russischen Truppenteilen;
- 1813 Bündnis Preußens mit Russland gegen Napoleon;
- Österreich schloss sich erst nach längerem Zögern an, da es Frankreich als Gleichgewicht gegen Russland in Europa brauchte.
- Zusammenbruch des Rheinbundes durch Austritt Bayerns
- Niederlage Napoleons in der Völkerschlacht bei Leipzig 1813;
- Einmarsch der Koalitionstruppen in Frankreich, Besetzung von Paris und Abdankung Napoleons 1814.

Folgen des Sieges: Restauration, territoriale Neuordnung Europas, liberale Reformen, Vorherrschaft Englands und Russlands, Entstehung des Nationalismus und Liberalismus.

Ergebnis

- Der **Sieg der absolutistischen Fürsten** führt, soweit möglich, zur **Wiedererrichtung der alten Verhältnisse** vor der Revolution;
- eine territoriale Neuordnung Europas wird notwendig;
- die **Gewinner sind England und Russland**: England als erste See- und Kolonialmacht, Russland als europäische Hegemonialmacht ❋.
- viele Reformen in Deutschland sind nicht rückgängig zu machen;
- der **nationale und liberale Gedanke der Französischen Revolution findet in weiten Kreisen des europäischen Bürgertums Eingang.**

1.4 Die Neugestaltung Europas im Wiener Kongress

Der Wiener Kongress

Ziele

- Revision der von Napoleon geschaffenen Gebietsveränderungen;
- Wiederherstellung des europäischen kontinentalen Gleichgewichts;
- Regelung des Verhältnisses zu Frankreich;
- Auseinandersetzung mit Liberalismus und Nationalismus (→ S. 24ff.);
- Wiederherstellung der alten monarchischen Herrschaftsordnung in Europa durch Stabilität, Kontinuität und Legitimität der Throne.

Ziele des Wiener Kongresses waren:
- die **Wiederherstellung der politischen Verhältnisse vor der Französischen Revolution**
- Kampf gegen Liberalismus und Nationalismus
- Gleichgewicht der Mächte in Europa
- die Neuordnung Deutschlands
- die Aufteilung von Gebietsgewinnen auf Kosten Frankreichs in Übersee und Polens in Europa.

Die verhandelnden Mächte

- Großbritannien wollte das Übergewicht irgendeiner Macht in Europa verhindern. Da es der Finanzier der Allianz gewesen und seit 1814 erste Seemacht war, hatte es außerordentlich großen Einfluss.
- Österreich war vor allem daran interessiert, Russlands Vordringen nach Mitteleuropa und Preußens Macht in Deutschland zu begrenzen. Darin war sich Österreich mit den Engländern einig.
- Preußen versuchte, die liberalen und nationalen Hoffnungen der Deutschen für seine Politik zu nützen. Verhandlungsziel war die Arrondierung der preußischen Besitzungen in Deutschland.
- Die territorialen Pläne des Zaren ermöglichten es Frankreich, sich Wien und London als Verbündeten anzubieten. Dadurch gelang dem Verlierer die Rückkehr in das Konzert der europäischen Mächte.
- Die deutschen Mittel- und Kleinstaaten waren auf die Großmächte angewiesen. Ein Fünferausschuss (Österreich, Preußen, Bayern, Württemberg, Hannover) legte die Neuordnung Deutschlands fest.
- Russlands Zar Alexander I. glaubte an seine Mission bei der Aufrichtung einer theokratischen Herrschaftsordnung und einer Gemeinschaft der Nationen auf dieser Grundlage, verzichtete aber nicht auf die Annexion Polens und die polnische Krone.

Die territoriale Neugestaltung

Frankreichs Verbündete Schweden und Polen zahlen den Preis für Napoleons Niederlage, **nicht Frankreich selbst, das territorial verschont bleibt**.

Die Neuordnung Europas

- Russland erhält Finnland (von Schweden) und den Großteil Polens.
- England erhält Überseegebiete (Kapkolonie, Ceylon, Malta).
- **Frankreich wird** als Gegengewicht zu Russland auf dem Kontinent **verschont**. Es bleibt Großmacht in den Grenzen von 1792.
- Es entsteht das **Königreich der Vereinigten Niederlande**, das die Nordseeküste vor Frankreichs Zugriff sichern soll.

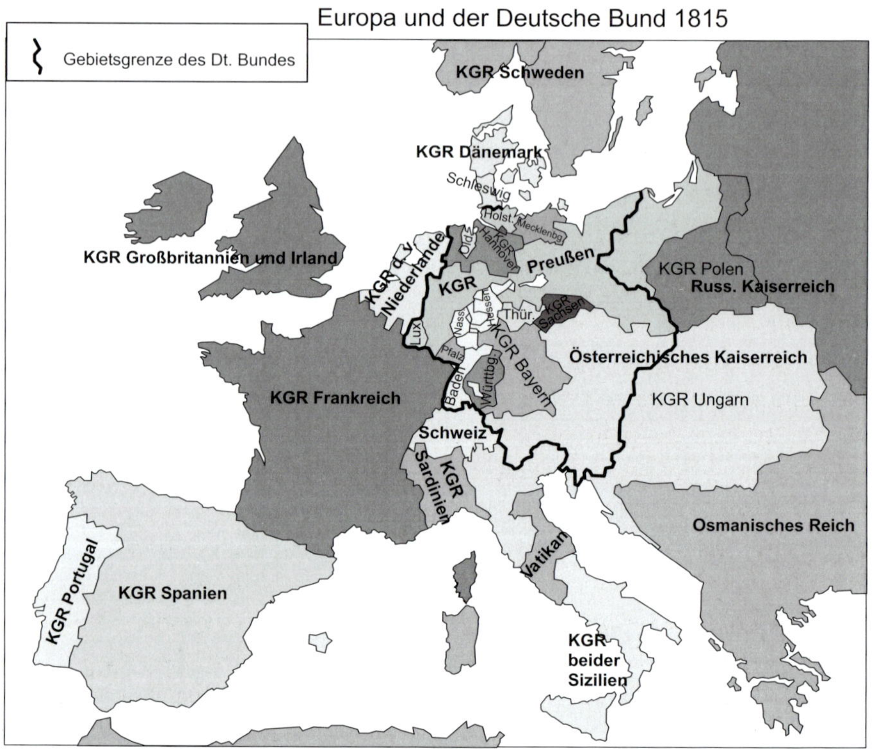

Preußen dringt am Rhein bis nach Süddeutschland vor, verliert aber Ansbach-Bayreuth an Bayern. Es entsteht ein **Staatenbund von 39 deutschen Staaten**.

Die territoriale Neuordnung des ehemaligen Heiligen Römischen Reiches

- Preußen erhält die Rheinprovinz, Westfalen, Vorpommern und Nordsachsen; es „wächst **nach Deutschland hinein**".
- Österreich erhält Oberitalien, gibt die Besitzungen am Rhein auf und „wächst **aus Deutschland hinaus**".
- Bayern erhält Würzburg, Aschaffenburg und Ansbach-Bayreuth.
- Baden und Württemberg behalten den territorialen Bestand.
- Hamburg, Bremen, Lübeck und Frankfurt (Bundeshauptstadt) bleiben frei. Im Bereich des alten Deutschen Reiches gibt es 39 Staaten.

Grundsätze der politischen Neuordnung Europas

Restauration

Wie bei der territorialen Frage galt auch für politische Neuordnung das Prinzip der **Wiederherstellung des früheren politischen Zustandes**, also die Rückkehr alter Dynastien und die Wiederherstellung der Adelsprivilegien.

Der aufgeklärte Absolutismus, das Gottesgnadentum des Adels und das dynastische Prinzip der Monarchien kehrten ebenso zurück wie das Prinzip der Untertänigkeit.

Legitimität

Die Rechtmäßigkeit der Monarchien wird aus **göttlichen Herrschaftsauftrag** abgeleitet. Daraus folgert die Rechtmäßigkeit ererbter Herrschaftsansprüche und kein Selbstbestimmungs- bzw. Widerstandsrecht für das Staatsvolk.

Solidarität

Zur **Abwehr revolutionärer Ideen und Bewegungen**, die das restaurative System gefährden könnten, betrieben die Fürsten eine gemeinsame Politik des politischen Einvernehmens. Dazu gründeten sie das Bündnis der „Heiligen Allianz" zwischen den Kaisern von Österreich und Russland und dem König von Preußen zur gegenseitigen Hilfe gegen revolutionäre Bewegungen (Interventionsprinzip) und zur Sicherung des Friedens in Europa.

Das europäische **„Bündnis zwischen Thron und Altar" von 1815** führte zu einer der längsten Friedenszeiten in Europa. Dies allerdings auf Kosten des liberalen, wirtschaftlichen und wissenschaftlichen Fortschritts der betroffenen Völker.

Ergebnis

Die politische Neuordnung Europas bestimmte die Entwicklung in Europa auf Jahrzehnte. So herrschte **40 Jahre Frieden** zwischen den europäischen Staaten. Da die Interventionspolitik zuerst erfolgreich war, kamen liberale und nationale Bewegungen für die folgenden Jahrzehnte nicht zum Zuge.

Die politische Neuordnung Deutschlands

In Deutschland entstand ein starkes deutsches Gemeinsamkeitsgefühl als Folge des Sieges über Napoleon und damit der bürgerliche Nationalgedanke. Die europäischen Großmächte lehnten ein neues deutsches Reich ebenso ab, wie die konkurrierenden deutschen Großmächte Österreich und Preußen. Auch der Partikularismus der Mittelstaaten stand dem Reichsgedanken entgegen.

Der Deutsche Bund

Es entstand der so genannte Deutsche Bund (→ S. 79) als Staatenbund der 39 deutschen Staaten, dessen Organisation in einer **Bundesakte** festgelegt war, die in die Wiener Kongressakte aufgenommen wurde. Dadurch wurde der Bund mit insgesamt 35 Fürstentümern und vier Stadtrepubliken international anerkannt. Österreich und Preußen traten nur mit den deutschsprachigen Gebieten des alten Reiches bei. Die Herrscher Englands, Dänemarks und der Niederlande waren als Souveräne deutscher Fürstentümer ebenfalls Mitglieder des Deutschen Bundes (Hannover, Holstein und Luxemburg).

Im **Deutschen Bund als Staatenbund** mischten neben Österreich und Preußen auch England, Dänemark und die Niederlande mit. Er war **antinational und antiliberal**. Der Bund spätabsolutistischer Regierungen wurde mehr als **Mittel gegen das Selbstbestimmungsrecht des deutschen Volkes**, denn als Verteidigungsbündnis errichtet. Der Bundesrat der deutschen Fürsten verlangte Einstimmigkeit bei Beschlüssen. Es gab ein gemeinsames Bundesheer.

Die Bundesakte

Die Bundesakte war ein unauflösbares militärisches Defensivbündnis souveräner Einzelstaaten. Ein „Deutscher Bundestag“ als Zentralgewalt wurde von den Regierungen beschickt. In den wichtigsten Angelegenheiten war Einstimmigkeit erforderlich. Einheiten der Einzelstaaten bildeten das Bundesheer. Der Deutsche Bund war kein Bundesstaat, sondern ein **Staatenbund ohne Exekutive**. In Rechts-, Wirtschafts-, Finanz- und Verkehrssachen bestanden keine einheitlichen Regelungen. Der Zweck des Bundes war nicht auf nationale deutsche Politik gerichtet, sondern auf „Erhaltung der äußeren und inneren Sicherheit … der deutschen Staaten“. Die Organisation des Bundes entsprach nicht dem politischen Willen weiter Kreise des deutschen Volkes, vor allem der nationalen Bewegung. Dennoch war der Deutsche Bund der erste Schritt auf dem Weg zum deutschen Nationalstaat.

Die neuen Verfassungen in Süddeutschland

Seit 1815 führten die Fürsten in Bayern, Württemberg und Baden Verfassungen ein, um die neu zusammengesetzten Staaten zu stabilisieren und das liberale Bürgertum für sich einnehmen zu können. Dem Vorbild der restaurativ-absolutistischen französischen Charte Ludwigs XVIII. entsprechend, enthielten die Verfassungen die **Ablehnung der Volkssouveränität**: Die Verfassung war „Geschenk“ des Königs. Beim Wahlrecht kam die Zensuswahl zur Anwendung. Nur ca. 5 % der Bevölkerung durften dank ihrer hohen Steuerzahlungen wählen. Die Verfassungen bevorzugten ein **Zweikammersystem mit bevorrechtigtem adeligem Oberhaus.** Die ständische zweite Kammer hatte neben dem Budgetrecht kaum Befugnisse. Ausnahme war die **badische Verfassung**, die von allen **die modernste** war. Ihre zweite Kammer war ohne Zensuswahlrecht von Bezirksabgeordneten besetzt. Aber bald fühlten sich die absolutistischen Regierungen belästigt und legten die Landtage lahm.

Die dem deutschen Volk von den Fürsten versprochenen Verfassungen entstehen **nur in Süddeutschland**. Es sind **konservative ständische Verfassungen** mit Zensuswahlrecht und zweiter bürgerlicher Kammer, die als Machtmittel nur über das Budgetrecht verfügt.

Das Prinzip der Volkssouveränität wurde nicht zugestanden. Die **Landtage** waren praktisch **ohne politische Bedeutung**.

Alle Querverweise im Überblick:

Liberalismus: S. 17 → S. 24 f.
Nationalismus: S. 12 → S. 26 f.
Deutscher Bund: S. 19 → S. 79
Napoleon Bonaparte: S. 11
Friedrich Wilhelm III. von Preußen: S. 12

Zusammenfassung

Napoleons Aufstieg und Ende

Mit der **Französischen Revolution** begann in Deutschland eine **Zeit grundlegender Veränderungen**. Den absolutistischen Höfen Europas gelang es nicht, die Französische Revolution und ihre Heere zu stoppen. Der **unaufhaltsame Aufstieg** des Militärgenies **Napoleon** und die **Niederlagen der deutschen Fürsten** führten zum **Zusammenbruch des Heiligen Römischen Reiches Deutscher Nation**. Die zahlenmäßig verringerten, zugleich vergrößerten deutschen Staaten lehnten sich im **Rheinbund** eng an das napoleonische Frankreich an. Preußen verhielt sich neutral. So musste die Donaumonarchie die deutsche Kaiserkrone niederlegen. Der Sieger, das napoleonische Frankreich, organisierte sich die neuen deutschen Klein- und Mittelstaaten nach seinen Interessen, soweit es sie nicht annektierte. Die **durch das französische Vorbild** geprägten Reformen im napoleonischen Deutschland führen zu einer erheblichen **Modernisierung von Recht und Verwaltung**. Preußens Aufbegehren endete 1806 in einer verheerenden Niederlage, ebenso Österreichs Versuch der Gegenwehr 1809. Österreich und Preußen mussten Volksarmeen schaffen, um sich gegen die Volksheere Napoleons zur Wehr setzen zu können. **Die deutschen Landesherren**, vor allem Preußen unter den Ministern Stein und Hardenberg, machten deshalb der Bevölkerung in einer **„Revolution von oben"** Zugeständnisse, wie **Verfassungen, Freiheitsrechte, Bauernbefreiung, Gleichstellung von Minderheiten, Teilhabe an der Macht durch Parlamente**. Daneben begannen die Fürsten den aufkeimenden **deutschen Nationalismus** für sich zu nutzen. Nach der katastrophalen Niederlage Napoleons in Russland 1812 zeigten die Zugeständnisse Wirkung: Napoleon wurde 1813 aus Deutschland gedrängt und bis 1815 endgültig besiegt.

Die Neuordnung Europas und Deutschlands

Im **Wiener Kongress 1815** wurde Europa und Deutschland neu geordnet. Das untergegangene Reich wurde durch einen **Staatenbund von 39 absolutistischen deutschen Staaten** ersetzt, dessen Hauptaufgabe darin bestand, die dem deutschen Volke zugestandenen Freiheiten zurückzunehmen. Deutschland blieb wirtschaftlich und politisch zersplittert. Die beiden deutschen Großmächte, Österreich und Preußen, waren nur mit einem Teil ihrer Gebiete am Bund beteiligt. Während **Preußen** durch Gebietszuwächse im Bund **nach Deutschland hineinwuchs**, wuchs **Österreich** durch seine Zugewinne außerhalb des Deutschen Bundes **aus Deutschland hinaus**. Der absolutistischen Neuordnung Europas entsprach auch die politische Ausrichtung im Sinne der Restauration der absolutistischen Verhältnisse. Im **Bündnis von Thron und Altar** versicherten sich die europäischen Fürsten gegenseitiger Hilfe **bei Abwehr liberaler und revolutionärer Strömungen**.

Die deutschen **Klein- und Mittelstaaten** gestanden **landständische Verfassungen** ✲ zu. Auch wenn die meisten der Verfassungen bald kassiert wurden, ließ sich der Konstitutionalismus ✲ nicht mehr aus den Köpfen der Untertanen beseitigen.

1815 – 1848 Vormärz ist geprägt von dem Gegensatz: **absolutistische Restauration** – **Liberalismus** und **Nationalismus**.
→ **S. 24**

1817 Wartburgfest National und liberal gesinnte Studenten treffen sich auf der Wartburg als Protest auf die reaktionären Ergebnisse des Wiener Kongresses.
→ **S. 28**

1819 Mittels der **Karlsbader Beschlüsse** (Überwachung der Universitäten, Pressezensur etc.) wollen die absolutistischen Herrscher die nationale und liberale Bewegung ersticken → Ende des freien politischen Denkens.
→ **S. 28**

1930 Revolution in Frankreich: Nährboden für einen neuen liberal-nationalen Widerstand (Hambacher Fest, Frankfurter Wachensturm).
→ **S. 29**

1815	1820	1825	1830

1819 erdolcht der radikale Student Karl Ludwig Sand den Schriftsteller August **von Kotzebue**, weil dieser sich spöttisch über die nationale Bewegung der Studenten geäußert hatte.
→ **S. 28**

1832 Hambacher Fest Trotz Verbotes kommen 30 000 Menschen zusammen, um ihrem Verlangen nach nationaler Einheit Ausdruck zu verleihen → die schwarz-rot-goldenen Farben werden zum Zeichen der demokratischen Bewegung.
→ **S. 29**

Ausdruck der liberal-nationalen Bewegung: 30 000 Menschen aus Süddeutschland und dem Elsass auf dem Hambacher Fest 1832

VORMÄRZ UND REVOLUTION

1833 Frankfurter Wachensturm
Zur Revolution bereite Studenten versuchen die Frankfurter Hauptwache zu stürmen, um dann den Bundestag zu besetzen. Sie schaffen es nicht.
→ **S. 29**

1837 Göttinger Sieben
7 Göttinger Professoren werden entlassen, weil sie dem Befehl des neuen Königs nicht Folge leisten. Dieser will die Professoren von Ihrem Eid auf die Verfassung entbinden.
→ **S. 29**

1840 Die Deutschen werden politischer: Die Bedrohung der Rheingrenze durch Frankreich aktiviert die nationale Bewegung in Deutschland.
→ **S. 32**

1846/47 Hungerkrisen und **Elendskrisen** wie z. B. die Aufstände der schlesischen Weber als Protest gegen die Textilproduktion, mit der sie nicht Schritt halten können.
→ **S. 33**

März 1848 Die französische **Februarrevolution** greift auf Deutschland, Österreich und die deutschen Klein- und Mittelstaaten über. In Österreich wird der reaktionäre Außenminister Metternich gestürzt. Die Regierenden in den süddeutschen Kleinstaaten ergeben sich schnell, die Verfassungen treten wieder in Kraft. → Dennoch scheitert die Revolution.
→ **S. 34 ff.**

Mai 1848 Die **Nationalversammlung** in der Frankfurter Paulskirche ist das erste frei gewählte Parlament. Jedoch wird 1849 die Frankfurter Verfassung abgelehnt. Das Parlament wird aufgelöst.
→ **S. 40 ff.**

1850 Preußen erhält eine Verfassung. Diese ist aber reaktionär und vom König aufgedrückt (oktroyiert).
→ **S. 49**

1835 | 1840 | 1845 | 1850

Zerstörung von Schloss Waldenburg bei Zwickau am 5. April 1848 im Zuge der Märzrevolution

2 Vormärz und Revolution

In diesem Kapitel erfahren Sie:

- Immer wieder kommt es zwischen 1815 und 1848 zum Aufbegehren der liberalen und nationalen bürgerlichen Opposition.
- Während die Revolution 1848 in Österreich blutig niedergeschlagen wird, taktiert der preußische König nach anfänglicher Gewalt geschickter und kann die Revolution in Preußen gewaltlos ersticken.
- Ein gesamtdeutsches Parlament, das in der Frankfurter Paulskirche tagt, erstellt eine Verfassung, entscheidet sich für eine kleindeutsche Lösung und trägt dem preußischen König erfolglos die Kaiserkrone an.
- Die Revolution wird bis 1849 in Deutschland überall niedergeschlagen.
- Viele Revolutionäre müssen ins Ausland flüchten, das Bürgertum zieht sich wieder ins Privatleben zurück und legt den Schwerpunkt auf wirtschaftliche Tätigkeit.
- Die Fürsten wollen das Bürgertum durch Zugeständnisse versöhnen und installieren oder reaktivieren reaktionäre Verfassungen.

Der Vormärz

Der Begriff „Vormärz" kennzeichnet den Zeitraum der deutschen Geschichte **zwischen dem Wiener Kongress 1815 und der März-Revolution in Deutschland 1848**. Er ist geprägt vom Gegensatz zwischen absolutistischer Restauration auf der einen Seite und Liberalismus und nationaler Bewegung auf der anderen Seite.

2.1 Der Liberalismus

Der Liberalismus (➢ S. 17, 31, 69, 92, 94) ist eine Staats- bzw. Gesellschaftsauffassung, die in geistiger, politischer und wirtschaftlicher Hinsicht für die **freie Entfaltung des Individuums gegen staatliche Bevormundung eintritt**. Der Begriff taucht zum ersten Mal 1812 in Spanien auf.

Kennzeichen des Liberalismus im Vormärz

Der Liberalismus fußt auf der Vertrags- und Naturrechtslehre ⊛ der Aufklärung. Dabei wird Freiheit als Einsicht in die Notwendigkeit begriffen. Grundlage der Freiheit des Menschen ist die Selbstständigkeit des Menschen im Denken, Urteilen und Handeln. Der Liberalismus vertraut auf den Fortschritt der Vernunft (Fortschrittsglaube). Eigennutz ist gesellschaftlich gesund, solange als Gegengewicht Toleranz geübt wird. Das Toleranzprinzip lässt eine große Zahl verschiedener Ideen und Werte bei den Liberalen zu.

Die Träger des Liberalismus

Liberale Ideen wurden vor allem vom **Besitz- und Bildungsbürgertum** vertreten. Da dieses hohe Steuern zahlte, beanspruchte es vom Staat entsprechende politische Rechte. Außerdem wollte es sich auch wirtschaftlich der staatlichen Bevormundung durch den Absolutismus entziehen. Der Kampf des Bürgertums erfolgte in zahlreichen kleinen Vereinen und Bünden und durch die bürgerlichen Akademiker die einen großen Teil der Beamten stellte (Beamtenliberalismus).

Forderungen des Liberalismus

Grundsätzlich fordert der Liberalismus ein **Höchstmaß an geistiger und wirtschaftlicher Freiheit des Individuums**. Dies bedeutet gleichzeitig den Rückzug des Staates und seiner Macht aus dem gesellschaftlichen Bereich, wo immer dies möglich ist.

Forderungen im geistigen Bereich

- Meinungsfreiheit und Freiheit der Lehre;
- Glaubens- und Gewissensfreiheit.

Forderungen im politischen Bereich

- Abwehr politischer Allmacht des Staates und Schutz des Bürgers durch Verfassung;
- Recht auf Leben, Freiheit (des Handelns) und Eigentum;
- Gewaltenteilung;
- nationale Einigung als Voraussetzung der Verwirklichung eines liberalen Staatswesens;
- Volksvertretung durch Zweikammersystem;
- unabhängige Schwurgerichte;
- Volksbewaffnung (Kampf gegen das adelige Offiziersmonopol);
- Pressefreiheit.

Forderungen im wirtschaftlichen Bereich

- Ungehinderte wirtschaftliche Entfaltung des Einzelnen;
- Rückzug des Staates aus dem wirtschaftlichen Bereich;
- Recht auf freie Nutzung von Privateigentum.

Der Liberalismus ist das **Ergebnis der bürgerlichen Aufklärung**. Er fordert Vernunft, Toleranz und Handlungsfreiheit des Bürgers, vor allem auch im wirtschaftlichen Bereich.
Die Freiheitsrechte des Bürgers, vor allem Meinungs-, Glaubens- und Gewissensfreiheit sind wie alle anderen Bürgerrechte in einer **Verfassung** niederzulegen.
Bürgerrechte sind Recht auf Leben, Freiheit und Eigentum.
Organisatorisch verlangt der Liberalismus vom Staat ein **parlamentarisches Zweikammersystem, Gewaltenteilung und Volksheer**. Wirtschaftliche Forderungen sind dem Bürgertum besonders wichtig: Freie Nutzung des Privateigentums, **Rückzug des Staates aus der Wirtschaft**.
Träger des Liberalismus ist das Bürgertum.

2.2 Der Nationalismus

Nationalismus bezeichnet aus soziologischer Sicht den **Bewusstwerdungs- und Integrationsprozess einer Großgruppe (Nation)**, die sich, während sie eine eigene Identität entwickelt, von einer Umwelt anderer Nationen bzw. Staaten abgrenzt. Das dazu nötige Nationalbewusstsein entwickelt sich dabei aus dem Aufstieg einer neuen Gesellschaftsschicht (z.B. Bürgertum), dem Kampf eines sich bewusst werdenden Volkes gegen eine fremde Herrschaft und der Bewusstheit einer eigenen Kulturnation.

Grundzüge der historischen Entwicklung

Im Spätmittelalter entstehen in Europa mit dem Übergang vom Personenverbands- zum Territorialstaat in England und Frankreich in sich geschlossene Staatsnationen. In der Französischen Revolution konnten die revolutionären bürgerlichen Kräfte das im Volk verankerte Nationalgefühl gegen den Absolutismus ausnutzen. Die französische Republik ersetzte den Treueid gegenüber dem Monarchen durch den nationalen Treueschwur. Daraus entwickelte sich in Frankreich der bürgerliche Nationalismus.

In Deutschland existierte im Spätmittelalter ebenfalls ein lebhaftes Nationalbewusstsein. Die Vorstellung von der deutschen Nation blieb aber aufgrund der politischen und territorialen Zersplitterung des Reiches auf den kulturellen Bereich beschränkt. Es entstand in Deutschland der Begriff der Kulturnation (Nation = Volk mit einheitlicher sprachlicher und kultureller Tradition ohne Berücksichtigung seiner staatlichen Grenzen).

Der Nationalismus in Europa entsteht im Spätmittelalter im Krieg zwischen Frankreich und England. Die französische Republik förderte den Nationalismus als Ersatz für die Treue zum Monarchen. Mit den **napoleonischen Kriegen** springt der Funke des Nationalismus auf ganz Europa über. Im Abwehrkampf gegen Napoleon nutzen die deutschen Fürsten den neu entstandenen deutschen Nationalismus, versuchen ihn aber seit dem Wiener Kongress wieder zu unterdrücken.

Entstehung des Nationalismus in Deutschland

Zur Zeit des Ausbruchs der Französischen Revolution erschien die Schaffung eines deutschen Nationalstaates aussichtslos. Die Gründe lagen in der **politischen Struktur des Deutschen Reiches**, das aus zahlreichen Staaten verschiedener Größe bestand und dem gering entwickelten Nationalgefühl in der Bevölkerung, die eher eine Art „Lokalpatriotismus" gegenüber der jeweiligen Landesherrschaft pflegte. Darüber hinaus herrschte im gebildeten Bürgertum die aufgeklärte Vorstellung von Deutschland als Kulturnation.

Erst das Vorbild des französischen Nationalismus und die Förderung des nationalen Gedankens durch Napoleon selbst, soweit er ihm politisch Vorteile brachte, erzeugte, in Verbindung mit den Belastungen der napoleonischen Fremdherrschaft, den deutschen Nationalismus. Dieser wurde nun auch von den deutschen Fürsten im Abwehrkampf gegen Napoleon ausgenutzt. Die Kulturströmung der Romantik förderte Nationalismus durch Hinwendung zur deutschen Geschichte und deren Mystifizierung.

Kennzeichen des Nationalismus im Vormärz

- Verbindung der Ideen von Freiheit und Gleichheit mit dem Streben nach nationaler Einheit;
- Glaube an das Selbstbestimmungsrecht der Nation (Prinzip der Volkssouveränität);
- als Merkmale der Nation gelten z. B. die Siedlungsräume in ihren natürlichen Grenzen oder biologische Abstammung, kulturelle Gemeinsamkeiten wie Sprache, Religion und Tradition, politische Faktoren wie gemeinsame Geschichte oder das Gefühl gemeinsamer politischer Bedrohung von außen, subjektive und irrationale Vorstellungen wie Bewusstsein einer Schicksalsgemeinschaft oder Existenz bloßen Nationalgefühls innerhalb einer Gruppe;
- nationaler Freiheitsbegriff als Freiheit von Fremdbestimmung und Fremdherrschaft anderer Nationen;
- der nationale Gedanke kann mit allen anderen politischen Richtungen verbunden werden;
- nationale Ideen übersteigern sich oft zum Nationalismus und zum Chauvinismus ⊛;
- der Nationalismus ist oft Teil des politischen Selbstverständnisses bürgerlicher Herrschaft.

Der deutsche Nationalismus wird im Vormärz mit dem Liberalismus verbunden. Vor allem das **Groß- und Bildungsbürgertum** verschreibt sich dieser Idee. Aber auch unter **Frühsozialisten** ist der Nationalismus verbreitet.

Forderung ist die Idee, dass eine Bevölkerung infolge gleicher Abstammung, Geschichte, Sprache, Kultur oder auch nur aus Zusammengehörigkeitsgefühl auf dem von ihr bewohnten Territorium **in freier Selbstbestimmung einen eigenen Staat errichten darf**, der sie von anderen Bevölkerungen abgrenzt.
In Deutschland ist dementsprechend umstritten, was zu Deutschland gehören soll (**Was ist des Deutschen Vaterland?**). Unbestritten bleibt das Recht anderer Völker Nationen zu bilden.

Träger des Nationalismus im Vormärz

- Studenten und einige Professoren, die meist aus der Schicht des Groß- und Bildungsbürgertums hervorgingen. Sie organisierten sich in Burschenschaften und waren oft radikal;
- die meist aus kleinbürgerlichen Schichten stammenden Republikaner und Frühsozialisten bildeten anfänglich die kleinste Gruppe. Sie waren in kleinen Klubs und Zirkeln organisiert und dachten radikal;
- gemäßigter zeigte sich die gebildete und begüterte bürgerliche Oberschicht, die zahlreiche liberale Zirkel und Vereine gegründet hatte, in denen sie ihre Ideen wach hielten und weiterentwickelten.

Forderungen des Nationalismus im Vormärz

- Ein einheitlicher deutscher Nationalstaat soll möglichst alle zum deutschen Sprach- und Kulturkreis gehörenden Menschen umfassen;
- die Bevölkerungsgruppen bestimmen selbst, zu welcher Nation sie gehören wollen, oder ob sie einen eigenen Staat gründen wollen;
- das Prinzip der nationalen Selbstbestimmung ist auf alle Völker Europas anzuwenden.

2.3 Folgen und Entwicklungen

Das Wartburgfest

Viele deutsche Studenten hatten während des Freiheitskrieges gegen Napoleon als Freiwillige gekämpft. Der starke Idealismus und Patriotismus, den sie dabei entwickelt hatten, wurde durch die Ergebnisse des Wiener Kongresses tief enttäuscht. So entstanden an einigen Universitäten **ab 1815 patriotische Studentenvereinigungen. 1817** trafen sich ca. 500 Mitglieder dieser so genannten Burschenschaften auf der **Wartburg** in Thüringen zu einer Gedenkfeier, in deren Verlauf Schriften reaktionärer Autoren sowie Symbole der obrigkeitshörigen Verwaltung und Armee (Zopf und Korporalstock) verbrannt wurden. Diese symbolische Verbrennung schuf bei den Regierungen der deutschen Staaten Misstrauen gegenüber der akademischen Jugend und ihren Lehrern.

Das national und liberal orientierte Treffen von Burschenschaften auf der **Wartburg** und später die Ermordung Kotzebues geben den herrschenden deutschen Absolutisten den Vorwand, mittels der so genannten **Karlsbader Beschlüsse** gegen die nationale und liberale Opposition vorzugehen. Überwachung der Universitäten, Pressezensur, Kontrolle von Vereinen, Bespitzelung Verdächtiger werden vorgenommen, um politische Straftäter ausfindig zu machen.

Die Karlsbader Beschlüsse

Im Jahr **1819** erdolchte der radikale Student Karl Ludwig Sand den Schriftsteller August von Kotzebue, der sich durch seine spöttische Kritik an der studentischen nationalen Bewegung unbeliebt gemacht hatte und als Agent für den Zaren Berichte schrieb. Bei den restaurativen Regierungen, die in dem Mord nur die logische Fortsetzung der Ereignisse auf der Wartburg sahen, machte sich Entsetzen breit. Noch im selben Jahr einigten sich die Bundesstaaten in Karlsbad auf eine Liste von Beschlüssen:

- Einführung der Pressezensur und Kontrolle der Vereine;
- Entlassung oppositioneller Hochschullehrer;
- Überwachung der Universitätsvorlesungen durch Staatskommissare;
- Verbot der Burschenschaften;
- Zentraluntersuchungskommission für politische Straftaten in Mainz;

Die Karlsbader Beschlüsse wurden in allen Bundesstaaten rigoros durchgeführt. Einige Intellektuelle mussten sich im Ausland in Sicherheit bringen und einige Lehrer wurden entlassen. Die Bespitzelungen führten bei Professoren zu einer unpolitischen Haltung. Die süddeutschen Landtage wurden zur Wirkungslosigkeit verurteilt. Durch die Kontrolle der Vereine wurde die Bildung von Parteien verhindert und die Pressezensur machte eine Beeinflussung der öffentlichen Meinung für die Opposition unmöglich. **Das unabhängige politische Denken in Deutschland war zum Schweigen gebracht.**

Das Hambacher Fest

Die Revolution 1830 in Frankreich lässt aber neuen Widerstand wachsen, der in Aktionen, wie dem **Hambacher Fest**, der **Frankfurter Wachensturm** oder die Eidesverweigerung von **sieben Göttinger Professoren** mündete.

Als der bayerische König sich zunehmend verfassungsfeindlich zeigte, reagierten besonders die Pfälzer Oppositionellen, die enge Verbindungen zu demokratischen Gruppen im französischen Elsass unterhielten. **Die politischen Radikalen hatten sich organisiert** und hielten 1832 am Hambacher Schloss eine Feier zum Jahrestag der bayerischen Verfassung ab. Trotz Verbotes kamen etwa 30000 Menschen aus Süddeutschland und dem Elsass. Die dort gehaltenen Reden waren für damalige Verhältnisse sehr radikal. Im Vordergrund stand das **Verlangen nach nationaler Einheit**. Die Versammlung hatte sich als Zeichen die schwarz-rot-goldenen Farben der Studentenverbindungen gewählt. Seitdem waren sie die Farben der demokratischen Bewegung in Deutschland. Das Hambacher Fest übertraf alle Erwartungen seiner Organisatoren. Deshalb leiteten die restaurativen Regierungen des Bundes die Unterdrückung der neu erstarkten Opposition in die Wege.

Der Frankfurter Wachensturm

1833 hatten sich einige Burschenschaften reaktiviert. In der Hoffnung, es werde in Deutschland eine Revolution ausbrechen, versuchten einige dieser studentischen Gruppen, die Frankfurter Hauptwache zu stürmen, um anschließend den Bundestag zu besetzen. Das Vorhaben schlug jämmerlich fehl und bot der Reaktion den gewünschten Anlass, um gegen die Opposition loszuschlagen. **1834 beschlossen die deutschen Fürsten eine erneute Verschärfung des Kampfes gegen Liberale, Nationale und Demokraten.** Sie setzten eine neue Zentraluntersuchungskommission ein und es folgte eine Flut von Untersuchungen und Gerichtsaktionen.

Die Göttinger Sieben

Als 1837 der neue König von Hannover die Beamten ihres Eides auf die Verfassung entband, erklärten **sieben Göttinger Professoren** sich auch weiterhin an den Eid gebunden. Alle sieben wurden **sofort entlassen**. Das Bürgertum finanzierte die Gelehrten so lange, bis sie in anderen deutschen Staaten neue akademische Stellen gefunden hatten.

Biedermeier und das Junge Deutschland

Die herrschenden Absolutisten erstickten den Widerstand mit rigorosen Polizeimaßnahmen. Das Bürgertum selbst flüchtete sich ins Private, ins ästhetisierende und romantisierende **Biedermeier**, das die heile häusliche Welt als Gegengewicht zur tyrannischen Öffentlichkeit betonte.

Die **allgemeine politische Enttäuschung, Hoffnungslosigkeit und Unfreiheit** des deutschen Bürgertums, mit der Folge des Rückzugs ins Private, fanden ihren kulturellen Niederschlag in der Epoche des **Biedermeier**. Sie war gekennzeichnet durch die Betonung des Gemüts und Weltschmerzes bis zum Lebensüberdruss (Romantik). Die Grundlagen der sozialen Beziehungen sind Häuslichkeit und Geselligkeit in Familie und Freundeskreis.

Nach dem Hambacher Fest mussten einige Schriftsteller der so genannten „jungdeutschen Schule“ wegen ihrer scharfen Kritik an den bestehenden politischen Verhältnissen als „subversive Elemente“ aus Deutschland fliehen. Vom Ausland aus übten sie dennoch großen Einfluss auf die deutsche Kultur aus, allen voran **Georg Büchner, Heinrich Heine** und **Ludwig Börne**.

2.4 Das Zeitalter des Pauperismus

Die Zeit des Vormärz kennzeichnet **weit verbreitete Armut**.

Ursachen des Pauperismus

Medizinischer Fortschritt und Beendigung der absolutistischen Politik der Bevölkerungsregelung führten zu **starkem Bevölkerungszuwachs, dem keine entsprechend steigende Wirtschaftsleistung gegenüberstand**. Die Folge waren Hungerkrisen, Landflucht, Auswanderung und erste sozialistische Ideen. Die absolutistischen Staaten reagierten mit Förderung der Lebensmittelproduktion, Straßenbau und vorsichtiger Sozialgesetzgebung.

- Starke **Zunahme der Bevölkerung** durch Beendigung der absolutistischen „Peuplierungspolitik“, medizinischen Fortschritt (Gesundheit und Lebensdauer), Friedenszeit durch Wiener Kongress (Bevölkerungsanstieg um 50 % 1800–1850).
- **Landflucht** (Erwerbslosigkeit bei Bewegungsfreiheit).
- **Zunahme von Armut** durch Erwerbslosigkeit infolge ungenügenden Arbeitsangebotes bei Bevölkerungszunahme, Rationalisierung in der Landwirtschaft (adelige Großgüter) und infolge Überangebotes handwerklicher Arbeitskraft (Gewerbefreiheit).

Die Folgen des Pauperismus

- **Ernährungskrisen** wie etwa die Hungerkrise 1816/17;
- **Anwachsen der Städte**, Elendsviertel, neue soziale Aufgaben;
- Entstehen **erster frühsozialistischer❋ Gedanken**
- Die deutschen Bundesstaaten gerieten unter Handlungsdruck, verbesserten die Verkehrswege, begannen mit erster zaghafter Sozialgesetzgebung und gezielter Förderung der Lebensmittelproduktion.
- **Auswanderung**

Die Revolution 1848/49 (Märzrevolution)

2.5 Geistige und politisch-gesellschaftliche Voraussetzungen

Die Aufklärung

Die **Naturrechtsphilosophie** der Aufklärung hatte im 18. Jahrhundert das Bild des Menschen entscheidend verändert. Die Schriften der Philosophen wurden jetzt nicht nur mehr vom Adel, sondern auch vom vermögenden Bildungsbürgertum gelesen. Die Gedanken John Lockes (1632–1704), Montesquieus (1689–1755), Rousseaus (1712–1778) und Adam Smiths (1723–1790) waren **Grundbestandteile bürgerlicher Bildung** geworden.

Menschenrechte und Demokratie in der Französischen Revolution

Schon zu Beginn der Französischen Revolution waren nach amerikanischem Vorbild die Menschenrechte in der „Déclaration des droits de l'homme et du citoyen" (1789) formuliert worden. Diese Menschenrechtsdeklaration wurde der Verfassung von 1791 vorangestellt. Damit hatte die Revolution die Forderung nach allgemein gültigen Menschenrechten durch das europäische Bürgertum eingeleitet. Das Vorbild der revolutionären französischen Demokratie hatte die Funktionsfähigkeit demokratischer Einrichtungen bewiesen. Die Revolutionsarmeen brachten diese Einrichtungen auch nach Deutschland und ein großer Teil des westdeutschen Bürgertums lernte die Gemeindeselbstverwaltung und andere Mitbestimmungsrechte kennen und schätzen. Der **größte Teil des liberalen Besitz- und Bildungsbürgertums** lehnte jedoch die **völlige Verwirklichung von politischer Gleichheit und Demokratie**, nämlich Wahlgleichheit und republikanische Verfassung, als **zu radikal** ab.

Das Bürgertum hat die **Ideen der Aufklärung** übernommen. Die Französische Revolution hatte gezeigt, dass die Ideen von Demokratie und Menschenrechten politisch realisierbar waren. Das Bürgertum wollte aber mehrheitlich die **Beibehaltung der Monarchie** und **kein gleiches Wahlrecht**.

Liberale Bestrebungen in Deutschland

Die Wurzeln des deutschen Liberalismus lagen im Vorbild der Französischen Revolution und in den Erfahrungen mit der liberalen französischen Verwaltung in den besetzten deutschen Gebieten (1795–1815). Dazu traten die liberalen Reformen der Befreiungskriege und die liberalen Bestrebungen der gebildeten bürgerlichen Beamtenschaft. Vielerorts gab es bürgerliche, liberale Zirkel und Vereine. Ein Hauptbestreben des Bürgertums war die Emanzipation von der wirtschaftlichen Bevormundung durch den Staat.

Der Gedanke der nationalen Einheit Deutschlands

Liberale und nationale Gedanken bilden den Kern des oppositionellen Denkens. Träger des liberalen und nationalen Gedankengutes ist das **Besitz- und Bildungsbürgertum**. Den nationalen Einheitsgedanken nutzen aber **auch Konservative** in Preußen für die Idee einer preußischen Hegemonie über Deutschland.

Der nationale Gedanke in Deutschland hatte sich entwickelt aus:

- dem Vorbild des französischen revolutionären Nationalismus;
- dem gemeinsamen Befreiungskrieg gegen Napoleon;
- der Pflege des Nationalgedankens in Burschenschaften und Vereinen und der Entwicklung nationaler Tendenzen in Geisteswissenschaften und Literatur (Romantik);
- der Organisation eines deutschen Wirtschaftsraumes (Zollverein ➤ S. 50, 60);
- der Förderung durch preußische Nationalisten, die glaubten, über den deutschen Nationalstaat die Hegemonie Preußens über den Rest der deutschen Staaten erringen zu können;
- der allgemeinen nationalen Strömung in Europa;

Der Druck der Reaktion

Seit dem Hambacher Fest 1832 versuchte die absolutistische Reaktion verstärkt liberale, nationale und demokratische Bestrebungen zu unterdrücken. Zensur, politische Gerichtsverfahren mit harten Urteilen, Berufsverbote, Ausweisungen, polizeiliche Verfolgung und Bespitzelung, die Überwachung der Universitäten und Vereine und das Verbot der Burschenschaften verärgerten das Bürgertum zunehmend und verstärkten dessen Enttäuschung über das Ausbleiben der Versprechungen des Wiener Kongresses. In Österreich und Preußen war das Verfassungsversprechen von 1815 noch immer nicht eingelöst. Viele Fürsten von verfassten Klein- und Mittelstaaten kümmerten sich einfach nicht um die Verfassungsschranken.

Zunahme der politischen Organisation in Deutschland

Ab 1840 wird Deutschland zusehends politischer. Die Märzforderungen nach der Februarrevolution in Frankreich zeigen eine deutliche Radikalisierung der Forderungen.

Ab 1840 entstanden in Deutschland immer mehr bürgerliche politische Zirkel und Vereine, das Interesse der Öffentlichkeit an der Politik nahm zu. Außerdem führte die Bedrohung der Rheingrenze durch Frankreich im Jahr 1840 zur Aktivierung der nationalen Bewegung in Deutschland. Dennoch waren diese Klubs klein und bezogen auf heutige Verhältnisse selten.

Die Märzforderungen

Die so genannten Märzforderungen, 1848 im süddeutschen Raum formuliert, enthielten folgende Postulate:

- Einführung neuer oder Reaktivierung „eingefrorener" Verfassungen;
- Garantie der Menschen- und Bürgerrechte; Abschaffung der Karlsbader Beschlüsse und politische Mitbestimmung für weite Kreise der Bevölkerung (Minderung oder Aufhebung des Wahlzensus);
- Forderung nach mehr sozialer Gerechtigkeit, z. B. Recht auf Arbeit;
- Forderung nach Einheit der deutschen Nation.

Gesellschaftliche Voraussetzungen – Soziale Spannungen

Die Veränderung der Gesellschaftsstruktur wurde durch eine Reihe von Maßnahmen und Entwicklungsfaktoren ausgelöst, z. B. die Reformen in Preußen und den süddeutschen Staaten während der napoleonischen Ära.

Die **Bauernbefreiung** hatte für viele Bauern keinen Gewinn gebracht, da sie durch Entschädigungszahlungen an frühere Gutsherren entweder hoch verschuldet waren oder durch Überschuldung und Abtretung (Ablösung) des Bodens ihren Hof ganz an die Grundherren verloren hatten.

Bauernbefreiung, Einführung der Gewerbefreiheit, Landflucht, Industrialisierung und der Zerfall der Großfamilien führten viele Menschen ins Elend. Es entstand eine **neue Schicht verelendeter Lohnarbeiter, das Proletariat**.

Die **Einführung der Gewerbefreiheit** führte zu erhöhter Konkurrenz. Die Preise für gewerbliche Produkte sanken, die Zahl der Betriebe nahm zu, während die Gewinnspannen im Handwerk zurückgingen.

Die Zahl der Arbeitsplätze in Landwirtschaft und Gewerbe stieg nicht im gleichen Verhältnis wie die Bevölkerungszahl. Die Folge war **Landflucht** der Bauern in die Städte, wo sie auf Arbeit im gewerblichen Sektor ⊛ hofften. Das Überangebot an Arbeitskräften führte zum Verfall der Löhne.

Industrialisierung und Rationalisierung der Produktion in Landwirtschaft und Gewerbe führten zur Zunahme der Lohnarbeit. Als neue soziale Schicht begann die Arbeiterklasse, das **Proletariat**, zu entstehen (Proletarisierung). Mit dem Zuzug von Teilen der Landbevölkerung in die Städte zerbrach die bäuerliche Großfamilie. Die neu entstehende städtische Kleinfamilie konnte aber den sozialen Schutz der großfamiliären Solidargemeinschaft nicht leisten. Dadurch verschlechterte sich für große Teile der Bevölkerung die soziale Lage noch mehr.

1846/47 kam es in Deutschland infolge von Missernten und der stark angespannten Lage in der Agrarproduktion zu einer **Hungerkrise**, die zu örtlichen Unruhen führte. Darüber hinaus entstand die erste, durch den verstärkten Einsatz von Maschinen bedingte, **soziale Krise** in Deutschland, die Aufstände der schlesischen Weber, deren Heimarbeit mit der maschinellen Textilproduktion nicht mehr Schritt halten konnte.

1846/47 kam es in Deutschland zu **Hungerkrisen und Elendsaufständen**.

2.6 Der Verlauf der Revolution

Die Revolution in Preußen

Im März 1848 beginnt die **französische Februarrevolution auf Deutschland überzugreifen**. Erste Unruhen in Berlin kann der preußische König durch Zugeständnisse eindämmen.

„Stiftung Historische Museen, Altonaer Museum"
Karikatur aus dem Jahr 1849 von Friedrich Wilhelm IV. (1795–1861). Er kam 1840 auf den Thron, zeigte sich liberaler als sein Vater. Hatte historisch-romantische Vorstellungen, die er auch politisch umsetzen wollte.

Der neue König Friedrich Wilhelm IV. dachte patriarchalisch-historisch. Die **1815 versprochene Verfassung wollte der König so wenig gewähren wie ein vom Volk gewähltes Parlament**. Die **1847** vom preußischen Monarchen eingerichtete **ständische Volksvertretung**, der so genannte „Vereinigte Landtag", stieß wegen seiner geringen Macht **bei den Liberalen auf Ablehnung**.

Der Ausbruch der Revolution in Berlin
Bei der ersten Einberufung des Vereinigten Landtages verweigerte dieser dem König eine Staatsanleihe. Der König **löste den Landtag wieder auf**. Als die Liberalen in Berlin daraufhin unruhig wurden, gab der Monarch nach, weil er die Wirkung der in Paris ausgebrochenen bürgerlichen Revolution fürchtete. Er machte dem Bürgertum wesentliche Zugeständnisse, nämlich Aufhebung der Zensur, Wiedereinsetzung des Landtages und das Versprechen einer Verfassung.

Die Revolution in Berlin beginnt **aus Versehen**.

Die gespannte Situation in Berlin schien bereinigt. Am 18. März kam es zu Massenversammlungen vor dem Berliner Schloss, als die Berliner dem König danken wollten. Dabei lösten sich aus den Gewehren der Wachtruppen vor dem Schloss einige Schüsse. Schon in den Tagen zuvor hatte es in Berlin bei einigen Zusammenstößen mit dem Militär Tote gegeben. Die Berliner glaubten jetzt, der König habe sie verraten. Die Folge waren erbitterte und blutige Barrikaden- und Straßenkämpfe zwischen Revolutionären aus allen Bevölkerungsschichten und der preußischen Armee, die noch immer fest in der Hand des Königs war. Es gab 143 Tote.

Das Einlenken des Königs

Der König gibt bis zum Äußersten nach, ehrt die gefallenen Barrikadenkämpfer, heuchelt deutschen Nationalismus und **gesteht eine liberale Verfassung zu**.

Die Unsicherheit Friedrich Wilhelms, der von dem Blutbad sehr betroffen war, kennzeichnet den weiteren Verlauf der Ereignisse in Preußen.

- 19.3.48 Proklamation „An meine lieben Berliner"; der König verspricht, die Truppen aus Berlin abzuziehen und ehrt öffentlich gefallene Revolutionskämpfer, die so genannten Märzgefallenen.

- 21.3.48 Der König reitet durch Berlin mit schwarz-rot-goldener Armbinde als Zugeständnis an die Nationalbewegung. In seinem Aufruf „An mein Volk und an die deutsche Nation“ erklärt Friedrich Wilhelm IV: „Fortan geht Preußen in Deutschland auf.“
- 28.3.48 Bildung eines liberalen Kabinetts.
- 22.5.48 Zusammentreten der aus allgemeinen und gleichen Wahlen hervorgegangenen verfassunggebenden Versammlung.

Preußen blieb bis zum Jahresende innenpolitisch instabil.

Die Revolution in Österreich

Politisch-ethnische Spannungen in der Donaumonarchie

Der österreichische Außenminister Metternich hatte die von ihm im Deutschen Bund durchgesetzte restaurative Politik in Österreich besonders gründlich betrieben. Der harte Druck von Polizei und Zensurapparat unterband nahezu jede oppositionelle Tätigkeit. In Wien hatte die Arbeiterschaft aus den Vorstädten wegen der sozialen Missstände, unter denen sie zu leiden hatte, ein besonders starkes revolutionäres Bewusstsein entwickelt. Gleichzeitig verschärfte sich der Nationalgedanke der nichtdeutschen Völker in der Donaumonarchie. Bürgertum, Arbeiter, Tschechen, Italiener und Ungarn waren zur Revolution bereit.

„Tolerant und freundlich, wenn auch lieblos von Hause aus, wurde er grausam aus Staatsräson.“ [1]

CLEMENS WENZEL LOTHAR FÜRST VON METTERNICH (1773–1859)

- aus rheinischem Adel
- seit 1809 österreichischer Außenminister
- führender Politiker der Restaurationszeit
- erschafft gegen die liberale und nationale Opposition in Österreich und Deutschland das „Metternichsche System“ der Unterdrückung
- er wird 1849 aus Wien verjagt, kehrt 1851 wieder zurück, bekleidet aber keine politische Position mehr

Im Vielvölkerstaat kommt es zu **Nationalaufständen der Tschechen, Ungarn und Italiener**, die genauso wie der **bürgerliche und Arbeiteraufstand in Wien** von der österreichischen Armee brutal niedergeworfen werden. Gegen Ungarn hilft sogar der Zar.

Der Verlauf der Revolution in Österreich

Am 13. März kommt es in Wien zu Unruhen; Metternich wird vertrieben. Ein weiterer Aufstand im Mai führt zur Einrichtung eines verfassunggebenden Reichstages und zur Beseitigung der Leibeigenschaft, soweit diese noch bestand. Gleichzeitig bricht unter den anderen Völkern der Donaumonarchie die nationale Revolution aus:

- Den Pfingstaufstand in Prag unterdrücken die Truppen des Feldmarschalls Fürst Windischgrätz mit brutaler Gewalt.
- Den Aufstand in Oberitalien beendet im Sommer 1848 Feldmarschall Radetzki, mit der Eroberung Mailands.
- Der ungarische Aufstand wird erst 1849 durch einen russisch-österreichischen Zangenangriff besiegt.
- Den großen Oktoberaufstand in Wien, der den Hof zwingt, nach Olmütz zu fliehen, wirft Windischgrätz blutig nieder.

In Österreich wird der **Absolutismus noch verschärft** und die Völker noch stärker unterdrückt.

Auswirkungen und Ergebnisse

Mit dem Sturz Metternichs ging die **Ära der Restauration auch in Österreich zu Ende**. Nur die Armee konnte die Donaumonarchie gegen die demokratische und nationale Bewegung retten. Für Österreich wurde die Integration der verschiedenen Völker zum politischen Hauptproblem. Die Regierung Schwarzenberg verschärfte den Kurs Metternichs noch durch ihr rigoroses Vorgehen gegen politische Gegner und gegen die auf Verwirklichung ihrer nationalen Ansprüche drängenden Völker der Donaumonarchie. Damit „belastete er den Staat mit der Hypothek⊛ permanenter Auseinandersetzungen, an denen er schließlich zugrunde gehen sollte“.

Die Revolution in den Klein- und Mittelstaaten

Die Voraussetzungen

- Die meisten dieser Staaten waren traditionell liberaler als Preußen und Österreich und damit auch empfindlicher für Übergriffe der Regierung;
- bei den süddeutschen Staaten spielte die Nähe zum moderner verfassten Frankreich eine Rolle.

Mehr **Radikalität** herrscht in den **deutschen Kleinstaaten**. Die Fürsten müssen nachgeben.

Der Verlauf

Schon im Februar formulierte man die „Märzforderungen“ in Baden. Hier zeigten sich schon zu Beginn der Revolution **Spaltungstendenzen** zwischen den dort zahlreichen **radikalen**, demokratischen Republikanern und den **bürgerlich-gemäßigten** liberalen **Oppositionellen**. Die Regierungen der Klein- und Mittelstaaten „ergaben“ sich schnell dem Druck der Öffentlichkeit. Es entstanden liberale Kabinette, die „eingefrorenen“ Verfassungen traten wieder in Kraft.

In Bayern richtete sich der Volkszorn gegen das Regiment König Ludwigs I., der zuließ, dass sich seine Geliebte, Lola Montez, in die Politik einmischte.

Nach der Ablehnung der Frankfurter Verfassung durch die Regierungen im Mai 1849 und der Auflösung des Paulskirchenparlaments fanden radikale Aufstände vor allem in Sachsen, im Rheinland, in der Pfalz und in Württemberg statt. Die badische Armee lief zum größten Teil zu den badischen Aufständischen über, der Großherzog flüchtete. Die aus der badischen Armee und Revolutionären gebildete Truppe konnte erst von einem preußischen Korps unter Kronprinz Wilhelm nach schweren Kämpfen niedergeworfen werden. Anschließend gingen preußische Standgerichte rechtswidrig mit drakonischen Strafen (Erschießungen) gegen die Revolutionäre vor.

Das Ergebnis

In den deutschen Klein- und Mittelstaaten verlief die Revolution **anfangs erfolgreich**. Durch das Paktieren des liberalen Besitzbürgertums mit den alten Mächten gegen die Radikalen, die in den Kleinstaaten zahlreicher waren als in den großen Mächten, verlor die Revolution an Kraft. **Die Reaktion setzte sich genau wie in Preußen und Österreich durch**.

In den kleineren Staaten kommt es zu schweren Kämpfen, als feststeht, dass die Revolution scheitern wird. **Die Revolutionäre verlieren.**

2.7 Einschätzung und Bewertung der Revolution

Die Erfolge der deutschen Revolution 1848

- **Liberale Kabinette:** In den deutschen Staaten werden die liberalen Oppositionsführer Regierungschefs.
- **Verfassungsrechtliche Zugeständnisse** und Veränderungen: Wiedereinführung, Revisionen und Verbesserungen der Verfassungen in den Mittel- und Kleinstaaten; Einrichtung verfassunggebender Versammlungen in Österreich und Preußen.
- **Liberale Zugeständnisse:** Aufhebung der Gesetzgebung der Karlsbader Beschlüsse; Aufhebung ständischer und feudaler⊛ Wirtschaftsprivilegien zugunsten des Besitzbürgertums.
- **Politisierung der Öffentlichkeit:** Weckung des politischen Bewusstseins breiter Schichten der Bevölkerung, die Probleme der deutschen Verfassungsdiskussion und der nationalen Einheit blieben nachhaltig in der deutschen Bevölkerung verankert.

Dennoch waren das **nur Anfangserfolge**. Wenige Monate später stellten Regierungen und Monarchen die früheren Verhältnisse wieder her.

Zuerst feiert die Revolution Erfolge: Liberale Kabinette und Verfassungen entstehen. **Deutschlands Bürgertum politisiert sich zum ersten Mal** massenhaft.

Die Ursachen des Scheiterns der Revolution 1848

Dennoch scheitert die Revolution an der **Machtfrage**.

Revolution ohne Mehrheit?

Anders als die Revolution 1789 in Frankreich veränderte die Revolution in Deutschland die Verhältnisse nicht. Dies hatte zum einen den Grund, dass die sozialen Spannungen in Deutschland nicht so erheblich waren wie in Frankreich vor der Revolution. Daher besaß die Revolution in Deutschland weniger politische Sprengkraft. Weitere Gründe lagen darin, dass das ausgebeutete **Industrieproletariat** entsprechend dem geringen Industrialisierungsgrad Deutschlands noch **gering** war, die **Mehrheit der Bevölkerung auf dem Land ansässig** und von der Revolution in den Städten weniger berührt war und das Jahr 1848 kein Hungerjahr war, wie die Jahre zuvor.

Revolution ohne Revolutionäre?

Die **liberale Mehrheit** des Bürgertums wollte gar **keine radikalen Veränderungen**. Dynastien, Beamtenapparat und Offizierskorps, also die Träger des Absolutismus, sollten nach der Revolution erhalten bleiben. Die Revolution blieb, nachdem das Bürgertum Angst vor dem Druck der Straße bekam, „vor den Thronen stehen". Dem Bürgertum war die **Freiheit des Eigentums wichtiger, als politische Freiheit** und Selbstbestimmung.

Berliner Clubbs

Der politische Clubb.	Der konstitutionelle Clubb.	Der patriotische Verein.

Wir haben eine **Revolution** gemacht!	Man hat eine Revolution **gemacht**!	Na, wer **hat** denn man eigentlich die Revolution gemacht?

Karikatur aus der satirischen Zeitschrift *Kladderadatsch* (1848)

Revolution ohne Ziel?

Schon vor der Revolution zeichnete sich eine Spaltung der Liberalen in radikale Demokraten und gemäßigte Liberale ab. In der Frage, wie groß die Nation sein und welche Ordnung sie besitzen solle, gab es bei allem Nationalismus kein Einvernehmen. Die Zeit, die deshalb die Nationalversammlung in endlosen Debatten verlor, nutzte die Reaktion umso besser.

Revolution ohne Führung?

Anders als Frankreich hatte Deutschland **keinen zentralen Ort**, um dort den Sieg der Revolution durchzusetzen. Sie fand in jedem Land getrennt statt. Die Aufstände in Wiens Elendsvierteln, die Berliner Barrikadenkämpfe oder Heckers Revolutionskrieg in Baden waren Einzelereignisse verschiedenen Charakters. **Kein deutscher Staat übernahm** im Verlauf der Revolution eine **Führungsrolle** und **keiner der revolutionären Führer** oder Sprecher vermochte sich in ganz Deutschland **an die Spitze der Bewegung** zu stellen. Die nationalen Egoismen innerhalb der Einzelstaaten waren zu stark; Preußen und Österreich trieben nach wie vor Großmachtpolitik gegeneinander (Dualismus); Der „provisorischen Zentralgewalt“ der Paulskirche fehlten Machtmittel, um ihre Beschlüsse durchzusetzen.

Die Revolution **scheitert** aus folgenden Gründen: Die sozialen Spannungen sind geringer als etwa in Frankreich, die Mehrheit des Bürgertums hatte **Angst vor der Revolution**, unter den Revolutionären herrschte **zu wenig Einigkeit**, es gab weder einen zentralen Revolutionsort, noch eine zentrale Führung und die nationalen Egoismen der einzelnen Teilstaaten waren zu stark.

Die Folgen des Scheiterns der Revolution 1848

Das Scheitern der Revolution erzeugte beim deutschen Bürgertum **Resignation und Erstarrung**.

- Die bürgerlichen Liberalen wenden sich der **„Realpolitik“** zu.
- Der **Einheitsgedanke** gewinnt Vorrang gegenüber den Forderungen nach Freiheit und Selbstbestimmung.
- Aber auch die deutsche Einheit versucht das Bürgertum nicht mehr aus eigener Kraft zu erreichen, vielmehr im Bündnis mit den feudalen Regierungen Deutschlands.
- Das Besitzbürgertum paktiert mit dem absolutistischen Staat aus **Angst vor dem** stärker werdenden **Proletariat**.
- Die Regierungen lassen den Bürgern weitgehende wirtschaftliche Freiheit, die das Bürgertum bindet und von der Politik ablenkt.
- Zugleich ziehen sich große Teile des Bürgertums, wie schon zuvor, wieder in ihren privaten Bereich zurück.

Dennoch war die Revolution von **großer Bedeutung für die deutsche Geschichte**, denn sie etablierte die **erste gesamtdeutsche Verfassung** und beendete das System der Restauration. Viele liberale Märzzugeständnisse, vor allem für das Großbürgertum, blieben erhalten. In Deutschland entstanden erste politische Parteien.

Nach Ende der Revolution wendet sich das Bürgertum entweder privaten oder wirtschaftlichen Lebensschwerpunkten zu oder es beschäftigt sich mit **„Realpolitik“**, strebt also nur noch das Machbare an. Die **revolutionäre Linke verschreckt das Besitzbürgertum** derart, dass es von nun an mit dem Adel paktiert und dafür eine Schmälerung seiner Rechte in Kauf nimmt.

Die Bewertung der deutschen Revolution 1848

Die Revolution wird heute unter den Historikern **kontrovers** bewertet.

Die Revolution 1848 wird unter Historikern kontrovers beurteilt.
Bekannt ist die kritische Charakterisierung der Revolution von 1848 durch den Historiker Rudolf Stadelmann:

> *„Ist das überhaupt eine Revolution gewesen, was sich vom März 1848 bis zum Juni 1849 in Deutschland abgespielt hat und aus den Bahnen der Loyalität nie herausgefunden, den Weg der Gewalt weder äußerlich noch innerlich gewagt hat? [...] Diese Revolution des pustenden und schwitzenden Spießbürgers, der sich mit Dolchen und Schärpen behängt und seine Stammtischbegeisterung auf die Straße trägt, dieser Aufstand des kleinen Mannes, der seine angeborene Devotion und Unterwürfigkeit nicht ablegen und seine tiefe Unkenntnis des Wesens der Macht nicht verbergen kann, entbehrt der leidenschaftlichen Größe und schicksalhaften Unwiderstehlichkeit eines historischen Gewitters."*[2]

2.8 Die Frankfurter Nationalversammlung

Die Nationalversammlung in der Frankfurter Paulskirche war das erste frei gewählte Parlament, das Vertreter der gesamten deutschen Nation umfasste. Die von ihm geschaffene Verfassung hatte auf die deutsche Verfassungsgeschichte großen Einfluss.

Das Vorparlament

Die Erfolge der Märzrevolution führten dazu, dass schon am 5. März ein Ausschuss vornehmlich süddeutscher Vertreter der Demokraten und Liberalen einen Siebener-Ausschuss wählte, der Ende März ein Vorparlament nach Frankfurt einberief. Das ohne Wahl berufene provisorische Parlament leitete Wahlen zur verfassunggebenden Nationalversammlung ein, ohne den Verlauf der Revolutionsereignisse abzuwarten. Im Vorparlament und dem von ihm berufenen Fünfziger-Ausschuss kam es zwischen gemäßigten Liberalen und radikalen Demokraten zu ersten Auseinandersetzungen, als die Radikalen unter der Führung der südwestdeutschen Abgeordneten Hecker und Struve versuchten, schon jetzt die Republik auszurufen und das Vorparlament zur legitimen Volksvertretung zu erklären. Die gemäßigten Liberalen konnten sich jedoch mit großer Mehrheit durchsetzen, die Frage der deutschen Einheit zusammen mit den deutschen Monarchen zu klären. Damit war eine **Vorentscheidung für das monarchische Prinzip** gefallen, das die gemäßigten Liberalen aus Angst vor der „Straße" erhalten wollten.

Die Konstituierung

Am **1. Mai 1848** wurde die **Frankfurter Nationalversammlung** in allen Staaten des deutschen Bundes gewählt. Die Wahl der einzelnen Abgeordneten erfolgte nach den Grundsätzen der Persönlichkeitswahl, d.h. sie war frei, gleich, unmittelbar und geheim.

Am **18. Mai** wurde die Nationalversammlung **feierlich eröffnet**. Unter den 830 Abgeordneten (mit Stellvertretern) befanden sich zahlreiche angesehene und bekannte Persönlichkeiten. Zum Präsidenten der Versammlung wurde **Heinrich von Gagern** gewählt, ein angesehener Liberaler, der an den Freiheitskriegen teilgenommen hatte und aktiver Burschenschaftler gewesen war. Die Zahl der wirklich in Frankfurt anwesenden Abgeordneten schwankte zwischen 300 und 500. Dies lag daran, dass die Abgeordneten anderweitigen Verpflichtungen nachzukommen hatten und Reisen sehr beschwerlich waren. Die Abgeordneten fanden sich in lockeren Gruppen zusammen, die nach dem jeweiligen Tagungsort benannt waren. Im Parlament saßen die Abgeordneten wie im französischen Parlament seit 1814 je nach politischer Einstellung auf einer bestimmten Seite (vom Präsidenten aus gesehen):

In ganz Deutschland wurde am 1. Mai 1948 in freier, gleicher, unmittelbarer und geheimer Wahl das **erste demokratische Parlament Deutschlands** gewählt. Es tagte in Frankfurt, der Bundeshauptstadt. Das Parlament schwankte größenmäßig zwischen 300 und 500 Abgeordneten. Es entstanden verschiedene politische Gruppierungen, die sich wie im französischen Parlament anordneten. Rechts die Konservativen, links die Radikalen, dazwischen je nach Gemäßigtheit von rechts nach links die Liberalen der verschiedenen Richtungen, die die absolute Mehrheit der Abgeordneten bildeten.

Konservative (Rechte)	ca. 40 Abgeordnete
Gemäßigte Liberale (Rechte)	ca. 120 Abgeordnete
Liberale (Rechtes Zentrum)	ca. 40 Abgeordnete
Fortschrittliche Liberale (Linkes Zentrum)	ca. 130 Abgeordnete
Gemäßigte Demokraten (Linke)	ca. 55 Abgeordnete
Radikaldemokraten (Linke)	ca. 50 Abgeordnete
Gesamt	ca. 435 Abgeordnete

Daneben existierte eine **sehr große Zahl von fraktionslosen Abgeordneten**, die nicht bereit waren, sich zu organisieren und festzulegen.

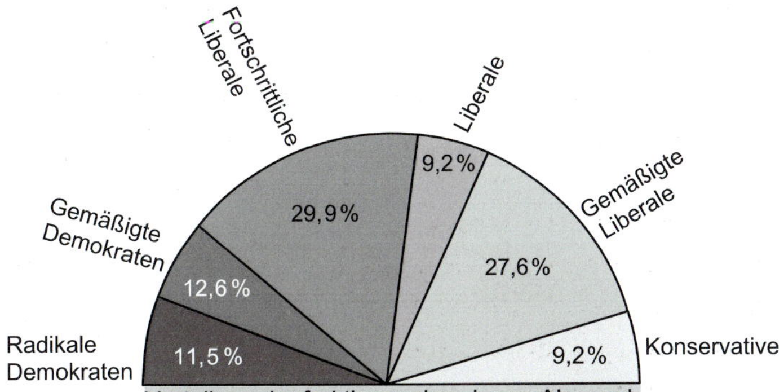

Verteilung der fraktionsgebundenen Abgeordneten in der dt. Nationalversammlung 1848

Die Zusammensetzung des Parlaments – Das Honoratiorenparlament

Das Parlament wird heute als **Honoratiorenparlament** bezeichnet, da die meisten Abgeordneten aufgrund ihrer öffentlichen Verdienste und ihres guten Rufes in das Parlament gewählt worden waren, vor allem akademisches Bürgertum.

1848 gab es noch keine organisierten Parteien. Die Opposition arbeitete in kleinen Zirkeln und Clubs. Diese waren zwar zahlreich, standen aber aufgrund der noch schlecht entwickelten Verkehrsstruktur und der staatlichen Zersplitterung in Deutschland untereinander nur selten in enger Verbindung. Deshalb mussten die Wähler auf Männer zurückgreifen, die ohne Schulung oder Programme in der Lage waren, politische Verhältnisse zu erfassen und zu formulieren. Die bekannten Vertreter der Opposition gegen die restaurative Politik waren zumeist Angehörige des Bildungsbürgertums, vor allem Juristen und Professoren. Aus diesen Wahlvoraussetzungen ergab sich in der Nationalversammlung folgende Zusammensetzung: **Zwei Drittel der Abgeordneten** gehörten dem **akademischen Bürgertum** an, insbesondere Juristen, Beamte und Lehrer. Grundbesitzeradel und Besitzbürgertum stellten etwa ein Siebtel der Parlamentarier. Arbeiter und Handwerker waren so gut wie nicht vertreten.

Entsprechend dieser Zusammensetzung besaßen die **bürgerlichen Liberalen** im Parlament **eine große Mehrheit**. Die radikaleren Demokraten waren im Vergleich zu vorherigen Versammlungen verhältnismäßig gering beteiligt. Das „Professoren- und Honoratiorenparlament“ der Paulskirche spiegelte die soziale Zusammensetzung des deutschen Volkes zwar in keiner Weise wider, aber es garantierte in der Nationalversammlung politische Arbeit auf hohem intellektuellem Niveau. Das brachte aber die Gefahr mit sich, nach akademischer Tradition „über den Wolken zu schweben“.

Die Beteiligung der deutschen Staaten

Die deutschen Regierungen hatten unter dem **Druck der Straße** der Bildung des Parlaments zustimmen müssen, arbeiteten aber nicht mehr mit ihm zusammen, als sie wieder stärker wurden.

Die Regierungen der deutschen Staaten hatten der Konstituierung der Nationalversammlung während der revolutionären Ereignisse hilflos zuschauen müssen. Die Einzelstaatsregierungen hatten ihre Einwilligung zur Wahl und Einrichtung des Parlaments gegeben. Mit der Festigung der Stellung der Monarchen zeigte sich aber schnell, dass die Regierungen nicht mit dem Parlament zusammenarbeiten wollten. So versuchten Preußen und Österreich, das Parlament in der Frage der nationalen Einigung aus egoistischem Interesse auszuspielen. Auch in allen Fragen der Schaffung einer gesamtdeutschen Zentralgewalt stieß die Nationalversammlung auf den **Widerstand der Regierungen**. Darüber hinaus zeigten die verfassunggebenden Versammlungen in den Einzelstaaten oft partikularistische Züge.

Die Hauptaufgaben der Nationalversammlung

Die Interessen und Ziele der Abgeordneten und der verschiedenen Gruppierungen bei der Erstellung der Verfassung waren sehr unterschiedlich. Als wichtigste Streitpunkte ergaben sich drei Hauptfragen.

Die Frage nach der Staatsform: Monarchie oder Republik – Einheits- oder Bundesstaat?
Der Wunsch der Demokraten nach der Republik wurde schon im Vorparlament von einer Mehrheit gemäßigter Liberaler abgewiesen. Dennoch kämpften die Republikaner weiter um den unitaristischen ✻ republikanischen Staat und gegen föderalistische ✻ Bestrebungen. Die gemäßigten Demokraten waren darin kompromissbereiter.

Die Nationalversammlung hatte drei problematische Fragen zu beantworten: Die **Frage nach der Staatsform**, also Monarchie, Republik, Bundesstaat oder Einheitsstaat. Man entschied sich für die **Monarchie**.

Die Liberalen traten für die nationale Einheit in Form eines Bundesstaates ein. Die Volksvertretung sollte auf die Legislative beschränkt sein. Sie hielten, wie die Konservativen, eine starke monarchische Zentralgewalt in Form eines erblichen Kaisertums für notwendig.

Die gemäßigten Konservativen wollten in der Verfassung möglichst viele monarchische und föderalistische Elemente erhalten wissen. Sie lehnten eine starke Zentralgewalt ab.

Die Frage nach der Nation: groß- oder kleindeutsch?
Die so genannte großdeutsche Lösung sah als Territorium des deutschen Nationalstaates das Gebiet des Deutschen Bundes vor. Daraus ergaben sich folgende Probleme: Österreich hätte nur zu einem Drittel zum deutschen Staat gehört, den Rest des Vielvölkerstaates hätte ein habsburgisches deutsches Kaiserhaus in Personalunion regieren müssen. Die polnisch sprechenden preußischen Ostprovinzen hätten zum deutschen Staatsgebiet gehört. Dies verstieß aber gegen das nationale Recht auf Selbstbestimmung, auf das die deutsche Einheitsbewegung selbst Anspruch erhob. Deshalb trat die Nationalversammlung **zunehmend für die so genannte kleindeutsche Lösung** ein. Darunter wurde ein deutsches Erbkaisertum verstanden, das mit der preußischen Krone in Personalunion verbunden war. Die Donaumonarchie sollte mit einem „unauflöslichen Bündnis" abgefunden werden.

Die Frage nach dem Umfang der Nation, also mit oder ohne Österreich, mit oder ohne fremde Nationen, wie Polen, Tschechen oder Ungarn. Man entschied sich für die **kleindeutsche Lösung ohne Österreich** als preußisch deutsches Erbkaisertum.

Vor allem die liberale Mehrheit sah darin am ehesten ihre Vorstellung von Nation als politischer Gemeinschaft mit Gleichheit von Volkstum, Sprache und Herkunft erfüllt. Die Entscheidung der Nationalversammlung für die kleindeutsche Lösung wurde in der Paulskirche heftig debattiert. Der Vorteil der kleindeutschen Entscheidung lag in der leichteren Realisierbarkeit, weil sie den preußisch-österreichischen Dualismus innerhalb des neuen Staates ausschloss und das Konzept in ideologischer ✻ Übereinstimmung mit der nationalen Idee stand. Die Nachteile waren zum einen die **Feindschaft Österreichs** gegenüber der Nationalversammlung, die mit dem Abzug der österreichischen Abgeordneten aus Frankfurt endete und zum anderen das Problem der preußischen Ostprovinzen mit polnischer Bevölkerung im deutschen Nationalstaat. Hier setzte sich der nationale Egoismus durch.

In der **Frage nach dem Wahlrecht** setzte sich das **Prinzip der Wahlgleichheit** der Bürger durch.

Die Frage nach dem Wahlrecht: Allgemeine Wahl oder Zensuswahl?
Der demokratische Flügel der Paulskirchenversammlung legte auf die Durchsetzung des **gleichen Wahlrechts für alle Bürger** besonderen Wert. Das liberale Bürgertum hingegen trat für das Zensuswahlrecht ein, demzufolge das Recht auf Mitwirkung am Staat mit der Steuerleistung des Einzelnen für den Staat verbunden ist.

Die Demokraten setzten sich zusammen mit den linken Liberalen in dieser Frage schließlich durch.

Die Schwächen der Nationalversammlung

Neben die großen konzeptionellen Probleme traten Erschwernisse aus dem politischen und sozialen Umfeld der Abgeordneten.

Das Parlament hatte etliche Schwächen: Es war zu **unerfahren**, **zu nationalistisch**, zu blauäugig und zu wenig realistisch in der Einschätzung der eigenen Möglichkeiten, vor allem außenpolitisch verscherzte es sich alle Sympathien der europäischen Nachbarn.

Die geringe politische Erfahrung der Abgeordneten
Viele der Abgeordneten der Nationalversammlung waren sehr eifrig, fleißig und intellektuell befähigt, besaßen aber **keinen Blick für die tatsächlich vorhandenen politischen Möglichkeiten** und Situationen. Viele Abgeordnete bemerkten überhaupt nicht, in welchem Ausmaß die Reaktion die Macht zurückgewann. Die Liberalen fürchteten eher eine Revolution der radikalen Demokraten. Die Tatsache, dass Österreich im Falle der angestrebten kleindeutschen Lösung den Machtgewinn Preußens nicht zulassen konnte und die anderen Mächte Europas aus demselben Grund intervenieren könnten, wurde entweder verniedlicht oder mit Kriegseuphorie beantwortet.

Vor allem **außenpolitisch** verscherzte sich die Nationalversammlung durch ihren **heftigen Nationalismus** alle ursprünglich vorhandenen Sympathien. Frankreich fürchtete um seine deutschsprachigen Gebiete und der Konflikt um Schleswig-Holstein ließ auch die Sympathie der Engländer schwinden; so wie auch die polnische Nationalbewegung zunehmend misstrauisch wurde, je mehr die Nationalversammlung sich an Preußen als deutscher Vormacht anlehnte.

Vor allem in der Frage nach Kompromissbereitschaft war die Nationalversammlung amateurhaft.

Mangel an Kompromissfähigkeit
Vor allem die demokratische Linke verlor angesichts der zunehmenden Annäherung des liberalen Besitz- und Bildungsbürgertums an die Regierungen das Vertrauen in die Liberalen. Selbst der hoch angesehene liberale Präsident von Gagern wurde jetzt von den Demokraten heftig attackiert. Unfähigkeit zum Kompromiss innerhalb der einzelnen Gruppierungen führte zu Abspaltungen und Neugruppierungen, so dass **von keiner Seite ein stabiles politisches Programm** zu Stande kam.

Mängel des parlamentarischen Instrumentariums

Schon die hohe Zahl der fraktionslosen Abgeordneten lässt erkennen, wie wenig die Organisation der politischen Arbeit gefestigt war:

- **Es fehlten Parteien** mit Organisation oder Programm;
- es gab keine festen Fraktionen, deren Rechte oder Pflichten festgelegt gewesen wären;
- der Parlamentsbetrieb und die Geschäftsordnung wirkten anfangs unfertig, da viele Abgeordnete nur geringe parlamentarische Erfahrungen besaßen.

Es gab auch **keine programmatisch gefestigten Parteien** oder Fraktionen, ebenso wenig eine klare Geschäftsordnung.

Die Unfähigkeit, Beschlüsse durchzusetzen

Diese Schwäche gab das Parlament der Lächerlichkeit preis. Gagern hatte sofort versucht, dem Parlament in irgendeiner Weise eine Exekutive zu geben, indem er die Schaffung einer **„Zentralgewalt"** durchsetzte. Die Form dieser provisorischen Regierung konnte für das Verfassungswerk vorentscheidend sein. Zwar hatte Gagern den Streit um das Amt des Regierungschefs schnell beenden können, indem er die Wahl des Erzherzogs Johann von Österreich zum Reichsverweser durchsetzte, aber **die Reichsexekutive besaß weder Verwaltung noch Exekutionsmittel.**

Da das Parlament **keine wirksame Exekutive** hatte, machte es sich schnell zur lächerlichen „Quasselbude".

Das Scheitern der Paulskirche und die Ursachen

Auf Grund der nahezu unlösbaren Probleme und der zahlreichen Schwächen, die dem ersten deutschen Parlament anhafteten, war das Scheitern vorprogrammiert. Die wichtigsten Ziele konnten nicht oder nicht zufriedenstellend realisiert werden.

Die fehlende Zentralgewalt

Die Frankfurter Abgeordneten erkannten schnell, dass das Parlament, um handlungsfähig zu sein, über eine Exekutive verfügen musste. Aber das neu gegründete Reichsministerium war ohne Einfluss

- Es besaß **keinen Verwaltungsapparat**, der sich in den Einzelstaaten hätte durchsetzen können;
- es war finanziell über die „Reichsmatrikularbeiträge" **von den Einzelstaaten abhängig**;
- es besaß weder das Kommando über die Reichstruppen, noch das Recht auf Wahrnehmung der außenpolitischen Interessen Deutschlands;
- **weder von den deutschen Staaten noch vom Ausland** wurde die Zentralgewalt **anerkannt**.

Die gesamtdeutsche Exekutive erwies sich als Wunschbild. Tatsächlich waren die Regierungen der Einzelstaaten des Deutschen Bundes nicht bereit, die oberste Autorität der neu geschaffenen deutschen Bundesregierung anzuerkennen.

Die Nationalversammlung scheiterte an ihrer **fehlenden Exekutive**, an **fehlenden Geldmitteln**, an der **fehlenden Anerkennung durch die Regierungen Deutschlands** und Europas und an **fehlenden Machtmitteln**, wie Polizei und Militär.

Auch die **nationale Frage** blieb durch die kleindeutsche Lösung unklar. Die Entscheidung des Paulskirchenparlamentes förderte den **preußisch-österreichischen Dualismus**.

Das Problem großdeutsch–kleindeutsch

Die Frage, die einst Ernst Moritz Arndt in seinem Lied aus den Befreiungskriegen gestellt hatte: „Was ist des Deutschen Vaterland?", blieb ungelöst:

- Die österreichische Regierung dachte nicht daran, der Forderung der Paulskirche nach einem Regiment über die nicht deutschen Teile Österreichs getrennt von den deutschsprachigen Teilen nachzugeben;
- die Nationalversammlung akzeptierte außerdem das nationale Selbstbestimmungsrecht etlicher Volksminderheiten in Preußen und Südtirol nicht;
- hinter der letztlich vom Parlament angestrebten kleindeutschen Lösung stand bis zuletzt die Hoffnung, doch noch zu einer großdeutschen Alternative zu finden;
- durch die Entscheidung der Paulskirche, ein Deutschland unter Führung Preußens zu gründen, war die Großmacht Österreich herausgefordert, selbst um die Hegemonie in Mitteleuropa zu kämpfen. **Das Ergebnis war der preußisch-österreichische Dualismus**, der von 1849 bis 1866 das Geschehen in Mitteleuropa prägte.

Die verabschiedete Verfassung wurde von den deutschen Regierungen **nicht anerkannt**, das Parlament verlor seine Autorität.

Die Verfassung ließ sich nicht durchsetzen

- Das Erstarken der verfassungsfeindlichen Reaktion verhinderte die Durchsetzung (Ablehnung der Kaiserkrone);
- die Nationalversammlung hatte bei der Beratung der Grundrechte⊛ so viel Zeit verloren, dass die Verfassung erst vollendet war, als das Frankfurter Parlament bereits jede Autorität verloren hatte;
- die **aufgezwungenen Verfassungen**, die 1848 in den Einzelstaaten, vor allem von Preußen und Österreich, erlassen wurden, konkurrierten auf partikularistischer Ebene mit der zentralen Reichsverfassung. Da diese Verfassungen aber von den Fürsten respektiert wurden und das alltägliche politische Leben der Bürger in den Einzelstaaten bestimmten, **erwiesen sie sich sehr schnell der Paulskirchenverfassung als überlegen**.

Die Bedeutung der Nationalversammlung für die deutsche Geschichte

Nach dem Scheitern der Revolution in den deutschen Einzelstaaten waren keine unmittelbaren Veränderungen eingetreten, die von der Nationalversammlung beeinflusst gewesen wären. Langfristig gesehen aber war die Arbeit der Nationalversammlung von außerordentlicher Bedeutung:

- Die **deutsche Einigung** hatte sich als unbestreitbarer **Wunsch der Mehrheit der Deutschen** erwiesen.
- Die Form des deutschen Einheitsstaates, ein kleindeutsches Reich als Bundesstaat unter preußischer Führung und als konstitutionelle Monarchie, war vorgezeichnet.

- Der liberale **Konstitutionalismus (Verfassungsbewegung) hatte endgültig gesiegt**. Eine absolutistische Fürstenherrschaft war nicht mehr möglich. Auch wenn die folgenden Verfassungen von den Fürsten aufgezwungen wurden, mussten sie von nun an Gesetz und Recht folgen.

Nachdem sich in der Paulskirche erste politische Gruppierungen ausgebildet hatten, begann sich in Deutschland das Bewusstsein zu verstärken, dass nur regional übergreifende politische Organisationen auf die Dauer wirksam sein würden. **Die Bildung von Parteien** war durch die Nationalversammlung entscheidend **begünstigt** worden.

Die von der Paulskirche formulierte **Verfassung beeinflusste alle nachfolgenden deutschen Verfassungen: Das allgemeine Wahlrecht setzte sich** gegen das Zensuswahlrecht **durch**. Der **Katalog von Grundrechten war** in seiner detaillierten Ausführung nicht nur für Deutschland, sondern für ganz Europa **vorbildlich**.

Als Vorlage hatten die amerikanische Verfassung und die Grundrechtsformulierungen der französischen Verfassungen gedient, aber auch die Erfahrungen des oppositionellen Bürgertums mit dem Polizei- und Klassenstaat❋ der Reaktion waren in die Formulierungen der Grundrechte eingeflossen. Die Weimarer Verfassung hat auf sie bewusst zurückgegriffen. Auch im Grundgesetz der Bundesrepublik Deutschland finden sich zahlreiche Formulierungen, die in dem Frankfurter Grundrechtskatalog wurzeln.

Die Bedeutung der Nationalversammlung lag darin, dass sie die **politische Zukunft Deutschlands teilweise vorausbestimmte**. Die Verwirklichung der deutschen Einheit war als Wunsch der Mehrheit des deutschen Volkes vorbestimmt, das preußisch-deutsche Kaiserreich vorgegeben. An Verfassungen und Parlamenten in den deutschen Staaten ging kein Weg mehr vorbei, so unvollkommen sie auch sein mochten.

Die Paulskirchenverfassung **beeinflusste alle folgenden deutschen Verfassungen** bis heute.

2.9 Begrenzte Liberalisierung – die Zeit der Reaktion

Rücknahme der liberalen Zugeständnisse in Deutschland

In der zweiten Hälfte des Jahres 1848 begann sich deutlich eine Wendung des Geschehens abzuzeichnen. Die österreichischen Truppen siegten gegen die aufständischen Nationalbewegungen Italiens und Ungarns und wendeten sich nach Wien, das im Oktober erobert wurde. Danach kam es zu zahlreichen Erschießungen von Führern der revolutionären Bewegung.

In Preußen hatte sich die dortige Nationalversammlung durch innere Streitigkeiten zwischen den einzelnen politischen Gruppierungen und die Passivität und Verzögerungstaktik der preußischen Regierung als unfähig erwiesen, zusammen mit dem König eine Verfassung auszuarbeiten. Gleichzeitig kam es in Berlin, das von preußischen Truppen geräumt war, zu Unsicherheit und wirtschaftlichen Problemen. Die **Einigkeit der revolutionären Bewegung** war zerbrochen und die einzelnen politischen Gruppen arbeiteten gegeneinander. Außerdem erstarkte die konservative Gegenbewegung bei Bürgertum und Adel zusehends.

Während die Revolutionen in Österreich blutig erstickt wurden, konnte der preußische König die zunehmend zerstrittene und sich radikalisierende **preußische Nationalversammlung** Ende 1848 unter dem Druck des Militärs **gewaltlos auflösen**. Dadurch bekamen auch die kleinen Monarchen Deutschlands Oberwasser und begannen, Widerstand zu leisten und die Anerkennung der neuen Reichsverfassung zu verweigern.

Nachdem Preußen und Österreich ihre Abgeordneten aus dem Parlament zurückgezogen hatten, blieb nur noch ein **Rumpfparlament in Stuttgart** übrig, das Mitte **1849 mit Gewalt aufgelöst wurde**.
Wenn die Revolutionäre nicht emigrierten, mussten sie mit drakonischen Strafen rechnen. Das **alte Repressionssystem** kehrte in verstärkter Form zurück.

Als sich die preußische Nationalversammlung dazu entschloss, Adelstitel und Orden sowie den Titel „König von Gottes Gnaden" abzuschaffen, war für den Preußenkönig das Maß voll. Am 10. November marschierte die preußische Armee, ohne auf Widerstand zu stoßen, in Berlin ein. Am **5. Dezember** wurde die **preußische Nationalversammlung** endgültig **aufgelöst**.

Diese Erstarkung der Position der Monarchen in den beiden deutschen Großmächten ermöglichte es allmählich auch den Fürsten der Klein- und Mittelstaaten, dem Druck durch die Öffentlichkeit Widerstand zu leisten. **Als die Nationalversammlung in Frankfurt dem König von Preußen schließlich die Kaiserkrone antrug, lehnte dieser mit der Begründung ab**, die Annahme impliziere die Anerkennung der Frankfurter Verfassung. In Wirklichkeit verbot ihm seine Vorstellung von der deutschen Kaiserwürde und vom Gottesgnadentum die Annahme der Krone. In einem Briefwechsel mit dem preußischen Diplomaten Freiherr von Bunsen schreibt der König ganz offen: „Soll die tausendjährige Krone deutscher Nation [...] wieder einmal vergeben werden, so bin ich es und meinesgleichen, die sie vergeben werden".

Jetzt begannen auch die anderen Landesfürsten in Deutschland, die zähneknirschend akzeptierte Frankfurter Verfassung offen abzulehnen.

Als Österreich und Preußen per Federstrich die Mandate ⊛ ihrer Abgeordneten in Frankfurt für beendet erklärten, blieb **nur noch ein Rumpfparlament** von süddeutschen Demokraten und Liberalen übrig. Sie verlegten ihren Sitz nach Stuttgart, wo sie am **18. Juni 1849** von württembergischen Soldaten **auseinandergejagt** wurden. Überall hatten die alten Mächte gesiegt. Wer von den Teilnehmern der Revolution nicht emigrierte, musste mit Verhaftung und Aburteilung wegen Hochverrats und Majestätsbeleidigung rechnen.

Der Beamtenapparat wurde gesäubert, Demokraten rigoros verfolgt, **reaktionäre Verfassungen eingeführt**, der deutsche Bund unter österreichischem Vorsitz wieder hergestellt.

In **Preußen und Österreich wurde** die **Beamtenschaft einer Säuberung von liberalen Elementen unterzogen**. Die schon zuvor ausgeübten polizeistaatlichen Methoden wie Bespitzelung, Sondergerichte für politische Fälle, Zensur und Vereinsüberwachung wurden in verbesserter und verfeinerter Form allmählich wieder eingeführt.

Die in der Revolution zugestandenen **liberalen Verfassungen** wurden wieder abgeschafft und **durch reaktionäre Verfassungen ersetzt**.

Die **reaktionäre Verfassung Preußens wurde 1850** dem preußischen Volk vom König als Versöhnungsgeste aufgedrückt (**oktroyiert**). Dadurch wollte der König in ganz Deutschland als liberal gelten und seine Macht stabilisieren.

Österreich befürchtete, von Preußen aus Deutschland herausgedrängt zu werden, zumal sich sogar in der Paulskirche das kleindeutsche Prinzip durchgesetzt hatte. Deshalb erzwang es die **Wiederherstellung des Deutschen Bundes** unter österreichischem Vorsitz.

Preußen gab nach, um einen Krieg zu vermeiden. Der wiederhergestellte Bundestag erklärte die Frankfurter Verfassung für ungültig und setzte eine Kommission ein, die alle deutschen Verfassungen auf liberale Ideen hin, die gefährlich wirken könnten, untersuchen sollte.

Auch der nationalen Idee wurde 1852 mit der Bestätigung der von den Nationalen bekämpften Verbindung Schleswig-Holsteins in Personalunion mit Dänemark ein schwerer Schlag versetzt. Am härtesten traf es die Demokraten, deren Führer fast alle auswandern mussten. Bis 1918 wagte es, außer in Württemberg, keine bürgerliche Partei mehr, sich offiziell als demokratisch zu bezeichnen.

Die oktroyierte (aufgezwungene) Verfassung in Preußen

Gründe für die Entstehung

Nachdem am 10. November 1848 die Soldaten des preußischen Königs in Berlin einmarschiert waren, hatte der Monarch sogleich eine von der Regierung ausgearbeitete liberale Verfassung in Kraft gesetzt, die allerdings bis 1850 in einigen wesentlichen Punkten reaktionär geändert wurde. Die Gründe, weshalb Friedrich Wilhelm IV. dem preußischen Volk freiwillig eine Konstitution zugestand, waren:

- Der Versuch, das Volk mit der Monarchie auszusöhnen;
- die Bewahrung der Macht für die Krone durch eine konstitutionell-monarchische statt durch eine liberal beeinflusste Regierung;
- die Überzeugung, Preußen werde mit einer fortschrittlichen Verfassung innerhalb Deutschlands eine besondere Rolle spielen und die Sympathien der deutschen Liberalen gewinnen.

Die Inhalte:
- Garantie (eingeschränkter) bürgerlicher Freiheitsrechte
- Zweikammersystem mit Adels- und Volkshaus
- Zensuswahlrecht, ungleich, öffentlich und indirekt
- formale Unabhängigkeit der Justiz
- Provisorium ohne Volkssouveränität

Die Grundzüge der oktroyierten Verfassung

- Bürgerrechte: Der erste Teil der Verfassung garantierte in großzügiger Weise bürgerliche Freiheiten, z.B. die Freiheit der Person, Religion, Meinungsäußerung und Versammlung, sowie die Gleichheit vor dem Gesetz.
- Zweikammersystem: Herrenhaus und Abgeordnetenhaus übten zusammen mit dem König die Gesetzgebung aus. Ihr wichtigstes Recht war das Budgetrecht.
- Dreiklassenwahlrecht: Wahlrecht nach Steueraufkommen der Bürger in drei Wahlklassen, die je ein Drittel der Abgeordneten stellten. Die Wahl war ungleich, öffentlich und indirekt, also über Wahlmänner.
- Unabhängigkeit der Justiz: Die Unabhängigkeit der Richter von obrigkeitlichen Weisungen wurde formal garantiert.
- Provisorischer Charakter: Die Verfassung war leicht zu ändern.
- Keine Volkssouveränität: Die Betonung des Gottesgnadentums der Monarchie.
- Die Armee bleibt auf den König vereidigt: Der König behielt das stärkste Machtmittel Preußens für sich.

Diese Verfassung war der **endgültige Sieg der Reaktion in Preußen**. Sie war undemokratisch, bevorzugte Adel und Besitzbürgertum und war mit Scheinrechten ausgestattet.

Die Beurteilung der preußischen Verfassung von 1850

Diese **Verfassung** blieb in den wesentlichen Grundzügen **bis 1918 in Kraft**. Das plutokratische Dreiklassenwahlrecht sicherte im Abgeordnetenhaus stets eine konservative Mehrheit. Vor allem die adeligen preußischen Junker und Großgrundbesitzer waren im Parlament überrepräsentiert. In der Mitte des 19. Jahrhunderts beeindruckte diese Verfassung die Liberalen, während die Royalisten und Adeligen, denen sie zugute kam, sie als Katastrophe betrachteten. Insgesamt bedeutete diese Verfassung den Sieg der Reaktion in Preußen.

Die reaktionären Regierungen liberalisierten den Wirtschaftssektor. Dadurch banden sie das Besitzbürgertum, förderten die Industrialisierung und verbesserten ihr Steueraufkommen.

Liberalisierung der Wirtschaft

Um das Bürgertum, besonders das Großbürgertum, zu beruhigen und den Rückzug der Bürger aus der Öffentlichkeit zu fördern, begannen die reaktionären Regierungen den wirtschaftlichen Bereich zu liberalisieren, zumal man zunehmend das reiche Bürgertum als Steuerzahler benötigte. 1853 wurde der Zollvereinsvertrag (→ S. 32, 60) erneuert. Österreich trat diesem Vertrag nicht bei und schloss sich damit selbst aus dem deutschen Wirtschaftsraum aus.

Alle Querverweise im Überblick:

Liberalismus: S. 24 → S. 17, 31, 69, 92, 94
Zollverein: S. 32 → S. 50, 60
Fürst von Metternich: S. 35

Zusammenfassung

Vormärz

Die Zeit von **1815 bis zur Revolution 1848** wird als Vormärz bezeichnet. Der Adel kehrte in die Epoche des **aufgeklärten Absolutismus zurück**. Aber der bürgerliche Liberalismus forderte energisch Teilhabe an der Macht im verfassten nationalen Rechtsstaat und Freiheitsrechte. Immer wieder kam es zu Kundgebungen der unterdrückten Bürgerschicht. Die **Karlsbader Beschlüsse** führten zu Einzelaktionen **gegen Demokraten und Republikaner** zum Zweck der Einschüchterung. Die Enttäuschung über die spätabsolutistische Tyrannei führte zur **Flucht ins Private**, Voraussetzung für Biedermeier und Romantik. Zugleich veränderte sich die soziale Lage. Zunehmender **Verarmung großer Bevölkerungsteile** infolge **Bevölkerungswachstum** und Veränderung sozialer Strukturen standen Unfähigkeit und Unwille der Herrschenden gegenüber tragfähige Sozialpolitik zu betreiben.

Revolution 1848

Die **Pariser Februarrevolution 1848** brachte die angespannte Situation zuerst in Südwestdeutschland, dann in Wien und schließlich **in ganz Deutschland** zur **Explosion**. Die liberalen Nationalen kämpften um den **deutschen Einheitsstaat**, die radikalen Republikaner zusätzlich um das **Ende der Monarchien**, die konservativeren Wirtschaftsliberalen um **wirtschaftliche Handlungsfreiheit**, die Liberalen für **verfasste Freiheitsrechte** und die verarmte Handwerkerschicht kämpfte mit der neuen Arbeiterklasse als radikale Republikaner um **sozialen Fortschritt**. Die weniger gebildete **Landbevölkerung stand meist abseits** und neigte eher zur Unterstützung der alten Mächte. Sie war an Kopfzahl und Ressourcen den revolutionären Bevölkerungsgruppen überlegen.

Das Paulskirchenparlament

Das Bürgertum organisierte im Deutschen Bund Gesamtwahlen zur deutschen **Nationalversammlung in Frankfurt**. Die Monarchien gaben nach, versprachen Verfassungen und ließen das liberale Bürgertum den deutschen Nationalstaat planen. Das Frankfurter Honoratiorenparlament schaffte es tatsächlich, alle grundsätzlichen Differenzen, groß- oder kleindeutsche Lösung, Monarchie oder Republik, Zentralstaat oder Bundesstaat, Zensus- oder allgemeine Wahl, nationale Frage, usw. zu überwinden und die **Verfassung eines kleindeutschen föderalen Nationalstaates mit parlamentarischer Monarchie und egalitärem Wahlrecht** unter preußischer Führung zu präsentieren.

Sieg der alten Mächte 1849

Die Reaktion war 1849 so erstarkt, dass der **preußische König die Kaiserkrone ablehnte** und die Fürsten die **Parlamente auflösen** konnten. Erfolglosen Widerstand leisteten nur die südwestdeutschen Revolutionsarmeen. Mehr als **aufgezwungene konservative Verfassungen** und großzügigere Handhabe von Presse- und Wirtschaftsfreiheit gestanden die Sieger dem Bürgertum nicht zu. Die größere wirtschaftliche Handlungsfreiheit lenkte die Energien des enttäuschten Bürgertums auf das Feld wirtschaftlicher Betätigung.

Vor 1800 Beginn des **Bevölkerungswachstums** in ganz Europa. In Deutschland wird es im 19. Jahrhundert zu einer Verdopplung der Bevölkerungszahl kommen.
→ S. 57

1809 Bauernbefreiung als Auflösung der alten feudalen Strukturen. Führt zur Steigerung der Agrarproduktion. Bewirkt aber auch die Verelendung der Bauern und Landflucht.
1809 Gewerbefreiheit fördert die Produktivität. Die Preise sinken durch freie Konkurrenz. Aber Lohnarbeit und Lohnverfall nehmen zu.
→ S. 58 ff.

1833 Der von Preußen initiierte **Deutsche Zollverein** entsteht allmählich ab 1819 mit dem Ziel der wirtschaftlichen Einigung Deutschlands (ohne Österreich).
Bedeutung:
- die wirtschaftliche Einigung ebnet die politische Einigung
- die Industrialisierung wird beschleunigt
- Preußens Einfluss in Deutschland wächst.

→ S. 60 f.

1848 Kommunistisches Manifest
Karl Marx entwickelt eine sozialistische Ideologie, die in der Revolution der Arbeiterklasse und im Untergang der bürgerlichen Klasse mündet.
→ S. 70 f.

1800	1810	1820	1830	1840

Um 1800 Industrialisierung in England
Die wichtigsten Ursachen:
- Bevölkerungsexplosion, die einen Überschuss an billigen Arbeitskräften erzeugt
- Mechanisierung durch fortschrittliche Dampfmaschinen
- Massenproduktion von Eisen und Stahl.

→ S. 54 f.

1828 Die ersten **Sozialgesetze** (u.a. Verbot der Kinderarbeit) als Reaktion auf die schlechte soziale Lage der Arbeiter: niedrige Löhne, teure Nahrungsmittel, keine Alters- und Krankenversorgung, Kinderarbeit, Wochenarbeitszeit bis zu 90 Stunden, kein freier Wochentag.
→ S. 67 f.

Kinderarbeit in einer Aschaffenburger Fabrik 1858

1849 Kolpingvereine
Auch die Kirchen reagieren auf die sozialen Missstände der Arbeiter. Auf katholischer Seite gründet der Priester Adolf Kolping einen Verein als Wohn- und Gesinnungsstätte für Gesellen.
Ab 1860 entsteht ein **politisch gesinnter Katholizismus**, der konkrete Forderungen zur Lösung der sozialen Probleme an den Staat stellt. Der Einfluss der Kirche bleibt jedoch gering.
→ S. 69

INDUSTRIALISIERUNG UND SOZIALE FRAGE

Ab 1850 Industrialisierung in Deutschland
→ **S. 61 f.**

Wichtige Faktoren:
Urbanisierung → **S. 64**

Flächendeckendes Eisenbahnnetz → **S. 65**

1863 Ferdinand Lassalle gründet den **Allgemeinen Deutschen Arbeiterverein** (ADAV). Lassalle will keine Revolution, sondern Reformen.
August Bebel gründet den marxistischen Verband deutscher Arbeitervereine (VDAV).
→ **S. 69**

1869 Nach Lassalles Tod gründen Liebknecht und Bebel aus Teilen des ADAV und aus dem VDAV die **Sozialdemokratische Arbeiterpartei**.
→ **S. 70**

1875 Gründung der **sozialistischen Arbeiterpartei Deutschlands** durch Übertritt der Reste des ADAV.
→ **S. 70**

1891 Aus den marxistischen und sozialistischen Arbeitervereinen entsteht die **Sozialdemokratische Partei Deutschlands** (SPD). → **S. 70**
(Dies war nur möglich nach der Aufhebung der Sozialistengesetze, die Bismarck 1878 erlassen hatte. Vgl. Kapitel 4, S. 99)

1850 | 1860 | 1870 | 1880 | 1890

Gussstahlwerk Krupp in Essen 1820 und 1889

3 Industrialisierung und soziale Frage

In diesem Kapitel erfahren Sie:

- Die besonderen gesellschaftlichen und ökonomischen Voraussetzungen führen in Großbritannien im 18 Jahrhundert zur beginnenden Industrialisierung.
- Ab dem Ende des 18. Jahrhunderts bis zur Mitte des 19. Jahrhunderts ändern sich auch in Deutschland die gesellschaftlichen und ökonomischen Verhältnisse und schaffen die Voraussetzung für die zögerlich einsetzende Industrielle Revolution.
- Auch die deutschen Staaten, allen voran Preußen, sind am wirtschaftlichen Fortschritt zunehmend mehr interessiert, da Möglichkeiten gefunden werden müssen, die angestiegene Bevölkerung zu ernähren.
- Etwa ab 1850 beginnt die Industrialisierung in Deutschland mit stetig steigender Intensität.
- Die soziale Lage der Mehrheit der Bevölkerung, die in bitterster Armut lebt, ändert sich erst allmählich.

3.1 Die Industrielle Revolution in England

Ursachen

Ursachen der Industrialisierung in England waren
- der **Bevölkerungszuwachs**, der einen Überschuss billiger Arbeitskräfte erzeugte
- die **Mechanisierung**, hervorgerufen durch Handwerks- und Seefahrtstraditionen
- **Kapitalkraft** und **Risikofreude** der gebildeten britischen **Kaufleute**, Märkte in Übersee
- wirtschaftlich-politischer Druck durch die **Kontinentalsperre Napoleons**.

Im 19. Jahrhundert verändern sich die ökonomischen und sozialen Bedingungen der Gesellschaft in Europa von Grund auf. Etwa gleichzeitig mit der Französischen Revolution beginnt die Industrielle Revolution in England. Sie wird die politische und soziale Zukunft Europas und der Welt nicht weniger beeinflussen als das revolutionäre Geschehen 1789 in Paris.

Die Ursachen der Industriellen Revolution liegen in der Verknüpfung günstiger wirtschaftlicher Gegebenheiten mit wissenschaftlich technischen Veränderungen, verbunden mit begünstigenden politischen Faktoren.

Wirtschaftliche Voraussetzungen

- Als einer der wichtigsten Faktoren der Industrialisierung gilt der **überproportionale Bevölkerungszuwachs**. Das Land besaß eine fortschrittliche Landwirtschaft, die viele Menschen ernähren konnte. Über den entwickelten britischen Seehandel konnte außerdem ein Mangel an Lebensmitteln teilweise ausgeglichen werden. Dazu kamen medizinische und hygienische Fortschritte, die die Sterblichkeit eindämmten.
- Der Bevölkerungsanstieg setzte **genügend Arbeitskräfte** frei, die der aufstrebenden Industrie zur Verfügung standen.
- Die Vermehrung der Einkommen in Landwirtschaft, Handel und Gewerbe **verstärkte** die **Kaufkraft** der Bevölkerung; der Markt vergrößerte sich. Ursache waren die napoleonischen Kriege.

- Großbritannien war als erste Seemacht in der Lage, auch die **Kaufkraft ausländischer Märkte** zu nutzen. Napoleons Kontinentalsperre konnte das Empire nur kurzfristig treffen, bis England den Seehandel auf die neuen Märkte Indien und Amerika umstellte.
- Infolgedessen konnte das englische Besitzbürgertum, das in der „Glorious Revolution" sein Selbstbestimmungsrecht gegen den Adel schon im 17. Jahrhundert erkämpft hatte, ungestört **Kapital** ansammeln und **für neue Unternehmungen** einsetzen.
- Das britische liberale, **aufgeklärte Bürgertum** stand technologischen Neuerungen offen gegenüber.
- Die **Risikobereitschaft** der britischen Kaufleute war in Folge der Seehandelstradition und des wirtschaftsliberalistischen Konkurrenzdenkens stark ausgeprägt.
- Die englische Kaufmannschaft hatte seit dem 17. Jahrhundert große **Erfahrung in Organisation und Führung** von Manufakturbetrieben.
- Alle diese **Entwicklungen sind** miteinander **vernetzt**.

Wissenschaftliche und technische Voraussetzungen

- England verfügte über ein **hoch entwickeltes Handwerk**;
- die traditionelle Hochseefahrt förderte das positive Verhältnis zu Technik und Naturwissenschaft;
- die knappen Holzvorräte in England führten zum Versuch, wo möglich, Holz als Brenn- bzw. Werkstoff durch Kohle oder Eisen zu ersetzen, die eher vorhanden waren;
- der Übergang von Eisenverhüttung mittels Holzkohle zur Verhüttung mittels Steinkohlenkoks um 1800 führte zu Verfahrensverbesserungen und zur **Massenproduktion von Gussstahl**;
- gleichzeitig erlaubte die Erfindung der **Dampfmaschine** durch James Watt die rationelle Umsetzung von Wärmeenergie in mechanische Arbeit (1769). Die Maschine verbrauchte 75 % weniger Brennstoff als herkömmliche Dampfmaschinen. Die Folge war die Entwicklung von Maschinen, die mit der neuen Antriebsquelle verbunden werden konnten. So konnte die Güterproduktion enorm gesteigert werden;
- die Herstellung dieser Maschinen verlangte neue Fertigungstechniken: Wirtschaftlichkeit, Präzision und Auswechselbarkeit der Teile bewirkten ein neues technisches und rationelles Denken;
- durch die Dampfmaschine **entfiel die Standortbindung** der Industrie an Standorte mit natürlicher Energie (Wälder, Wasserkraft);
- die Eisenhütten wurden an die Kohlestandorte verlegt, soweit die Transportmöglichkeiten des Erzes dies erlaubten. Auch andere Industrien konnten an kostengünstigere Standorte umsiedeln.

Entscheidend sind die **Massenproduktion von Eisen bzw. Stahl** und die Bereitstellung mechanischer Arbeit durch **fortschrittliche Dampfmaschinen**.

- die Massenproduktion preiswerten Stahls erlaubte in Verbindung mit der Dampfmaschine den **Einsatz neuer, kostengünstiger Massenverkehrsmittel (Eisenbahn und Dampfschiff)**;
- die rationellen, schnellen und wetterunabhängigeren Transportmittel begünstigten ihrerseits wieder die Entwicklung der Industrie.

Folgen

Langfristig löst die Industrialisierung das Überbevölkerungsproblem, führt zu **Wirtschaftsaufschwung** und weltweiter **Dominanz der Industriestaaten**.

Langfristige Folgen dieser Entwicklung in Europa

- **Lösung des Problems der Unterbeschäftigung** durch Überbevölkerung und der damit verbundenen Massenarmut;
- **wirtschaftliche Auftriebsspirale** mit entsprechender Kapital- und Kaufkraftvermehrung;
- globale wirtschaftliche und politische **Dominanz der Industriestaaten**.

Kurzfristig entstand ruinöser Wettbewerb auf Kosten der Löhne, die zu erbarmungsloser Ausbeutung und bitterster **Armut** der neu entstandenen sozialen **Klasse der Arbeiterschaft** führte.

Kurzfristige soziale Folgen der wirtschaftlichen Entwicklung in England

- Die Ausweitung der Industrieproduktion in England erzeugte einen zunehmenden Anteil abhängiger Lohnarbeiter in der Gesellschaft:
- Die Arbeiter waren entweder landlose Bauern (Verarmung durch billige Agrarimporte oder Überbevölkerung) oder Handwerker, die der billigeren industriellen Konkurrenz zum Opfer gefallen waren.
- In England herrschte ein Überangebot an Arbeitskräften, das es den Fabrikanten ermöglichte, im freien Wettbewerb die Löhne auf ein Minimum zu drücken und Arbeitsbedingungen stetig zu verschlechtern.
- Unmenschliche Arbeitszeitforderungen, Kinder- und Frauenarbeit und das Fehlen jeder sozialen Absicherung für Alter und Krankheit führten zur Verelendung weiter Teile der lohnabhängigen Industriearbeiterschaft.
- Der ruinöse Wettbewerb der Unternehmer erlaubte diesen oft auch bei gutem Willen keine Lohnerhöhungen.
- Das Proletariat in England lernte allmählich, sich als eigene soziale Schicht zu begreifen, und begann, sich zu organisieren.
- Hauptziele des Kampfes waren: Die Verbesserung der sozialen Lage und die politische Partizipation der Arbeiterschaft im Parlament, die durch das britische Zensuswahlsystem ausgeschlossen war.

3.2 Wirtschaftliche und soziale Veränderung nach 1800

Am Ende des 18. Jahrhunderts beginnt der Aufbruch aus den traditionellen wirtschaftlichen und sozialen Verhältnissen.

Kennzeichen der alten Ordnung in Deutschland

- Geringe gesellschaftliche Mobilität (statische Gesellschaft);
- Übergewicht der Agrarwirtschaft;
- niedrige Produktivität.

Das überkommene Feudalsystem verhindert durch gesellschaftliche Unterdrückung und Erstarrung in tradierten gesellschaftlichen Ordnungen entscheidende gesellschaftliche Fortschritte. Zugleich steigt die Bevölkerungszahl in Europa und Deutschland stark an: **Liberale Reformen** der **napoleonischen Ära** lösen zugleich alte Ordnungen auf.

Ursachen

- Das absolutistische Feudalsystem war wirtschaftlich auf den traditionellen agrarischen Bereich festgelegt (Adel = Grundbesitzer).
- Die adeligen Grundherren behinderten die gesellschaftliche und berufliche Freiheit;
- Überlieferte Rechts- und Sozialordnungen erschwerten Produktivitätserhöhungen (z. B. Gemengelagen⊛ in der Landwirtschaft, Zunftordnungen im Gewerbe).

Soziale Veränderungen

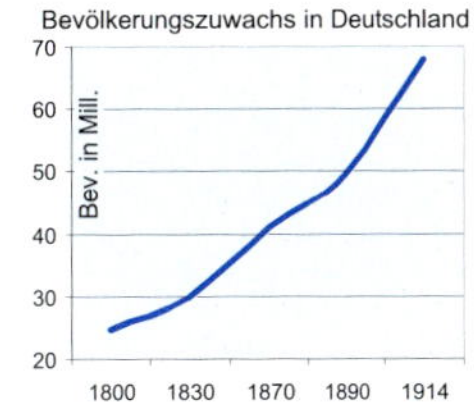

- Die Bevölkerungsexplosion in Deutschland führte zur Verdoppelung der Einwohnerzahl innerhalb der ersten 75 Jahre des 19. Jahrhunderts. Ursache dafür waren die verbesserte medizinische Versorgung der Bevölkerung und neu eingeführte Hygienevorschriften (Rückgang von Epidemien), der sich allmählich verbessernde Lebensstandard, Frieden seit 1815 und die teilweise Aufhebung unfreiheitlicher absolutistischer Maßnahmen gegen das Bevölkerungswachstum (z. B. Heiratsverbote).
- Das Bevölkerungswachstum in Europa steht in direkter Beziehung zum wirtschaftlichen und sozialen Fortschritt (Wachstum auf der einen Seite bedingt dasselbe auf der anderen).
- Der Bevölkerungszuwachs führte zu einer Zunahme der Arbeitskräfte und der Nachfrage nach Versorgungsgütern.
- Die Bauernbefreiung in Deutschland führte zur Auflösung der alten, von feudalen Interessen bestimmten Sozialordnungen.
- Die Alphabetisierung und Grundbildung der Gesamtbevölkerung erzeugte Menschen mit besserem Verständnis für Technik und Rationalisierung, die selbstbewusster und gesellschaftlich und geografisch mobiler waren.
- Den Forderungen des liberalen, selbstbewusst gewordenen Bürgertums trugen die feudalen Regierungen im wirtschaftlichen Bereich Rechnung, da sie so wirtschaftlich von ihm profitieren konnten.
- Das Recht auf Freizügigkeit und freie Berufswahl sowie die Lösung des Einzelnen von alten Gruppen- oder Herrschaftsbindungen (Zünfte, Erbuntertänigkeit) ermöglichten einen erheblich höheren Grad an Mobilität innerhalb der Gesellschaft.

Gründe für die Reformen

Die Gründe, weshalb die absolutistischen Regierungen diese Reformen durchführen, sind:

- Verbesserung der wirtschaftlichen Verhältnisse in den deutschen Staaten zur **Deckung der sehr hohen staatlichen Finanzbedürfnisse**. Diese entstanden in Folge der starken Staatsverschuldungen durch die Finanzierung der Kriege während der napoleonischen Zeit;
- **Einführung aufgeklärter**, liberaler **Ideen** in Wissenschaft und Verwaltung;
- **Verringerung der Macht der Stände** durch Abbau der ständischen Hoheitsrechte.

Die **aufgeklärten Reformen des Adels** dienten vorrangig fiskalischen und **herrschaftlichen Interessen**.

Die Vorteile der Bauernbefreiung lagen ökonomisch betrachtet in einer **Steigerung der Agrarproduktion**. Der Nachteil lag in negativen sozialen Folgen für **landlos gewordene Bauern**, Verelendung und Landflucht.

Folgen der Bauernbefreiung

Positiven gesamtwirtschaftlichen Aspekten (Zunahme der Lebensmittelproduktion) standen viele negative Folgen im sozialen Bereich gegenüber.

Positive wirtschaftliche Folgen

- **Vergrößerung der** nutzbaren **Ackerfläche** durch Neuverteilung der Böden und Urbarmachung nicht genutzter Böden;
- **Veränderung der Produktionsmethoden** durch Sommerstallhaltung mit kontrollierter Fütterung und Einführung der verbesserten Dreifelderwirtschaft:

einfache Dreifelderwirtschaft	verbesserte Dreifelderwirtschaft
1. Jahr: Wintergetreide	1. Jahr: Wintergetreide
2. Jahr: Sommergetreide	2. Jahr: Sommergetreide
3. Jahr: Brache (Weideland)	3. Jahr: Blattfrucht (Ackergemüse, Stallfutter)

- **Steigerung der Erträge** durch verbesserte Düngung (Dung aus Sommerstallhaltung), Anbauverfahren und Pflanzenzüchtung;
- **Veränderung der Verbrauchergewohnheiten** zugunsten wachstumseffizienter Lebensmittel (z. B. Kartoffeln).

Folgen im sozialen Bereich

- **Aufhebung des „feudalen Bauernschutzes“** (Henning) vor der Reform. Dieser bestand aus Rechtschutz vor Bodenaufkauf durch den Grundherrn und Erlass der Abgaben bei Missernten und Seuchen;
- **hohe Ablösesummen** für den erhaltenen Boden als Entschädigung des Grundherrn;
- bei Zahlungsunfähigkeit **Verkauf oder Abtretung** des erhaltenen Bodens an den Ablöseberechtigten;

- Entstehung von **großen Gutsbetrieben**, in die der ehemalige Grundherr die von den Bauern erworbenen Höfe eingliedert;
- **Lohnarbeit** der ganz oder teilweise landlos gewordenen Bauern auf den grundherrlichen Gütern;
- die Entstehung des **ländlichen Proletariats** wird durch das Bevölkerungswachstum noch verstärkt;
- **Freisetzung zahlreicher Arbeitskräfte**, die in andere Wirtschaftsbereiche drängen;
- **Bevölkerungswachstum** führt auch bei größeren Bauernhöfen in Teilen Deutschlands zur **Betriebsverkleinerung** in Folge von Realteilungen ⊛ bei Vererbung.

Die Gewerbefreiheit nach den preußischen Reformen

- Die Gewerbefreiheit hob ständische Schranken, Ortsbindungen und Ausbildungsbeschränkungen ebenso auf, wie staatliche oder Zunftbeschränkungen der Produktionsmengen, Herstellungsweisen und Schutz vor Konkurrenz.
- Die Durchführung erfolgte in Deutschland unterschiedlich rasch, in den französisch besetzten Gebieten 1795 bis 1810, in Preußen ab 1807, wohingegen in den deutschen Klein- und Mittelstaaten liberale und konservative politische Perioden wechselten. Um 1870 war die Gewerbefreiheit allgemein durchgesetzt.
- Beschränkungen persönlicher Art (z. B. Konzessionen ⊛) und beruflicher Art blieben erhalten (z. B. Approbationen ⊛).

Die Gewerbefreiheit förderte die **Produktivität des Gewerbes** und senkte die Preise durch Aufhebung von Beschränkungen und freie Konkurrenz.

Wirtschaftliche Folgen der Gewerbefreiheit

- Genereller **Anstieg der Zahl der gewerblichen Betriebe**, zugleich Verkleinerung schon vorhandener Betriebe durch **Konkurrenz**;
- **Anstieg der Handwerkerzahlen** im ländlichen Bereich wegen des Wegfalls von Standesschranken und durch freie Arbeitskräfte;
- **sinkende Preise** für Gewerbegüter in Folge starker Konkurrenz bei Vergrößerung des Angebotes an gewerblichen Gütern;
- der dadurch entstehende Rationalisierungsdruck zwingt vor allem die Manufakturen zur Einführung **fortschrittlicher Produktionsverfahren und zur Verschlechterung der Arbeitsbedingungen**;
- vor allem der preußische Staat, aber auch andere Bundesstaaten greifen nicht nur im Bereich der Technologie der Wirtschaft unter die Arme und fördern die Industrialisierung gezielt durch Privilegien und Schutz vor ausländischer Konkurrenz.

Nachteilig für die Gewerbefreiheit waren die sozialen Folgen durch ein **Überangebot gewerblicher Arbeitskraft** und Lohnverfall.

Soziale Folgen der Gewerbefreiheit

- Zunehmende Beschäftigung gering entlohnter Frauen und Kinder in Manufaktur- und Verlagsbetrieben;
- sinkende Einkommen im gewerblichen Sektor;
- Zunahme der Lohnarbeit;
- Freisetzung qualifizierter Arbeitskräfte (Überangebot an Arbeitskraft);
- soziale Unruhe vor allem bei den schlecht entlohnten Gesellen.

Der tertiäre Sektor nach den preußischen Reformen

Auch der Handel verbesserte seine Leistungsfähigkeit durch **Ausbau der Verkehrsnetze und Abschaffung von Weg- und Schutzzöllen**.

Entscheidend für die Entwicklung des Handels- und Dienstleistungssektors in Deutschland in der ersten Hälfte des 19. Jahrhunderts war:

- Die **Verbesserung des Verkehrswesens** durch den Bau fester, steigungsarmer Straßen seit dem 18. Jahrhundert (Chausseen);
- seit Ende des 18. Jahrhunderts Förderung der Binnenschifffahrt durch Stromregulierung und Kanalbau;
- **Beginn des Eisenbahnbaus 1834**;
- die **Verbesserung der Handelsbedingungen**; Vergrößerung der Wirtschaftsräume in Deutschland nach 1815 durch die territoriale Neuordnung;
- **Abschaffung der Binnenzölle und Wegeabgaben** (Akzisen) in den deutschen Staaten;
- allmähliche **Entwicklung eines einheitlichen deutschen Wirtschaftsraumes** mit Schutzzöllen nach außen seit 1819.

Der deutsche Zollverein entstand allmählich **ab 1819 bis 1832**, bedeutend war der Einfluss des Nationalökonomen Friedrich List.

3.3 Der Deutsche Zollverein

Vorgeschichte

- Art. 19 der Deutschen Bundesakte von 1815 forderte eine bundeseinheitliche Regelung für Handel und Verkehr.
- Preußen bot seit 1819 den anderen Staaten Deutschlands die Bildung eines Zollverbandes an, auch um über seine wirtschaftliche Stärke im Bereich des Deutschen Bundes Einfluss ausüben zu können.
- Gründung des Deutschen Handels- und Gewerbsvereins unter dem Einfluss des Nationalökonomen **Friedrich List** in Frankfurt 1819. Ziel des Vereins, dem eine große Zahl angesehener und einflussreicher deutscher Kaufleute angehörte, war die Beseitigung der innerdeutschen Handelshemmnisse.

„Mir geht's mit meinem Vaterlande, wie den Müttern mit ihren krüppelhaften Kindern, sie lieben sie umso stärker, je krüppelhafter sie sind." [1]

Entstehung

- Von 1819–1828 allmählicher Anschluss der benachbarten deutschen Staaten an den von Preußen initiierten Zollverein.
- Zwischen 1824 und 1833 wirtschaftliche Zusammenschlüsse deutscher Mittelstaaten ohne Preußen (gegen Preußen).
- **1833** Zusammenschluss der Mittelstaatenbünde mit dem preußisch geführten Zollverein zum **Deutschen Zollverein**.
- **Österreich blieb dem Zollverein fern**, da die Wirtschaftskraft der Donaumonarchie zu gering schien, um mit Preußen und den deutschen Staaten ohne Nachteile konkurrieren zu können und weil die Regierung in Wien Preußen nicht wirtschaftlich stärken wollte.
- Spätere Beitrittsversuche Österreichs konnte Preußen verhindern.

Österreich bleibt dem Zollverein fern, was Preußens Einfluss in Deutschland stärkt.

Wirkung

- Die **wirtschaftliche Einigung Deutschlands** unter preußischer Führung nahm die Form der politischen Einigung (➤ S. 80 ff.) vorweg.
- Die höhere Binnennachfrage innerhalb des neuen Wirtschaftsraumes führte zu einer **Zunahme der inländischen Produktion**.
- Die Vereinheitlichung des deutschen Marktes beschleunigte die Industrialisierung Deutschlands, vor allem an Rhein und Ruhr.

Der Zollverein fördert Deutschlands Wirtschaft und die Industrialisierung.

Bewertung

Die politische Bedeutung der Einigung Deutschlands auf wirtschaftlichem Gebiet war groß. Immerhin trat jetzt **Deutschland im ökonomischen Bereich nach außen als Einheit** auf. Der hauptsächliche Nutznießer war Preußen, dessen Industrialisierung allmählich begann und das nun über sehr starken Einfluss in Deutschland verfügte. Österreich war wirtschaftlich aus Deutschland verdrängt worden. Dennoch blieb auch im ökonomischen Bereich vieles getrennt, es gab **keine einheitlichen Währungen, Maße und Gewichte** und nur **geringe Koordination** beim Bau von Verkehrswegen usw.

3.4 Die Industrialisierung in Deutschland

Die Industrialisierung des deutschen Wirtschaftsraumes führte zu einer raschen Veränderung der wirtschaftlichen und sozialen Verhältnisse innerhalb Deutschlands, die mit den Wandlungen vorhergehender Epochen nicht vergleichbar ist. Die stetige Beschleunigung in der Veränderung wirtschaftlicher und sozialer Strukturen, sei es durch Bedarfsänderungen, Marktverschiebungen⊛ oder technische Innovationen, und die damit einhergehende Häufung der auftretenden Probleme finden bis heute kein Ende.

Der Begriff der Industrialisierung

Der moderne Begriff der Industrie stammt von Adam Smith. In Deutschland begann die Industrialisierung entweder **ab 1835 oder ab 1850**, je nach historischer Lehrmeinung.

- Ursprünglich beschrieb das Wort „Industrie" jede wirtschaftliche Tätigkeit. Adam Smith begrenzte es auf den gewerblichen Bereich. Erst gegen Ende des 19. Jahrhunderts wurde der Begriff auf **maschinenorientierte Arbeit im gewerblichen Bereich** festgelegt.
- Ein kleinerer Teil der Geschichtsschreibung geht davon aus, dass die Industrialisierung Deutschlands bereits 1835 beginnt, da:
  - die Zahl der Lohnarbeiter (auch in der Landwirtschaft) so zunimmt, dass man von einer Veränderung der Gesellschaftsstruktur sprechen kann;
  - manuelle Arbeit zunehmend durch mechanische ersetzt wird;
  - das verfügbare Investitionskapital spürbar ansteigt;
  - der neu gegründete Zollverein den Handel erleichtert
  - und der Eisenbahnbau in Deutschland beginnt.
- Die meisten Historiker setzten den **Beginn erst 1850** an, da:
  - erst ab 1850 im großen Stil in die Industrie investiert wird, weil nun erst die Finanzierungsmöglichkeiten entstehen;
  - das Wirtschaftswachstum erst nach 1850 durch bestimmte, führende Industriezweige erheblich beschleunigt wird;
  - nach 1850 der politische und gesellschaftliche Rahmen für ein kontinuierliches Wachstum entsteht, z.B. Förderung der Industrie durch den Staat in Preußen; der Staat selbst investiert sogar in großem Maße;
  - ausreichende Eisenbahnverbindungen im deutschen Wirtschaftsraum erst ab 1850 vorhanden sind.

Voraussetzungen der Industrialisierung in Deutschland

Eine wesentliche Rolle spielte die Einführung wissenschaftlich-technischer Neuerungen in die gewerbliche Produktion, eine neue ökonomische Mentalität in Staat und Gesellschaft, Bevölkerungswachstum und Kapitalentwicklung treten hinzu.

Die Ursachen der Industrialisierung in Deutschland finden sich in
- staatlicher Förderung
- wissenschaftlichem Fortschritt der Universitäten
- Patentschutz
- dem englischen Vorbild.

Ursachen

- Neue **Bedeutung der Naturwissenschaft in** der Aufklärung;
- **staatliche Förderung** des technischen Fortschritts (Polytechnische Schulen, Bergbauschulen, Musterbetriebe u.Ä.);
- der Rationalisierungsdruck durch **freie Konkurrenz** (Gewerbefreiheit) verlangt Überlegungen hinsichtlich Maschineneinsatzes (Investitionsanreiz);

- der **Patentschutz** sichert die Rechte des Erfinders;
- das **Vorbild Englands**.

Wichtige technische Neuerungen

- **Massengewinnung von Rohstoffen** in mechanisierten Bergwerksanlagen;
- **Massenverhüttung von Eisen** durch Erforschung der Vorgänge im Hochofen, Massenstähle;
- **Maschinen**: Dampfmaschine, Textilmaschinen (Spinnmaschine, mechanischer Webstuhl, Nähmaschine), Werkzeugmaschinen, später elektrische Maschinen und Geräte; Einsatz neuer Rohstoffe (Zement, Gummi).

Die wichtigsten Neuerungen sind:
- Bergwerkstechnik
- Massenstahlerzeugung
- und Maschineneinsatz.

Geistige Voraussetzungen

- Die Erkenntnis absolutistischer Regierungen, dass staatliche Regelungen wirtschaftlich oft nicht effizient sind; deshalb sollen gesetzliche Maßnahmen das **freie Wachstum der Industrie sichern**;
- **wachsendes Selbstbewusstsein des Besitzbürgertums**, das sich am englischen Vorbild orientiert und, von dem Misserfolg der Revolution 1848/49 ernüchtert, sich auf den wirtschaftlichen Bereich zurückzieht und dort seine Rechte gegen den Staat durchsetzt;
- Veränderung der liberal-humanistischen Gesinnung im Besitzbürgertum zum so genannten **Manchestertum**.

Dazu treten wirtschaftliche Liberalität der Regierungen und Selbstbewusstsein des Wirtschaftsbürgertums.

Kapitalentwicklung

Durch die hohen Gewinne der Unternehmer kam es in den ersten Jahrzehnten der Industrialisierung zur **Anhäufung von Kapital** in der Hand von Kapitaleignern (Akkumulation des Kapitals), das wieder in junge Industrien investiert wurde. Den Aufschwung trugen vor allem der Eisenbahnbau und die Investitionsgüterindustrie (Nachfrage aus der Industrie selbst). Erst nach 1880 spielt auf Grund der steigenden Einkommen die Konsumgüternachfrage eine Rolle.

Entscheidend für den weiteren Fortgang der Industrialisierung sind
- die stetige Kapitalausweitung durch hohe Industriegewinne
- Bevölkerungswachstum
- und das Entstehen der Industriestädte.

Entwicklung des Kapitalstockes insgesamt und pro Kopf der Bevölkerung in Deutschland von 1780 bis 1914

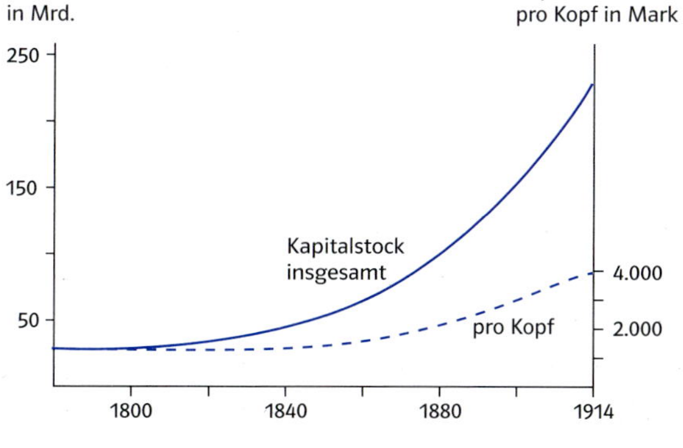

Bevölkerungsentwicklung

Der Zusammenhang zwischen Industrialisierung und Bevölkerungswachstum in Deutschland lässt sich anhand von Statistiken leicht beweisen. **In den Industriegebieten wächst die Bevölkerung** beinahe **doppelt so schnell** an wie in Gebieten, in denen Landwirtschaft als Erwerbsquelle vorherrscht. Der größere Zuwachs in den Industriegebieten ergibt sich aus Zuwanderung und erhöhter Geburtenrate.

Der Bevölkerungszuwachs in den Industriezentren bedeutet für die Industrialisierung:

- **genügend Arbeitskräfte** zu billigen Preisen,
- **erhöhte Nachfrage nach Gütern** infolge höheren Bedarfs.

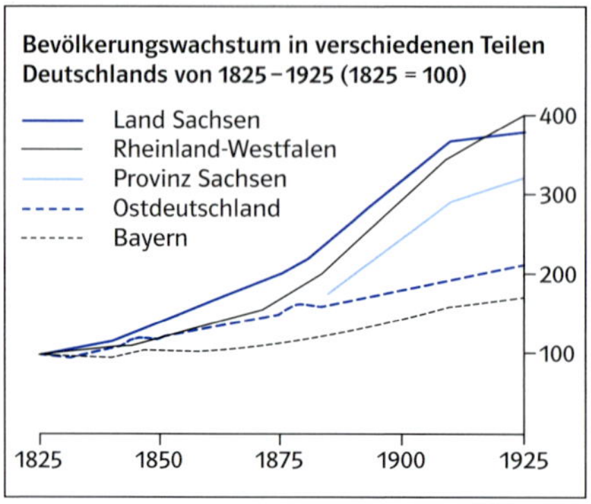

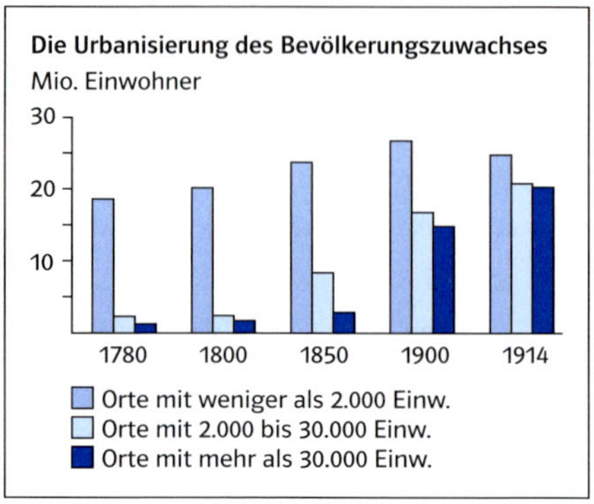

Die Urbanisierung

- Seit 1850 Verstärkung der Landflucht;
- Entstehung zahlreicher Großstädte in den neuen Industriezentren (Bau von Arbeitersiedlungen);
- Vergrößerung zentraler Städte mit Gewerbe infolge
  - Eisenbahn (schneller Massentransport von Verbrauchsgütern aus entfernten agrarischen Gebieten)
  - Entwicklung von Lagertechniken (Kühlhäuser) und Einführung fortschrittlicher sanitärer Verhältnisse
- **Entstehung von Ballungszentren**, die durch eine starke Binnenwanderung in Deutschland von Ost nach West verstärkt wird.

Entwicklung in den wichtigsten industriellen Bereichen

Kohle und Stahl:

- Kohleabbau in großtechnischen Anlagen;
- Produktivitätszunahme durch technischen Fortschritt;
- Industrieregionen entstehen durch Verlagerung weiterer Industrien in die Kohleabbaugebiete;

- Moderne Kokshochofenverhüttung in großem Ausmaß ab 1840;
- Hüttenindustrie in der Nähe von Kohle oder Erzvorkommen;
- Importabhängigkeit, der einheimische Eisenerzabbau kann mit dem wachsenden Bedarf der Hüttenindustrie nicht Schritt halten;
- **Stahlexport, seit 1853 überstieg die Erzeugung den Bedarf**; 1904 wurde bereits mehr als die Hälfte des erzeugten Eisens exportiert.

Maschinenbau:

- Vor 1850 wird ein großer Teil der Maschinen (Dampfmaschinen, Lokomotiven, Textilmaschinen) aus England eingeführt;
- die Standorte der Maschinenbauindustrie knüpften oft an vorindustrielle Gewerbetraditionen an, z. B. alte Reichsstädte mit gewerblicher Tradition;
- die bedeutendste Sparte der metallverarbeitenden Industrie ist der Eisenbahnbau, der der deutschen Industrialisierung die stärksten Impulse gab.

Bedeutende Industriesparten sind Kohleabbau, Eisen- und Stahlverhüttung ab 1840, Maschinenbau und Metallverarbeitung ab 1850. Bedeutsam sind außerdem die Textilindustrie und die Verkehrstechnik, vor allem der Eisenbahnbau.

Textilindustrie:

- Der **Textilbereich** hat im 19. Jahrhundert die größte Beschäftigtenzahl, geht aber in der Bedeutung gegenüber dem Maschinenbau **ständig zurück**;
- durch Mechanisierung und Überproduktionen kommt es häufig zum Preisverfall und zu wirtschaftlichen Krisensituationen, vor allem für die im Verlagssystem arbeitenden Handweber (Weberaufstand 1844).

Eisenbahn:

- Der **Fortschritt** im Verkehrswesen wurde **durch** den **stürmischen Ausbau des Eisenbahnnetzes** geprägt. Dieser Ausbau förderte seinerseits wieder die Industrie;
- die Folgen des Eisenbahnbaus waren die verbesserte Versorgung der Bevölkerung in Ballungszentren, billiger Transport von Massengütern (Lockerung der Standortbindung von Industrien) sowie vermehrte und beschleunigte Kommunikation (schneller und billiger Briefverkehr).

 405 111

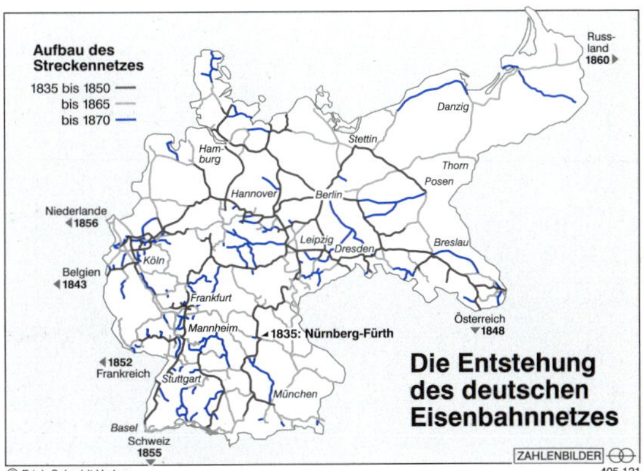

 405 121

Die Entwicklung in Landwirtschaft und Handwerk

Landwirtschaft und Handwerk werden durch die Industrialisierung verändert. Während die Landwirtschaft allmählich profitiert, sterben viele Handwerksberufe aus.

Landwirtschaft:
- Langsame **Verbesserung der sozialen Lage auf dem Land** (Einkommensverbesserungen durch höhere Produktivität);
- Entlastung der engen Verhältnisse auf dem Land durch **Auswanderung und Landflucht**;
- Einsatz **landwirtschaftlicher Maschinen** (zuerst in kapitalstarken Großgütern).

Handwerk:
- Das Handwerk wird durch **industrielle Konkurrenz** hart getroffen aber in vielen gewerblichen Bereichen verläuft die Industrialisierung langsam, wenn sie überhaupt stattfindet (z. B. Baugewerbe);
- **Anpassung des Handwerks** an die veränderte Situation durch Spezialisierung auf industriell nicht fertigbare Produktion;
- **Aussterben vieler Handwerksberufe** im Lauf der Zeit.

Der Handel, vor allem auch der Außenhandel entwickelt sich sprunghaft und geht auch international zum Freihandel über.

Deutschland wird Industriestaat.

Der Handel:
- Von England ausgehend allmählicher **Übergang zum Freihandel**;
- die anderen Staaten Europas ziehen langsam nach;
- nach 1860 in Europa weitgehend Freihandel;
- **nach 1875** vor allem im Agrarbereich Übergang zu neuer **Schutzzollpolitik**, hervorgerufen durch die deutsche „Gründerkrise" 1873;
- **stetige Ausweitung des Außenhandels** in Deutschland.

Ergebnis: Veränderung der Wirtschaftsstruktur vom Agrar- zum Industriestaat

- Im primären Sektor (Landwirtschaft) geht der Anteil der Beschäftigten im Vergleich zur Gesamtzahl aller Beschäftigten zurück.
- Im sekundären (Gewerbe, Industrie) und im tertiären Sektor (Verwaltung, Dienstleistung) nimmt die Zahl der Beschäftigten stark zu.
- **Deutschland entwickelt sich zum Industriestaat.**

3.5 Die soziale Frage und die Versuche zu ihrer Lösung

Voraussetzungen

- Wachsen einer **breiten Schicht gewerblicher Lohnarbeiter** durch Änderung der Produktionsverhältnisse und der Gesellschaftsstruktur;

- **harte Konkurrenz** bei Überangebot von Arbeitskräften führen in einem liberalen Wirtschaftsystem zu **extrem niedrigen Einkommen**;
- das liberale **Manchestertum** kennt keine Rücksichtnahme ethischer oder moralischer Art im wirtschaftlichen Bereich.

Die soziale Lage der Arbeiter

- Die **Einkommensverhältnisse** abhängig Beschäftigter waren in der Regel **sehr schlecht**;
- zwischen Beziehern mittlerer und hoher Einkommen und den Arbeitern entstand eine **tiefe soziale Kluft**;
- die **Wohnverhältnisse** in den neuen Industriegebieten waren für Arbeiter außerordentlich **schlecht**, die Nahrungsmittel aufgrund der Knappheit in den neuen Ballungsgebieten verhältnismäßig teuer;
- die hygienischen und gesundheitlichen Verhältnisse in den jungen Städten ließen zu wünschen übrig;
- die **Arbeiter waren** für den Fall von Krankheit, Arbeitslosigkeit, Arbeitsunfähigkeit und Alter **nicht abgesichert**;
- die **Beschäftigungslage** der Arbeiter **schwankte** je nach Konjunktur und Arbeitslosigkeit kam häufig vor;
- vor allem im Textilgewerbe versuchten die Fabrikanten, durch Frauen- und Kinderarbeit die **Löhne auf ein Minimum** zu drücken;
- **sehr schlecht waren** vor allem die **Arbeitsbedingungen**:
  - Gesundheitsgefährdende und unfallträchtige Arbeitsplätze;
  - Wochenarbeitszeiten bis zu 90 Stunden, kein freier Wochentag;
  - lange Anmarschwege zur Arbeitsstelle infolge fehlender Nahverkehrsverbindungen und Wohnungsnot führten dazu, dass den Arbeitern oft weniger als acht Stunden Schlaf täglich blieben;
  - feste Arbeitspausen gab es nicht, man aß bei der Arbeit.

Die soziale Lage der Arbeiter war sehr schlecht, bei niedrigen Löhnen gab es keine Alters- und Sozialversorgung für die Arbeitenden und die Familien. Es gab weder Schutz vor Frauen- und Kinderarbeit noch vor gefährlicher Arbeit, ebenso keine Begrenzung der Arbeitszeiten. Ursache war der **unsoziale Wirtschaftsliberalismus**, die harte Konkurrenz und das Überangebot an Arbeitskräften.

usgabenstruktur von Familien unterschiedlicher sozialer Schichten in Sachsen 1857

Ausgaben (in %) für	bemittelte Arbeiterfamilie	Mittelstandsfamilie	Wohlstandsfamilie
Nahrung	62	55	50
Kleidung	16	18	18
Wohnung	12	12	12
Heizung und Beleuchtung	5	5	5
Erziehung, Unterricht etc.	2	3,5	5,5
Öffentliche Sicherheit etc.	1	2	3
Gesundheitspflege etc.	1	2	3

Erste Eingriffe des Staates

Der Staat reagierte nur zaghaft mit den allernotwendigsten gesetzlichen Schutzmaßnahmen.

- Seit **1828 Verbot der Kinderarbeit** in Preußen, um den Gesundheitszustand der Rekruten zu heben.
- **1839** preußisches **Gesetz zum Schutze der Jugendlichen** in den Fabriken: Kinder unter neun Jahren dürfen in Fabriken nicht arbeiten; Jugendliche dürfen nur tagsüber einschließlich 90 Minuten Pause maximal 10 Stunden arbeiten. Wegen geringer Strafandrohungen und nachlässiger Kontrollen hatte das Gesetz nur wenig Wirkung.
- Um 1840 wurde der Kinderschutz auch in anderen deutschen Ländern (Bayern, Österreich) eingeführt.
- **Frauen** waren lediglich **vor Schwerstarbeit geschützt**. Arbeitszeitbeschränkungen und Schutz der Wöchnerinnen kamen erst später.

Soziale Hilfsmaßnahmen

Hilfe gab es meist nur von **Selbsthilfeorganisationen der Arbeiterschaft**, durch die Subsidiaritätspflicht der Gemeinden oder durch **Unternehmer**, die durch soziale Leistungen die Arbeiter an das Unternehmen binden wollten.

- **Unterstützungspflicht der Gemeinden** (Subsidiaritätspflicht seit dem Mittelalter bis heute); ab 1855 gemeindliche Versicherungskassen;
- **Gründung von Kassen durch die Arbeiter** selbst;
- **soziale Einrichtungen durch die Betriebe**, um die Arbeiter zu schützen und an den Betrieb zu binden;
- die **Versicherungsleistungen** waren selbst für das Lebensnotwendigste **zu gering**, da größere Beiträge wegen der minimalen Arbeitereinkommen von den Kassen nicht erhoben werden konnten.

Politische Lösungsversuche der sozialen Frage

Politische Gegenwehr gab es nur in **Gesellenvereinen** der schlecht bezahlten Handwerker, in den **Schriften frühsozialistischer Gesellschaftstheoretiker** und in den **Kirchen**, die jedoch zu spät und zu zögerlich eingegriffen hatten und dadurch die Arbeiterschaft an die meist atheistischen Sozialisten verloren.

Vorgeschichte

In England und Frankreich, wo sich die Industrialisierung schneller als in Deutschland durchgesetzt hatte, waren schon in den ersten Jahrzehnten des 19. Jahrhunderts theoretische Überlegungen angestellt worden, wie das soziale Elend der Arbeiter verhindert werden könnte. **Sozialphilosophen** (z. B. der Franzose Fourier oder der Engländer Owen) hatten sozialistische, kommunistische oder anarchistische Gesellschaftstheorien formuliert. Ihre Schriften übten auch in Deutschland Einfluss aus (so genannte Frühsozialisten). Der bekannteste deutsche **Sozialist** vor 1848 war der Schneidergeselle **Wilhelm Weitling**. Gerade die Handwerksgesellen, die auf der Wanderschaft weit herum kamen, hatten vieles erfahren, was ihren sesshaften Mitbürgern wegen der unvollkommenen Bildungs- und Kommunikationsstrukturen unzugänglich war. Sie bildeten angesichts ihrer misslichen sozialen Lage einen Hort der Unruhe und hatten sich schon früh außerhalb des deutschen Raumes in Gesellenvereinen organisiert. Weitling, der christlich beeinflusst war, forderte einen konsequenten Gleichheitskommunismus. Er dachte aber nicht „proletarisch", sondern eher handwerklich-ständisch. Nach 1843 ging sein Einfluss zurück. **Seit etwa 1845 begannen Marx** S.70 **und Engels** Einfluss auf die Gesellenvereine auszuüben. Sie schufen eine Gesellschafts-, Wirtschafts- und Staatstheorie, die sie als objektiv wissenschaftlich verstanden wissen wollten. **1848** formulierte Marx diese Gedanken im so genannten **Kommunistischen Manifest**.

Die Bemühungen der Kirchen

Zugleich begann sich in den Kirchen der Widerstand gegen die sozialen Missstände zu regen. **Wilhelm Emanuel Freiherr von Ketteler** und **Adolf Kolping** auf katholischer, sowie **Johann Heinrich Wichern** und **Friedrich von Bodelschwingh** auf evangelischer Seite waren die führenden Persönlichkeiten.

Anfänglich hofften die Kirchen, die soziale Frage durch Veränderung der Gesinnung und Einsicht in das christliche Liebesgebot lösen zu können. Daraus erklärt sich seit 1845 die Gründung von christlichen Vereinen für Gesellen und Arbeiter durch Kolping (Kolpingvereine) und Wichern (Innere Mission und männliche Diakonie).

Von Bodelschwingh gründete in Bethel eine Anstalt für Behinderte (Bethel'sche Anstalten).

Ab 1860 stellt die katholische Kirche **konkrete Forderungen** an Staat und Gesellschaft zur Lösung der sozialen Probleme:

- **Der neu entstehende politische Katholizismus (**→ S. 92, 95 f.**) kämpft** an zwei Fronten: gegen den Liberalismus, den er für die soziale Misere verantwortlich macht, und gegen den atheistischen Marxismus;
- die päpstliche Enzyklika „Rerum novarum" fordert staatliches Eingreifen (1891);
- 1878 Gründung der „Christlich-sozialen Arbeiterpartei" des evangelischen Hofpredigers Stöcker in Berlin;
- insgesamt blieb das Echo bei der Arbeiterschaft, verglichen mit dem der Sozialisten gering, vor allem weil die **Kirchen zu spät und oft nur zögernd eingegriffen** hatten.

Die sozialistische Bewegung

Aus marxistischen und sozialistischen Arbeitervereinen entstand bis **1891** die **SPD**.

- Gründung des Allgemeinen Deutschen Arbeitervereins (ADAV) 1863 durch den Berliner Salonsozialisten **Ferdinand Lassalle**. Lassalle war nicht revolutionär eingestellt. Der Staat muss reformiert werden, die Produktion auf genossenschaftlicher Basis erfolgen. Wo möglich, soll mit dem reformierten Staat kooperiert werden;
- im gleichen Jahr Gründung des Verbands deutscher Arbeitervereine durch **August Bebel** (marxistisch) (VDAV);

- 1869 nach Lassalles Tod Vereinigung von Teilen des ADAV mit dem VDAV zur Sozialdemokratischen Arbeiterpartei;
- unter dem Druck der Sozialistengesetze 1875 Gründung der sozialistischen Arbeiterpartei Deutschlands durch Übertritt der Reste des ADAV;
- **1891**, nach Aufhebung des Sozialistengesetzes und **ideologischem Verzicht auf die Revolution**, Umbenennung in „Sozialdemokratische Partei Deutschlands" (SPD).

Die wichtigsten Theorien der Sozialisten nach 1848

Zu den wichtigsten Vertretern des Sozialismus in Deutschland gehörte **Ferdinand Lassalle**, der eine Revolution für unnötig hielt, sondern **Wahlgleichheit** forderte.

Ferdinand Lassalle

Sein **„Ehernes Lohngesetz"** beschreibt einen Kreislauf, in dem bei hohen Löhnen die Arbeiterzahlen durch geringere Sterblichkeit und höhere Geburtenraten steigen. Das entstehende Überangebot an Arbeitskräften drückt die Löhne. Die Folgen sind Arbeiterelend und Verminderung der Arbeiterzahl, sodass die Löhne wieder steigen. Als Lösung fordert Lasalle die Zahlung eines Existenzminimums an die arbeitende Bevölkerung, gleiches Wahlrecht, damit sich die Arbeiter im Parlament mehrheitlich durchsetzen können, und Industrieproduktion nach dem Genossenschaftsprinzip.

KARL MARX (1818–1883)

- ab 1842 radikaler Journalist
- nach revolutionärer Tätigkeit 1848 ab 1849 im Londoner Exil
- einflussreichster Theoretiker des Sozialismus bzw. Kommunismus
- arbeitet seit 1847 zusammen mit dem Unternehmer Friedrich Engels an der Entwicklung der marxistischen Ideologie

Karl Marx und Friedrich Engels

- Der **Fabrikarbeiter** ist durch die industriellen Produktionsverhältnisse vom Produkt seiner Arbeit, mithin **von der Arbeit**, seinen Kollegen und sich selbst **entfremdet („Entfremdungstheorie“)**.
- Der Wert einer Ware ist durch den Wert der entsprechenden Arbeit bestimmt. Der Wert der Arbeit ist den Lebensbedürfnissen eines Menschen gleichsetzbar. Arbeitskraft kann aber mehr produzieren, als sie entsprechend der Lebensbedürfnisse wert wäre, den Mehrwert. **Industrielle Profite** sind nichts anderes als die **Aneignung dieses Mehrwertes** durch den Unternehmer (**„Mehrwerttheorie“**).
- Durch industrielle Expansion⊛ und Vernichtung der Konkurrenz akkumuliert⊛ sich das Kapital der Besitzenden. Immer weniger Kapitalisten beuten immer mehr Lohnabhängige aus und reißen wachsenden Mehrwert an sich. **Es gibt immer weniger, aber um so kapitalstärkere Besitzende und immer mehr stetig verelende Arbeiter („Akkumulationstheorie“ und „Verelendungstheorie“)**.
- Die wenigen übrig gebliebenen Kapitalisten, werden von der **Revolution der proletarischen Massen** hinweggefegt. Es ist legitim, wenn die Arbeiterklasse nicht lange warten will, den unvermeidlichen historischen Prozess abkürzt und ihr Elend beendet (**„Revolutionstheorie“**).
- **Die Geschichte ist die Geschichte von Klassenkämpfen**. Im Laufe der Zeit beseitigen die unterdrückten Klassen die jeweils herrschende Klasse durch Revolution. Die Vernichtung der bürgerlich-kapitalistischen Klasse durch das revolutionäre Proletariat ist ein historisch unvermeidlicher, unaufhaltsamer, unumkehrbarer Prozess (**„Historischer Materialismus“**).

Karl Marx und Friedrich Engels entwickelten ein geschlossenes sozialistisches ideologisches System, das die **Revolution der Arbeiterklasse** für ebenso unausweichlich hielt wie den **Untergang der bürgerlichen Klasse**.

Carl Schurz über Karl Marx:

„Jeden, der ihm widersprach, behandelte er mit kaum verhüllender Verachtung.“ [2]

Die Entwicklung von Gewerkschaften in Deutschland

- **Vorbild** ist die **englische Gewerkschaftsbewegung** nach 1828.
- **Deutsche Handwerksvereine im Ausland** existieren schon **vor 1848**.
- Vor 1848 gab es bürgerlich-liberale Arbeiterbildungsvereine, christliche Gesellen- und Arbeitervereine und seit 1847 Buchdruckervereinigungen.
- Nach Aufhebung des Koalitionsverbotes 1848 „Allgemeiner Deutscher Arbeiterkongress“ mit Gründung der „Allgemeinen deutschen Arbeiterverbrüderung“.
- Ab 1849 Beschränkung der Arbeiter- und Handwerkervereinigungen auf Soziales und Bildung, so z. B. der „Fortbildungsverein für Buchdrucker“ 1862; mit dem Hauptziel der Vertretung von Arbeitsinteressen.
- **Aufhebung des Koalitionsverbots für Arbeiter** in den deutschen Staaten **(ab 1861 bis 1869)**.
- Bildung von Gewerkschaften: „Hirsch-Duncker'sche Gewerkvereine“, sozialdemokratische Gewerkschaften und christliche Gewerkschaften.

Erst nach **Aufhebung des Koalitionsverbotes 1861** können in Deutschland christliche und sozialistische Gewerkschaften entstehen.

- 1875 Zusammenschluss der zwei größten sozialistischen Gewerkschaften, des „Allgemeinen Deutschen Arbeiterschaftsverbands“ (Lassalle) und der „Internationalen Gewerkschaftsgenossenschaften“ (Bebel und Liebknecht).
- Nach der Behinderung durch die Sozialistengesetzgebung (➝ S. 98) **stetiger Aufstieg der Gewerkschaften (ab 1890)**.

Die privatunternehmerischen Initiativen

Die sozialen Bemühungen der Unternehmer gehen von **patriarchalischen Vorstellungen** aus. Sie wollen vor allem die **Arbeiter an das Unternehmen binden**.

Nur wenige wie Krupp, Stumm oder Harkort suchten Wege zur Verbesserung der sozialen Lage der Proletarier, die in ihren Fabriken arbeiteten. Die Einstellung der Unternehmer war **patriarchalisch** geprägt.
Folgende Einrichtungen werden vorrangig geschaffen:

- **Arbeitersiedlungen** mit verbilligten Wohnungen;
- **betriebseigene Läden** mit verbilligten Lebensmitteln;
- **Betriebskrankenkassen**;
- **Ausbau von Schulen** und anderen **Bildungseinrichtungen**.

Alle Querverweise im Überblick:

Politische Einigung: S. 61 ➝ S. 80
Politischer Katholizismus: S. 69 ➝ S. 92, 95 f.
Sozialistengesetzgebung: S. 72 ➝ S. 98
Karl Marx: S. 70

Zusammenfassung

Industrialisierung

Seit etwa 1815 beginnt auch in Deutschland zuerst allmählich, dann zunehmend schneller eine grundlegende Veränderung der ökonomischen und gesellschaftlichen Strukturen. **Rasante Bevölkerungszunahme** mit **Landflucht** und Entstehung städtischer **Ballungszentren**, liberales Gedankengut und **Liberalisierung** starrer ökonomischer Verhältnisse, aufgeklärte Verwissenschaftlichung der landwirtschaftlichen und gewerblichen Produktion, zunehmende öffentliche **Bildung** und **gesellschaftliche Mobilität**, der Blick auf das englische Vorbild, zahlreiche gewerbliche Traditionen, **reiche Rohstoffvorkommen** sowie fiskalisches⊛ und militärisches Interesse an Technik und Industrie bündeln sich zu einem Ursachenkomplex, der **Deutschland bis 1890 zum Industriestaat** macht.

Erst **ab 1850** erlauben die Kapitalentwicklung, die Möglichkeiten der deutschen Finanzmärkte und die Rechtslage die **Entstehung großer industrieller Komplexe**. Leitindustrie ist zuerst die **Kohle- und Stahlherstellung** sowie die Folgeindustrie, vor allem für den **Eisenbahnbau**, der die Verkehrswege revolutioniert, später die Kohlechemie und die Elektroindustrie. Eine wesentliche Rolle bei der Industrialisierung Deutschlands kommt dem **deutschen Zollverein** zu, der im Bereich des Deutschen Bundes einen großen, einheitlichen Markt schafft. Dieser Markt ist aber in Deutschland selten ein echter Freimarkt, **die spätabsolutistischen Regierungssysteme** in Deutschland greifen entsprechend ihrem Interesse in den Markt ein.

Soziale Frage

Ergebnisse der Industrialisierung ist das Entstehen einer **reichen Schicht von Industriellen**, die sich auf die Dauer mit dem **Adel** als herrschende Schicht vermischt, die Entstehung eines **Industrieproletariats**, das sich zunehmend als eigene soziale Klasse **(Arbeiterklasse)** versteht, das Zerbrechen des sozialen ländlichen Verbandes der Großfamilie und das Entstehen der sozial anfälligeren städtischen Kleinfamilie, die ohne die durch die Großfamilie meist gewährleistbare soziale Fürsorge im Alter und bei Krankheit auskommen muss.

Die **Lösungsversuche der sozialen Frage** geben den Kirchen die Gelegenheit, sich wieder den entfremdeten Arbeiterschichten anzunähern, die aber mehrheitlich sozialistischem Gedankengut näher stehen, das zu dieser Zeit entsteht und in den Theorien von **Marx und Engels** seinen Höhepunkt findet. Zugleich versuchen die lohnabhängigen Arbeiter durch **gewerkschaftliche Zusammenschlüsse** ihre Interessen geltend zu machen und durch **Sozialkassen** ihr Existenzrisiko etwas zu mildern. Der **patriarchalisch- konservative Lösungsansatz des Unternehmertums** selbst bezieht sich oft eher darauf, die Lebensumstände der knapp entlohnten Arbeitskräfte ohne allzu große weitere Kosten erträglicher zu gestalten und die Arbeitskräfte im eigenen Sinne umzuerziehen.

Der **Staat** greift erst relativ spät und gemäß dem Minimalprinzip gegen die soziale Kälte des frühen liberalen Unternehmertums ein. Immerhin wird **Kinderarbeit** verboten und **Frauenarbeit** begrenzt.

1862 Der Verfassungskonflikt in Preußen zwischen König und Parlament um die Heeresreform führt zur Berufung **Bismarcks als Ministerpräsident**. Er übergeht das Parlament, indem er eine Gesetzeslücke der Verfassung ausnutzt. Er macht sich zum Feind der Liberalen.
→ **S. 77 f.**

1866 Deutscher Krieg (Bruderkrieg): Nach dem Sieg über Dänemark beschließen Preußen und Österreich sich die Verwaltung Schleswig-Hosteins zu teilen. Es kommt zum Konflikt zwischen den Siegern, da Preußen beabsichtigt, Schleswig-Holstein zu annektieren. Preußen siegt. Folgen: Errichtung des **Norddeutschen Bundes** unter preußischer Führung. Österreich zieht sich aus Deutschland zurück.
→ **S. 79 f.**

1871 Errichtung des **Deutschen Reiches**: Bismarck eint Deutschland „von oben“ mittels preußischer Diplomatie: Um den Beitritt der süddeutschen Staaten zu erwirken, erhalten diese großzügige Sonderrechte. Die Umbenennung des Bundes in „Deutsches Reich“ und die Erneuerung des Kaiserreichs erfolgt auf Willen Bismarcks.
→ **S. 86 f.**

1871/72 Bismarck fürchtet die politische Macht des Katholizismus. Er will die Trennung von Kirche und Staat. Der **Kulturkampf** beginnt.
→ **S. 94 f.**

1860 | **1865** | **1870** | **1875**

1864 Deutsch-dänischer Krieg: Preußen und Österreich besiegen gemeinsam Dänemark, das vertragswidrige Ansprüche auf Schleswig gestellt hatte.
→ **S. 78 f.**

1870 Auslöser des **Deutsch-französischen Krieges** ist die **Emser Depesche**. In dieser fordert Napoleon den schriftlichen Verzicht Preußens auf die Krone Spaniens. Bismarck veröffentlicht diese in verkürzter und zugespitzter Form, um Europa die Unverschämtheit des französischen Verhaltens vor Augen zu führen. Napoleon erklärt Preußen den Krieg.
→ **S. 83 ff.**

1873 Der **Dreikaiserbund** zwischen dem Deutschen Reich, Österreich-Ungarn und Russland ist ein wichtiges außenpolitisches Ziel. Dadurch unterbindet Bismarck eine Annäherung Russlands an Frankreich und somit eine Einkreisung des Deutschen Reiches. Frankreich als stärkster Feind wird isoliert.
→ **S. 103**

Bismarck vor dem norddeutschen Reichstag. Die Karikatur aus dem Wiener „Figaro“ verdeutlicht Bismarcks Haltung zum Parlamentarismus (1870).

DAS PREUSSISCH-DEUTSCHE KAISERREICH BIS 1890

1878 Sozialistengesetze: Bismarck fürchtet den wachsenden Zulauf der Arbeiterschaft zur Sozialdemokratie, ihre anti-monarchistische Einstellung und v. a. die revolutionäre Tendenz der marxistischen Sozialisten.
→ **S. 97 f.**

Bismarcks autoritäres monarchistisches Politikverständnis lässt ihn auch mit den **Liberalen** brechen.
→ **S. 99**

Ab 1881 Bismarcks **Sozialgesetzgebung** (Kranken-, Unfallversicherung usw.) soll v. a. die Arbeiter der Sozialdemokratie entfremden.
→ **S. 99 f.**

1887 Der **Rückversicherungsvertrag mit Russland** – in Bismarcks Augen von geringem Wert – wird abgeschlossen, da zwischen Russland und dem Deutschen Reich Kriegsgefahr besteht.
→ **S. 104**

1890 Sturz Bismarcks: Innenpolitisch spaltet Bismarck das Reich. V. a. sein unversöhnliches Verhältnis zu den Sozialisten ist Grund für seine Entlassung.
→ **S. 100 ff.**

1880 | 1885 | 1890 | 1895

1879 Bismarck schließt einen **Zweibund mit Österreich-Ungarn**. Beide Mächte verpflichten sich zur gegenseitigen Unterstützung im Falle eines Angriffs durch Russland trotz des Dreikaiserbündnisses (1873).
→ **S. 102**

1881 Dreibund mit Österreich-Ungarn und Italien: Bismarck versucht Italien so einzubinden, dass es gegenüber Österreich und dem Reich im Konfliktfall mit anderen Mächten zumindest neutral bleibt.
→ **S. 102**

1881 Dreikaiservertrag mit Ö-U und R: Ein 1878 von Russland auf dem Balkan angezettelter Krieg hatte das Dreikaiserbündnis von 1873 ins Wanken gebracht. 1881 kommt es deswegen zu einem erneuten Bündnis zwischen den 3 Mächten. Im Falle eines Angriffs einer 4. Macht sichern sich die 3 Mächte gegenseitige Neutralität zu. **S. 103**

„Kommt es (Deutschland) unter eine Haube? Ich glaub', 's kommt eher unter eine Pickelhaube."

Die Kaiserproklamation in Versailles von 1871

4 Das preußisch-deutsche Kaiserreich bis 1890

In diesem Kapitel erfahren Sie:

- 1862 wird Bismarck preußischer Ministerpräsident.
- Bis 1866 bereitet er den Krieg gegen Österreich vor, den Preußen gewinnt und die Hegemonie in Deutschland erringt.
- Durch den Sieg über Frankreich einigt Bismarck Deutschland im preußisch-deutschen Kaiserreich.
- Innenpolitisch verstrickt sich Bismarck als Reichskanzler in Konflikte, wie den Kulturkampf, die Sozialistengesetzgebung und den Streit mit den Liberalen, bis ihn 1890 Kaiser Wilhelm II. entließ.
- Das komplexe außenpolitische System Bismarcks garantierte langfristig nicht die gewünschte europäische Stabilität.
- Bis heute ist Bismarcks Politik des Pragmatismus unter Historikern umstritten.

4.1 Der Aufstieg Preußens unter Bismarck

Die Prinzipien der Politik Bismarcks

„… mit Grundsätzen halte ich es, wie der Bauer mit den Pantoffeln, er wirft sie weg und läuft, wie ihm die Füße gewachsen sind.“ [1]

Otto von Bismarck

Bismarcks Konzept ist Pragmatismus, Realpolitik, Gleichgewichtspolitik nach außen und Vorherrschaft Preußens in Deutschland.

Schon während seiner Zeit als Gesandter in Frankfurt, Petersburg und Paris formulierte Bismarck die Grundsätze seiner Politik.

Staatsegoismus

Eigennutz ist die Grundlage eines gesunden Staates, der nicht für Dinge außerhalb seiner Interessenssphäre kämpft.

Unideologisches Zweckmäßigkeitsprinzip

Weder konservative noch liberale Ideen sind Ziele, nur der Vorteil des Staates zählt. Die Staatsform eines anderen außenpolitischen Systems bildet keinen politischen Maßstab (Realpolitik).

Ausgleichspolitik

Ziel der Außenpolitik ist nicht Überlegenheit, sondern ein stabiles Gleichgewicht der Mächte.

Die deutsche Frage

Die nationale Idee in Deutschland soll Mittel sein, die preußische Vorherrschaft über Deutschland zu realisieren. Trotz allem Pragmatismus ❋ bleibt Bismarck persönlich ein überzeugter, preußisch-konservativer Monarchist.

OTTO VON BISMARCK (1815–1898)

- Spross einer feudalen märkischen Großgrundbesitzerfamilie
- Jurist, seit 1847 Abgeordneter der Rechten im preußischen Landtag
- ab 1851 Bundesgesandter in Frankfurt
- 1859 preußischer Botschafter in Russland, 1862 Botschafter in Paris
- 1862 bis 1890 preußischer Ministerpräsident
- 1871 bis 1890 Reichkanzler

Der Heereskonflikt (Verfassungskonflikt) in Preußen

Der Verfassungskonflikt in Preußen zwischen König und Parlament um die Heeresreform führt zur **Berufung Bismarcks als Ministerpräsident**. Er übergeht das Parlament, indem er eine **Gesetzeslücke** in der Verfassung ausnutzt. Bismarck macht sich zum **Feind der Liberalen**.

Ursache

Die sich seit dem Krimkrieg zuspitzende außenpolitische Lage in Europa schien eine Reform und Verstärkung des preußischen Heeres zu erfordern. Grundsätzlich wäre eine Mehrheit im preußischen Abgeordnetenhaus, das den **neuen Heeresetat** bewilligen musste, zu erwarten gewesen, denn die liberale Mehrheit im Landtag konnte in einer verstärkten preußischen Armee einen Schritt in Richtung der erwünschten nationalen Einigung Deutschlands sehen. Das Gesamtpaket der Maßnahmen, die zur Reform des preußischen Heeres vorgesehen waren, erschien jedoch den bürgerlichen Abgeordneten als **Zumutung**, da:

- die Reform als zu kostspielig angesehen wurde;
- die vorgesehene Verlängerung der Wehrpflicht auf drei Jahre beim Bürgertum allgemein auf Ablehnung stieß;
- die Stellung der Landwehr, welche die stärkste bürgerliche Komponente im ansonsten feudal dominierten preußischen Heer bildete, entscheidend geschwächt werden sollte;
- die Liberalen den König verdächtigten, im Heer das monarchische Prinzip („Soldat als Untertan“) gegen das liberale („Soldat als Staatsbürger in des Königs Rock“) verstärkt durchsetzen zu wollen.

Verlauf

Zuerst (1860/61) bewilligte der preußische Landtag vorläufig die geforderten Mittel. Nach den Wahlen im Dezember 1861, die die bürgerlich-liberale Mehrheit im Abgeordnetenhaus wesentlich verstärkten, wurde die Zusammenarbeit mit dem König und seinem Kabinett unmöglich.

Wilhelm I. löste das Parlament auf und schrieb Neuwahlen aus (1862), die die liberale Mehrheit im Parlament bestätigten. Der König blieb aber unnachgiebig und dachte an Abdankung. Der preußische Kriegsminister Roon holte Bismarck aus Paris nach Berlin zurück.

So entstand zwischen monarchischem Staat und bürgerlicher Gesellschaft ein **Streit um die Grundfragen der Verfassung** in Politik und Gesellschaft.

Ergebnis

Der preußische König berief Otto von Bismarck zum Ministerpräsidenten.

Bismarck überging das Budgetrecht❋ des Parlaments nach der so genannten **„Lückentheorie"**. Diese besagte, dass der König im Streitfall zwischen Krone und Volksvertretung das Recht habe, deren Entscheidungen zu missachten, weil die Verfassung Preußens für diesen Fall keine Lösung vorgesehen habe. Da der König Parlament und Verfassung von sich aus dem Volk zugestanden habe, gingen im Falle der Unregierbarkeit Preußens die Rechte des Parlaments wieder auf ihn über.

Folge

Bismarck machte sich als „Verfassungsbrecher" bei den Nationalen und Liberalen verhasst, zumal er 1863 die Niederschlagung des polnischen Nationalaufstandes durch den Zaren mit der Schließung der preußischen Ostgrenze unterstützte.

Der deutsch-dänische Krieg und der deutsche Krieg

Preußen und Österreich besiegten 1864 gemeinsam Dänemark, das vertragswidrige Ansprüche auf Schleswig stellte. Aus diesem Konflikt entstand ein **Konflikt unter den Siegern**, da Preußen Schleswig-Holstein annektieren wollte.

Der deutsch-dänische Krieg

Mit dem Aufflammen nationaler Ideen in **Dänemark** seit 1848 **versuchte** dieses, das teilweise dänisch sprechende **Schleswig**, das der dänischen Krone in Personalunion❋ verbunden war, **dem dänischen Staat einzuverleiben**. Dies bedeutete einen Bruch des Londoner Protokolls, das die Trennung Schleswigs von Holstein, das dem Deutschen Bund angehörte, untersagte.

Während die deutsche Öffentlichkeit als Reaktion die Unabhängigkeit Schleswig-Holsteins unter Missachtung des Londoner Protokolls forderte, verprellte Bismarck, der sich dabei sogar gegen den eigenen König stellte (Rücktrittsdrohung), die deutsche Einheitsbewegung erneut, indem er, ebenso wie Österreich, im Blick auf das Ausland, die völkerrechtliche Einhaltung des Londoner Protokolls verlangte.

Preußen und Österreich schlugen Dänemark 1864 in einem gemeinsamen Feldzug. Nach dem Sieg kamen beide Mächte überein, die Verwaltung des Gebietes zu teilen. **Österreich übernahm die Verwaltung Holsteins, Preußen die von Schleswig.** Die kaum verhüllten Absichten **Preußens**, über kurz oder lang die Elbherzogtümer zu annektieren, führten zum **Konflikt mit Österreich**, das versuchte, das Herzogtum der alten Augustenburger Linie zu erhalten.

Der deutsche Krieg (Bruderkrieg)

Mittlerweile wuchs **bei beiden deutschen Mächten die Entschlossenheit, das Problem des deutschen Dualismus mit Waffengewalt zu lösen**. Der Anlass zum Krieg konnte in der offenen Schleswig-Holsteinischen Frage gefunden werden. Dementsprechend bereiteten die Diplomaten beider Staaten den Krieg vor. Bismarck wusste sich dabei in der günstigeren außenpolitischen Lage, denn:

- Das Zarenreich stand seit der Unterstützung der Niederschlagung des Polenaufstandes von Seiten Preußens hinter Bismarck.
- Italien, der Hauptfeind Österreichs, war zum Kriegsbündnis sogleich bereit und bekam im Siegesfall Venetien von Preußen versprochen.
- England, mit dem Aufbau seines Weltreichs beschäftigt, sah seine Interessen nicht berührt und blieb neutral.
- Frankreich, wieder zur Großmacht aufgestiegen, wurde von beiden Kontrahenten umworben. Napoleon III. S. 81 hoffte im Konflikt der deutschen Mächte auf Gebietsgewinne am Rhein und auf eine Schwächung Österreichs und Preußens. Deshalb verhielt sich Frankreich, da es von beiden Seiten Versprechungen erhalten hatte, neutral.

Aus dem dänischen Krieg entstand der **deutsche Krieg**, den Preußen, dank Bismarcks geschickter Außenpolitik ohne Einmischung des Auslandes gegen Österreich gewinnen konnte.

Die Donaumonarchie beschloss, die Schleswig-Holsteinische Frage dem Urteil des Deutschen Bundes zu unterwerfen. Die Vorlage dieser Streitfrage in Frankfurt wurde aber von Preußen als Bruch des Abkommens von Gastein (1865) betrachtet, in dem die Teilung Schleswig-Holsteins zwischen beiden Mächten abgesprochen worden war. **Preußen besetzte** in der Folge **Holstein**. Österreich forderte daraufhin vom Deutschen Bund die Mobilmachung gegen Preußen, da Preußen mit der eigenmächtigen Besetzung Holsteins gegen die Bundesakte verstoßen habe. Nachdem der Deutsche Bund zusammen mit Österreich die Mobilmachung beschlossen hatte, trat Preußen aus dem Bund aus. Die nachfolgende **militärische Auseinandersetzung** fand **zwischen 13 „bundestreuen Staaten" unter Führung Österreichs (süddeutsche Staaten, Sachsen und Hannover) und 18 „Sezessionsstaaten" unter preußischer Führung statt** (Klein- und Mittelstaaten Norddeutschlands).

Die **Entscheidung fiel in der Schlacht von Königgrätz** in Böhmen. Aufgrund der besseren Bewaffnung, Taktik und Strategie der preußischen Armee musste das **österreichische Heer eine schwere Niederlage** hinnehmen. Auch die österreichischen Bundesgenossen in Süd- und Norddeutschland wurden schnell geschlagen.

Das Ergebnis und Folgen des „Bruderkrieges"
Österreich trat Venetien an Italien ab, obwohl es gegen Italien Siege errungen hatte, und bat Napoleon III. um Vermittlung. Frankreich hielt sich weiterhin zurück, da Bismarck versprach, den Machtbereich Preußens nicht nach Süddeutschland auszudehnen.

Österreich wurde verschont, **Preußen** wurde **deutsche Hegemonialmacht** und drängte Österreich endgültig aus Deutschland hinaus. Die norddeutschen Staaten wurden von Preußen abhängig, auch die süddeutschen Staaten waren an Preußen gebunden.

Österreich, das von Bismarck weitgehend verschont wurde, musste im Frieden von Nikolsburg folgende Zugeständnisse machen:

- Annexion der norddeutschen Staaten, die gegen Preußen gekämpft hatten, durch Preußen;
- Neuordnung Deutschlands ohne österreichische Beteiligung;
- Errichtung eines deutschen Nordbundes unter preußischer Führung;
- Bildung eines unabhängigen Südbundes deutscher Staaten.

Als Folge war der Streit um eine groß- oder **kleindeutsche Lösung** zugunsten letzterer weitgehend entschieden. Preußens Stellung als Großmacht in Mitteleuropa war erheblich gestärkt. **Österreich zog sich aus Deutschland zurück**, der Einfluss der Balkanvölker wurde für Österreich bestimmend. Die deutsche Einheit wurde nicht durch bürgerlichen nationalen Kampf gefördert, sondern durch den feudalistischen Kabinettskrieg, dem die liberale Nationalbewegung hilflos gegenüberstand. Der **Erfolg rechtfertigte Bismarcks Vorgehen** gegenüber dem preußischen Landtag, der einer nachträglichen Budgetbewilligung ✱ zustimmte (Indemnitätsvorlage ✱).

4.2 Das Deutsche Reich

Ursachen der Reichsgründung

Der norddeutsche Bund nimmt die **Organisation des späteren Kaiserreichs** in vielen Einzelheiten vorweg: Bundesrat der Fürsten, nicht dem Parlament verantwortliche Regierung und Reichstag mit begrenzten Befugnissen.

Neuordnung Norddeutschlands 1866 durch den Norddeutschen Bund
Die Grundzüge der Verfassung des Norddeutschen Bundes 1866:

- Der geistige Vater der Bundesverfassung ist Bismarck. Bundespräsident ist der jeweilige König von Preußen.
- Oberstes Organ ist der Bundesrat der Fürsten mit preußischem Vetorecht ✱ (17 von 43 Stimmen).
- Der Reichstag, der aus allgemeinen direkten und geheimen Wahlen hervorgeht, übt mit dem Bundesrat die Gesetzgebung aus. Dieses Parlament ist das Zugeständnis an die Liberalen.
- Der Bundeskanzler (Bismarck) ist dem Reichstag nicht verantwortlich und wird vom preußischen König ernannt.

Die Gründung des Norddeutschen Bundes bewirkte die **Hegemonie Preußens über die nicht** annektierten ✱ **deutschen Staaten** nördlich der Mainlinie und nahm wichtige Grundzüge der Reichsverfassung 1871 (→ S. 89 ff.) vorweg.

Die süddeutschen Klein- und Mittelstaaten

Wegen der territorialen Bedrohung durch Frankreich schließen sie geheime Schutz- und Trutzbündnisse mit Preußen ab. Der militärische Anschluss wird durch Anpassung der Heeresorganisationen an das preußische Modell gewährleistet, der wirtschaftliche Anschluss an den Norddeutschen Bund durch neue Zollvereinsverträge. Dadurch gerieten die Staaten in **ökonomische, politische und militärische Abhängigkeit von Preußen**. Gleichzeitig entstand Misstrauen großer süddeutscher Bevölkerungsteile gegenüber einem preußisch-protestantisch geführten Nationalstaat.

Die süddeutschen Staaten werden von Preußen abhängig.

Napoleon III. und Frankreich

NAPOLEON III. (1808–1873)

- Charles-Louis-Napoléon Bonaparte, seit 1852 Napoleon III.
- Neffe Napoleon Bonapartes, risikobereit und politisch begabt
- 1836 und 1840 Putschversuche gegen den absolutistischen französischen König; 1846 Flucht aus Festungshaft
- ab 1848 Präsident Frankreichs; nach Plebiszit 1851 Alleinherrscher durch Staatsstreich, 1852–1870 Kaiser
- stirbt 1873 im englischen Exil

Die Außenpolitik Napoleons III. war an den Traditionen des großen Onkels orientiert:

- Wiederherstellung der „Größe" und Ehre Frankreichs;
- Beendigung der politischen Isolation Frankreichs seit 1815;
- Erringung der Hegemonie Frankreichs in Europa.

Nach dem Bündnis mit England im Krimkrieg ❋ und dem gemeinsamen Sieg über Russland (1856) sowie den französisch-italienischen Siegen über Österreich in Oberitalien (1859) und der Erzwingung des Friedens mit Österreich, schien Paris wieder das Zentrum der europäischen Politik zu sein.

„Napoleon der Kleine"

(Volksmund)

Napoleon eiferte seinem Onkel nach. Erfolge in Italien schienen **Frankreichs Hegemonie in Europa** zu bestätigen.

Napoleon sah Preußen als Konkurrent.

Um die Hegemonialstellung ungefährdet zu halten, musste die französische Politik auf jeden Fall **die deutsche Einheit vermeiden**, denn aus der Sicht Frankreichs konnte die kleindeutsche Lösung nichts anderes darstellen als eine übermäßige Stärkung der Großmacht Preußens, das dann die hegemonialen Bestrebungen des westlichen Nachbarn kaum hinnehmen würde. Zu diesem Zweck schlug die französische Diplomatie zwei Wege ein: Zum einen unterstützte es die Unabhängigkeitsbestrebungen in den deutschen Mittel- und Kleinstaaten, zum anderen vermied es die weitere Schwächung Österreichs zum Zweck der Aufrechterhaltung des deutschen Dualismus.

In Deutschland und Frankreich wuchs die Überzeugung, dass ein **militärischer Konflikt beider Mächte** unausweichlich sei.

Ab 1860 war der Stern Napoleons im Sinken. Die außenpolitischen Niederlagen mehrten sich. Das politische Kraftzentrum des Festlandes hatte sich 1866 nach Berlin verschoben. Und das siegreiche Preußen zeigte keine Anstalten, Napoleon die für sein neutrales Verhalten im deutschen Krieg vage versprochenen Kompensationen am Rhein auch tatsächlich zu überlassen. Zugleich mit dem Verlust an Prestige nach außen erstarkte auch die innenpolitische Opposition. **Napoleon benötigte** zur Erhaltung seines Ansehens inner- und außerhalb Frankreichs **einen politischen Erfolg**.

Die Versuche Frankreichs, um keinen Preis eine Machtstärkung Preußens hinzunehmen, schuf **in Preußen und Deutschland** die **Überzeugung, dass die deutsche Einheit nur durch** einen militärischen **Sieg über** die **westliche Nachbarmacht** möglich werde. Auch in Frankreich wuchs die Überzeugung, die deutsche Einigung und die Vorherrschaft Preußens auf dem europäischen Festland, könne man auf Dauer nur mit Gewalt verhindern.

England verharrte in selbst gewählter **Isolation** und versuchte in Europa das Übergewicht irgendeiner Macht zu verhindern. Da Frankreich sehr stark zu sein schien, erschien die **Stärkung Preußens** als Gegengewicht akzeptabel.

England: „Balance of Power“ ❋

England verharrte seit 1815 in der „splendid isolation“. Dieses Prinzip der englischen Politik bedeutet, dass England nur dann in die europäische Politik eingriff, wenn es die Sicherheit der eigenen Machtstellung durch eine europäische, hegemoniale Festlandsmacht gefährdet sah. Der Fall der Bedrohung wurde dabei von englischer Seite darin gesehen, dass eine der vier kontinentalen Mächte, die sich nach 1815 im Machtgleichgewicht befanden, politisches Übergewicht zu erringen schien.

Eine deutsche Reichseinigung schien für England deshalb vordergründig nicht akzeptabel. Aufgrund der politischen Veränderungen seit 1850 in Europa schien eine **Stärkung Preußens zur Niederhaltung des** machtbewussten **französischen Kaisertums** jedoch **tragbar**. London verhielt sich also neutral, blieb aber gleichzeitig sehr misstrauisch, insbesondere wegen des eindrucksvollen preußischen Sieges über Österreich bei Königgrätz, der zeigte, wie stark Berlin schon ohne die anderen deutschen Staaten war.

Russland: „Wohlwollende Neutralität"

Russland verhielt sich traditionell freundlich gegenüber Preußen, ebenso wie Bismarcks Politik das Zarenreich rücksichtsvoll behandelte. Die brutale Niederschlagung des Polenaufstands⊛ durch Russland hatte außerdem Napoleon III., der sich als Beschützer und Befreier der unterdrückten Nationen aufspielte, in deutliche Distanz zum Zarenreich gebracht. Der Streit mit England um die Meerengenfrage⊛ (➤ S. 88 f.) schwelte noch und seit dem Krimkrieg bestand auch ein Gegensatz zu Österreich. Eine **Machtstärkung Preußens** als der einzigen befreundeten Großmacht **erschien** daher, trotz aller Bedenken, **vorteilhaft**.

Russland war traditionell preußenfreundlich, die **Stärkung Preußens** in Europa hielt man für vorteilhaft.

Österreich: Neutralität

Aufgrund der Niederlage 1866, des großzügigen Friedens und der Erkenntnis, dass die nationale Einigung Deutschlands zur Stabilisierung der eigenen Lage genutzt werden konnte, hielt sich Österreich vertragsgemäß zurück.

Österreich hielt sich vertragsgemäß **neutral**.

Der deutsch-französische Krieg 1870/71

Die spanische Thronkandidatur

Prinz Leopold von Hohenzollern-Sigmaringen aus der katholischen Linie des preußischen Königshauses der Hohenzollern in Süddeutschland hatte den spanischen Thron angeboten bekommen. Bismarck versuchte, die Situation zu nützen, um Frankreich bei seinem Annäherungsversuch an Österreich zu stören. Deshalb förderte er heimlich die Kandidatur, von der der preußische König keineswegs begeistert war. Dadurch entstand **in Frankreich** die **uralte Angst vor einer deutsch-spanischen Umklammerung** neu.

Die Frage der spanischen Thronkandidatur eines Hohenzollernprinzen brachte das **alte Trauma einer spanisch-deutschen Einklammerung** in Frankreich zur Erinnerung.

Die Reaktion in Frankreich war äußerst heftig. Die französische Regierung wiegelte die öffentliche Meinung in Frankreich gegen die Politik Preußens auf. Ziel der Propaganda war die Ablenkung von den eigenen inneren Schwierigkeiten sowie ein außenpolitischer Erfolg über Preußen. Der neue französische Außenminister Gramont erklärte, die Kandidatur gefährde das europäische Gleichgewicht und verletze die „Interessen und die Ehre" Frankreichs. Das preußische Argument, die Kandidatur des Süddeutschen gehe Preußen nichts an, wies die französische Regierung zurück. Daraufhin empfahl der preußische König der Sigmaringer Nebenlinie den Verzicht auf den spanischen Thron.

Mit dem Verzicht auf die spanische Kandidatur durch die katholischen Hohenzollern hatte **Preußen** eine **diplomatische Schlappe** erlitten.

Frankreich reagierte heftig, Preußen gab nach, eine **diplomatische Schlappe für Preußen**.

Die Emser Depesche⊛

Napoleon III. glaubte das Nachgeben auf preußischer Seite noch weiter treiben zu können. Obwohl die anderen Mächte schon zuvor das französische Verhalten als überzogen betrachtet hatten, forderte er von den Hohenzollern den **schriftlichen Verzicht auf die spanische Krone** für alle Zeit.

Mit der **Emser Depesche** ging Napoleon III. zu weit. In dieser forderte er von den Hohenzollern schriftlich den Verzicht auf die spanische Krone.

Preußen konnte eine weitere Schlappe nicht mehr hinnehmen. Napoleons Ansinnen wurde auch im Rest Europas nicht mehr verstanden. Bismarcks umformulierte Depesche beleidigte Napoleon und reizte ihn zur Kriegserklärung. **Bismarck hatte den Krieg vorbereitet**, war aber nicht Angreifer.

Eine Depesche ⊛ mit diesem Verlangen überreichte der französische Botschafter Graf Benedetti dem preußischen König, als dieser zur Kur in Bad Ems weilte. Dabei trat Benedetti in der Öffentlichkeit in einer Art auf, die als unhöflich und undiplomatisch empfunden werden konnte. Wilhelm I. zeigte sich zwar äußerst verärgert über das französische Verhalten und wies Benedetti ab, neigte aber trotzdem eher dazu nachzugeben. Er ließ Bismarck den Inhalt der Depesche und des Gesprächs mit dem französischen Botschafter telegrafieren.

Der Kanzler erkannte die Möglichkeit, die diplomatische Schlappe des Thronverzichts wieder wettzumachen. Gegen alle Anstandsregeln der Diplomatie veröffentlichte er die Depesche verkürzt und umformuliert. Dadurch wurde das französische Ansinnen im Tonfall verschärft und entstellt. Die französische Forderung erschien jetzt aller Welt als unzumutbar. **Napoleon** hatte eine **weitere außenpolitische Niederlage** erlitten.

Der Kriegsausbruch

Napoleon sah Ehre und Prestige Frankreichs verletzt und erklärte Preußen den Krieg. Das angegriffene Preußen hatte nun den Vorteil, in den Augen der Weltöffentlichkeit den gerechten Verteidigungskrieg führen zu können. Ob Bismarck mit der „Emser Depesche" den Krieg auslösen und Frankreich absichtlich als Angreifer hinstellen wollte, ist umstritten. Allerdings war der Krieg auf beiden Seiten schon lange erwartet und vorbereitet worden.

Die süddeutschen Staaten stellten sich auf die Seite Preußens, **Frankreich war isoliert**.

Napoleon III. hatte schon zuvor in den süddeutschen Staaten sondieren lassen, ob diese entsprechend ihrer Schutz- und Trutzbündnisse mit Preußen in den Krieg ziehen würden und hatte ausweichende Antworten erhalten. Aber die Hoffnung Frankreichs, die nicht zum Norddeutschen Bund gehörigen deutschen Staaten würden sich nicht an die Seite Preußens stellen, erwies sich als schwerer Irrtum. **Frankreich** stand **ohne alle Unterstützung anderer Mächte** einem einigen Deutschland gegenüber, das das Vorgehen Napoleons nicht weiter hinnehmen wollte. **Der Krieg wurde zum deutschen Nationalkrieg.**

Der preußisch-deutsche Sieg: Voraussetzungen und Verlauf

Einheitlichkeit der deutschen Truppen in Ausrüstung und Führung, zahlenmäßige und technische Überlegenheit und bessere Truppenführung garantierten den **sicheren preußisch-deutschen Sieg**.

1. Einheitliches deutsches Vorgehen

Gleichzeitig mit den Schutz- und Trutzverträgen von 1866 waren auch die Heeresverfassungen der süddeutschen Staaten an das preußische Vorbild angepasst worden, so dass die Führungsprinzipien und die Ausrüstung aller deutschen Gruppen weitgehend einheitlich waren. Durch die Übernahme der überlegenen preußischen Militärorganisation hatten die süddeutschen Truppen an Kampfstärke gewonnen und konnten ohne Reibungsverluste vom preußischen Generalstab ⊛ (Helmuth von Moltke) nach einheitlichen Grundsätzen geführt werden. Die militärischen Erfolge der süddeutschen Armee unter preußischer Leitung gaben den Süddeutschen das Gefühl der Gleichwertigkeit und förderten den Einheitswillen der Bevölkerung.

2. Militärische Überlegenheit

Die **deutschen Truppen** waren den Franzosen **von Anfang an** wegen folgender Faktoren **überlegen**:

- Durch das Hinzukommen der süddeutschen Kontingente entstand eine zahlenmäßige Überlegenheit an Menschen und Material.
- Die stärkere Industrialisierung Preußens begründete die Überlegenheit des Nachschubsystems (Eisenbahnen) und des Kriegsmaterials.
- Der preußische Generalstab unter Graf von Moltke hatte schon 1866 gegen Österreich mit Erfolg neue Strategien✻ erprobt, die jetzt in verbesserter Form zur Anwendung kamen und überlegene Truppenführung ermöglichten (Einkesselungs- und Umfassungsstrategie).

3. Der Kriegsverlauf

Infolge der **schnelleren Mobilmachung auf deutscher Seite** konnte der preußische Generalstab dem Gegner von Anfang an das eigene Handeln aufzwingen. Bei der Festung Sedan wurde eine der beiden französischen Armeen eingekreist und nach Kapitulation **Napoleon III.**, der sich bei dieser Armee befunden hatte, **gefangen genommen**. In Paris bildete sich eine neue republikanische „Regierung der nationalen Verteidigung". Ihre Versuche, mit Preußen Frieden zu schließen, scheiterten, weil Bismarck die Abtretung Elsass-Lothringens an Deutschland forderte. **Frankreich führte den Krieg weiter**. Erst jetzt kapitulierte die zweite französische Armee in der Festung Metz. Die deutschen Truppen begannen mit der **Belagerung von Paris**, das entschlossen verteidigt wurde. Zur Entlastung stellte die republikanische Regierung ein neues Volksheer auf, das in Frankreichs Provinzen mit Erfolg deutsche Truppen band. Bismarck wollte den Krieg möglichst schnell beenden, um die Einmischung anderer Mächte zu verhindern. Der **Kanzler** setzte sich gegen die Militärs durch und **schloss einen großzügigen Waffenstillstand**.

Napoleon wurde gefangen, die französischen Truppen bei Sedan und Metz geschlagen, Paris belagert. Frankreichs neue Republik verlegte den Krieg in die Provinzen.
Bismarck beendete den Krieg, bevor sich die anderen europäischen Mächte einmischen konnten.

4. Das Ergebnis

Die französische republikanische Regierung war im Ausland isoliert und musste die preußisch-deutschen Forderungen fast vollständig akzeptieren.

Der Friede von Frankfurt

Bismarck erzwang eine Kriegsentschädigung von fünf Mrd. Francs und die Abtretung Elsass-Lothringens unter Verzicht auf weitere Forderungen Moltkes (militärische Schwächung Frankreichs).

Frankreich zahlte Reparationen und verlor **Elsass-Lothringen** an Preußen-Deutschland.

Damit war Frankreich bis zur Rückeroberung des verlorenen Gebietes Feind.

Die Abtretung Elsass-Lothringens

Bismarck wusste, dass die Abtretung Elsass-Lothringens freundliche Beziehungen zu Frankreich unmöglich machte, zumal die Elsässer mehrheitlich Franzosen bleiben wollten. Bismarcks Gründe, trotzdem das Gebiet zu annektieren, waren:

- Angesichts der nationalistischen Stimmung in Deutschland erschien ein Verzicht auf die Eingliederung der deutschsprachigen Elsässer unmöglich.
- Die reichen lothringischen Bodenschätze waren für das industriell aufstrebende Preußen von großem Interesse.
- Die neue Grenze hatte einen, vor allem für militärische Zwecke günstigen Verlauf.
- Das neu gewonnene Terrain trennte die deutschen Südstaaten von französischem Einfluss. Deshalb verhinderte der Kanzler auch, dass die süddeutschen Staaten Annexionen ⊛ in Elsass-Lothringen verwirklichen konnten. Das Gebiet kam unter Reichsverwaltung.

Errichtung des Deutsches Reiches 1871

Das Vorgehen Bismarcks zur Vorbereitung

Bei der Errichtung des Deutschen Reiches spielten die Parteien und Parlamente sowie die öffentliche Meinung in Deutschland nur eine Nebenrolle. Bismarck war der allein Handelnde. Bismarck lehnte jeden Zwang gegenüber den süddeutschen Staaten ab. Seine Verhandlungsprinzipien waren:

- **Äußerste Konzessionsbereitschaft bei Sonderwünschen**;
- Unnachgiebigkeit in der Frage der Verfassungsstruktur des neuen Reiches auf der Grundlage der norddeutschen Bundesverfassung;
- getrennte Verhandlungen mit den einzelnen Staaten, um Widerstände leichter zu überwinden.

Bismarck einte Deutschland „von oben" über die preußische Diplomatie. Die süddeutschen Staaten erhielten großzügige Sonderrechte im neuen Reich. König Ludwig II. von Bayern trug auf Initiative Bismarcks dem preußischen König die Kaiserkrone an.

Dadurch gelang es Bismarck vor allem, das äußerst misstrauische Bayern zu isolieren und zum Nachgeben zu bewegen. Die süddeutschen Staaten behielten im neuen Reich eine große Zahl von Sonderrechten:

- Mitsprache bei der Heeresorganisation;
- Selbstverwaltung von Post und Bahn;
- Bayern bekam die Militärhoheit in Friedenszeiten und besondere außenpolitische Mitspracherechte.

Bis Ende November 1870 hatte Bismarck alle süddeutschen Staaten zu entsprechenden Verträgen mit dem Norddeutschen Bund gebracht. In diesen Verträgen wurde das neue Staatswesen als „Deutscher Bund" bezeichnet. Die bürgerlichen Liberalen im norddeutschen Reichstag wehrten sich gegen die süddeutschen Sonderklauseln ⊛, und Bismarck drohte bei der Abstimmung über die Ratifizierung ⊛ im Parlament eine Niederlage. Deshalb lenkte er die Diskussion in der Öffentlichkeit auf die Umbenennung des Bundes in „Deutsches Reich" und auf die Erneuerung des Kaisertums. Beides war das Ziel der nationalen Bewegung. Daher ließ Bismarck im Dezember einen Brief des bayerischen Königs Ludwig II. vor dem Norddeutschen Reichstag verlesen, in dem dieser dem preußischen König die Kaiserwürde antrug. Den Brief hatte Bismarck selbst entworfen.

Das Deutsche Reich 1871

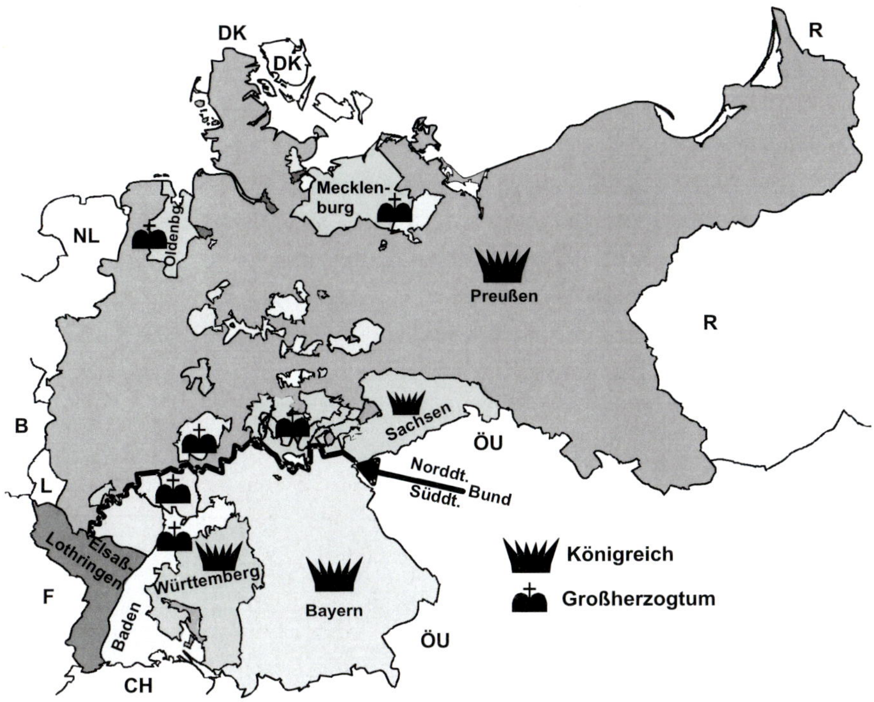

Die Proklamation des preußisch-deutschen Kaiserreiches

Am **18. Januar 1871** wurde im Spiegelsaal von Versailles das **Deutsche Kaiserreich** ausgerufen. Wilhelm I. hatte sich bis zuletzt geweigert, seinen verfassungsmäßigen Titel „Deutscher Kaiser“ zu akzeptieren, obwohl die Reichsverfassung schon am 1. Januar in Kraft getreten war. Deshalb rief ihn der Großherzog von Baden als „Seine Kaiserliche und Königliche Majestät, Kaiser Wilhelm I.“ aus. Der Charakter des neu gegründeten Staatswesens zeigte sich bei seiner Gründung deutlich:

- **Im Mittelpunkt stand Bismarck**, der das Reich sozusagen im Alleingang verwirklicht hatte.
- Die Huldigung des Kaisers durch die Landesfürsten zeigte, dass der neue Staat **aus dem Willen der deutschen Fürsten** als Souveräne entstanden war. Das deutsche Volk war kaum an der Konstitution seines Staatswesens beteiligt worden.
- Die Angst des neuen Kaisers um die Schmälerung seines preußischen Königstitels verdeutlichte den noch vorhandenen Geist des Partikularismus❋ in Deutschland und die Entschlossenheit **Preußens**, auf die **Vormachtstellung im Reich** nicht zu verzichten.
- Der **militärische Charakter** der Feier wies darauf hin, dass das Reich nicht zuletzt durch einen Sieg des preußischen Militarismus❋ entstanden war.

Am **18. Januar 1871** wurde das Reich im Spiegelsaal von Versailles in einer militärischen Feier ausgerufen.
Es war das Produkt Bismarcks und der deutschen Fürsten.

Trotz überwiegender nationaler Begeisterung gab es gegen das neue Reich bei vielen Deutschen **Misstrauen**, vor allem bei Katholiken und Liberalen.

Die Bewertung der Reichsgründung im Inland

Die patriotische Begeisterung über die Reichsgründung war überall groß. Die meisten Deutschen sahen mit großem Optimismus in die wirtschaftliche und politische Zukunft. Auch vielen, die eher partikularistisch gedacht hatten, musste der Sieg über den Erbfeind Frankreich als **Rechtfertigung der Führerschaft Preußens** in einem geeinten Deutschland erscheinen. Dennoch blieben oppositionelle Gruppen bestehen:

- Im katholischen Bayern misstrauten viele der Vorherrschaft des protestantischen Preußen.
- vor allem südwestdeutsche Liberale, hatten Bedenken wegen der autoritären, streng monarchischen Staatsauffassung Preußens.
- Norddeutsche Liberale hielten die Reichsverfassung angesichts der süddeutschen Sonderrechte für einen teilweisen Missgriff.

Die neue Hegemonialmacht in Europa erweckte im Ausland Misstrauen. Deshalb trieb Bismarck gegenüber dem Ausland **Beschwichtigungspolitik** und beendete eilig den Krieg gegen Frankreich.

Die Bewertung der Reichsgründung im Ausland

Die Schaffung der neuen Macht im Herzen Europas hatte das alte **europäische Gleichgewichtssystem** zerstört. Zum einen war der neue Staat bezüglich seiner großen Zahl homogener Bevölkerung und seiner Wirtschaftskraft jeder anderen Festlandsmacht überlegen, zum anderen hatte der eindrucksvolle Sieg über die vermeintlich beste Armee der Welt die enorme militärische Schlagkraft der jungen Großmacht belegt.

Das nationale Bürgertum im europäischen Ausland hatte für den deutschen Einigungswunsch grundsätzlich Verständnis, trotzdem entstand **Furcht vor einer preußisch-deutschen Hegemonie** ✻ in Europa.

Die Beschwichtigungspolitik Bismarcks

Seit Ausrufung der französischen Republik und Kenntnis der deutschen Gebietsansprüche gegen Frankreich änderte sich die internationale Meinung über den Konflikt in Mitteleuropa. Bismarck, der den Krieg nun schnell beenden wollte, weil er Sorge vor der Einmischung der anderen europäischen Mächte hatte, geriet mit der militärischen Führung (Moltke) in heftigen Gegensatz. Schließlich stellte sich der König auf die Seite des Staatsmannes. Bismarcks Politik richtete sich jetzt darauf, das Misstrauen der anderen Mächte gegenüber der Machtverschiebung in Europa aufzulösen:

Russland erwartete Zugeständnisse.

Bismarck betrieb die Annäherung zwischen Österreich und dem Zarenreich.

1873: Dreikaiser-Abkommen zwischen Preußen, Österreich und Russland.

- Russland war bis 1871 sicherer Rückhalt für die preußische Außenpolitik. Das Zarenreich erwartete allerdings für sein Stillhalten **Zugeständnisse in der Meerengenfrage** ✻, die Bismarck auch gab.
- Um von Russland nicht abhängig zu werden und Frankreich von Russland zu isolieren, betrieb der Kanzler die Annäherung Österreichs an Russland.
- **1873** gelang Bismarck das Bündnis zwischen dem Deutschen Reich, Österreich und Russland im **Drei-Kaiser-Abkommen.** Der Kanzler erreichte dies, weil Österreich sich aus seiner Isolation lösen wollte und es Bismarck

gelang, den anderen Mächten das Bündnis als eine Art Neuauflage der Heiligen Allianz❋, diesmal gegen den Sozialismus, schmackhaft zu machen.
- Ein Bündnis nur mit Österreich hatte Bismarck nicht vor, da dies Russland und das misstrauisch gewordene England auf Bündniskurs zu Frankreich hätte bringen können.
- Gegenüber England versuchte Bismarck so vorzugehen, dass er es durch den Konflikt mit Russland in der Meerengenfrage band.
- In kurzer Zeit wurde **von allen europäischen Mächten Bismarcks Erklärung akzeptiert, das Reich sei „saturiert"**, bedürfe keines Machtzuwachses mehr und wolle ihn auch gar nicht.

4.3 Die Reichsverfassung

Die wesentlichen Staatsorgane

Der Monarch
- Kaiser ist der König von Preußen, er übt die exekutive❋ Gewalt aus.
- **Außenpolitisch ist er alleiniger Souverän**❋, aber die Einzelstaaten haben das Recht, eigene Gesandtschaften ins Ausland zu entsenden.
- Er **benennt den Reichskanzler als Regierungschef**, der nur ihm allein verantwortlich ist.
- Er ist **Oberbefehlshaber des Reichsheeres**. Sein Kommando über Heer und Flotte entzieht sich der politischen Kontrolle durch Parlament und Regierung. Er kann, nur mit Zustimmung des Bundesrates, Kriegserklärungen aussprechen.
- Er ernennt und entlässt die Reichsbeamten.
- Als Inhaber des Präsidiums des Deutschen Bundes beruft er Bundesrat und Reichstag ein, eröffnet, vertagt, schließt die Sitzungen und löst den Reichstag mit Zustimmung des Bundesrates auf.
- **Der Kaiser ist nicht der eigentliche Souverän, sondern die Versammlung der Bundesfürsten.**

Der **Kaiser** ist der **preußische König**. Er ist nicht der Souverän, besitzt aber weitreichende exekutive Vollmachten in der Außen- und Militärpolitik. Er kann den Reichstag einberufen und auflösen, Sitzungen eröffnen, vertagen und schließen.

Die Regierung
- **Regierungschef** ist der vom Kaiser ernannte **Reichskanzler**. Der Reichskanzler ist allein dem Kaiser verantwortlich (Vertrauen).
- Der Reichskanzler ist in Personalunion❋ preußischer Ministerpräsident; ihm unterstehen die obersten Reichsbehörden, das Auswärtige Amt und das Reichskanzleramt.
- Die Reichsämter werden nicht von Ministern, sondern nur von Staatssekretären geführt (untergebene Beamte).

Der **Reichskanzler** ist nur dem Kaiser verantwortlich.

Der Bundesrat ist der **Souverän**. Er ist eine starke Institution mit **weitreichenden gesetzgeberischen Kompetenzen**.

Der Bundesrat

- **Im Bundesrat sitzen die Vertreter der 25 Souveräne des Reiches.** Sie verfügen über insgesamt 58 Stimmen, davon entfallen 17 auf **Preußen**, das damit über eine so genannte **Sperrminorität** verfügt.
- Der **Reichskanzler führt den Vorsitz** im Bundesrat.
- In Übereinstimmung mit der **Mehrheit des Reichstages** nimmt der **Bundesrat** die **Gesetzgebung** wahr.
- Der Bundesrat kontrolliert die Regierung über Ausschüsse.
- Verfassungsänderungen können mit 14 von 58 Stimmen verhindert werden.
- Bei Entschlüssen über Heer, Zoll und Flotte hat der **Kaiser Vetorecht**.
- Die vielfältigen und weit reichenden Kompetenzen machen den **Bundesrat** zu einer **starken Institution.**

Der Reichstag wird zwar frei, gleich, geheim und unmittelbar gewählt, hat aber **wenig Kompetenzen**.

Der Reichstag

- Der **Reichstag ist die Vertretung des deutschen Volkes.**
- Der Reichstag besteht aus 397 Abgeordneten, die erst auf drei, später auf fünf Jahre gewählt werden.
- Das Parlament wird nach dem **absoluten Mehrheitswahlrecht** von der männlichen Bevölkerung des Reiches über 25 Jahre **allgemein, frei, gleich, unmittelbar und geheim gewählt.**
- Der Reichstag hat **zusammen mit dem Bundesrat die Reichsgesetzgebung** inne, vor allem das **Budgetrecht** (Genehmigung des Reichshaushalts). Er besitzt kaum Kompetenzen gegenüber der Exekutive, kein wirksames Recht auf Gesetzesinitiative. Seine **Rechtsbefugnisse entsprechen einem suspensiven Vetorecht**.
- Der Reichskanzler ist dem Reichstag nicht verantwortlich.
- Daraus ergibt sich eine **schwache Stellung des Reichstages**.

Die **Länder** behalten viele Hoheitsrechte, Rechte und Sonderrechte.

Das Reich und die Einzelstaaten

- Das Reich ist ein föderalistischer Staat; **Souveräne sind die 22 Reichsfürsten und drei freien Reichsstädte**.
- Den Einzelstaaten bleiben viele Rechte: eigene Verfassungen, eigene Gesetzgebung, eigene Verwaltung, Kulturhoheit und Steuerhoheit.
- Das Reich bezieht seine Einnahmen aus dem Zoll und den indirekten Steuern sowie aus Matrikularbeiträgen der Einzelstaaten.

Bewertung der Reichsverfassung

Bismarck hatte die Reichsverfassung auf seine Person zugeschnitten. Das zeigte sich daran, dass die Reichsverfassung weitgehend der Verfassung des Norddeutschen Bundes entsprach, und Bismarck als preußischer Ministerpräsident, Vorsitzender des Bundesrats und **Reichskanzler, alle Schlüsselpositi-**

onen inne hatte. Die Sonderrechte der Bundesstaaten und das geringere Gewicht Preußens im Vergleich zum Norddeutschen Bund musste der Kanzler den deutschen Fürsten als Preis für die Einigung zugestehen.

Die **Verfassung** erwies sich als **vergleichsweise liberal**: Das allgemeine und gleiche Wahlrecht bei den Reichstagswahlen bedeutete einen enormen Fortschritt im Vergleich zu den seinerzeit üblichen Formen der Bestellung von Volksvertretern. Bismarck hatte 1867 auch für den Norddeutschen Bund das preußische Drei-Klassen-Wahlrecht vorgesehen, aber die Volksvertreter setzten die Tradition der Frankfurter Verfassung von 1849 durch. Bismarck gab nach, um der Bevölkerung in Deutschland die Zustimmung zum neuen Reich leichter zu machen. Um die vermögenden Schichten dennoch zu begünstigen, erhielten die **Abgeordneten für ihre Tätigkeiten keinerlei Entgelt. Ein Katalog der Grund- und Menschenrechte fehlt** im Gegensatz zur Frankfurter Verfassung, doch waren diese in den Verfassungen der Einzelstaaten, die ihre Gültigkeit behielten, enthalten. Der neue Staat war **nicht aus dem Willen des Volkes entstanden**, sondern auf Grund eines Bundesvertrages der 25 deutschen Souveräne. Demgemäß war in der Verfassung Selbstbestimmung und Machtkontrolle durch das Volk nicht sehr stark berücksichtigt. Das **Übergewicht lag bei der Exekutive**⊛, vor allem beim Bundesrat.

Die **Verfassung** war für ihre Zeit durchaus modern und liberal. Sie war auf Bismarcks Rolle als Reichskanzler zugeschnitten. Der Kaiser als Exekutive und der Bundesrat als Legislativorgan hatten Übergewicht.

Volkswille, Freiheits- und Menschenrechte waren Nebensache.

Das **Parlament** hatte außen- und militärpolitisch **kaum Befugnisse**. Dennoch musste sich der Kanzler gegen das Parlament durchsetzen, dessen Hauptwaffe das Budgetrecht war.

Der Kanzler, der die politische Leitung besaß, war nur dem Kaiser verantwortlich, und nur dieser konnte den Kanzler stürzen. Außenpolitische Verträge, wie Friedens- und Bündnisverträge ratifizierte⊛ der Kaiser, **das Parlament besaß keine außenpolitischen Kontrollrechte**. Das **Militär** war **völlig der politischen Aufsicht entzogen**. Gerade in diesem Übergewicht der Exekutive⊛ lag aber die Schwäche der Verfassung. Bismarck wusste, dass sich Wilhelm I. bei einer Vertrauenskrise hüten würde, ihn zu entlassen. Seine Nachfolger waren aber vom kaiserlichen Vertrauen abhängig. Das Militär, von der politischen Kontrolle getrennt, unterlag nur solange dem Primat⊛ der Politik, wie der kaiserliche Oberbefehlshaber mehr auf den Kanzler als auf die Generalität hörte. **Das System funktionierte nur** dann wie erwartet, **wenn der Kanzler den Kaiser stark beeinflussen und sich gegen Parlament und Militär durchsetzen konnte**.

Der Kanzler musste sich des Vertrauens des Kaisers sicher sein und sich gegen die Militärs durchsetzen, die nur vom Kaiser kontrolliert waren.

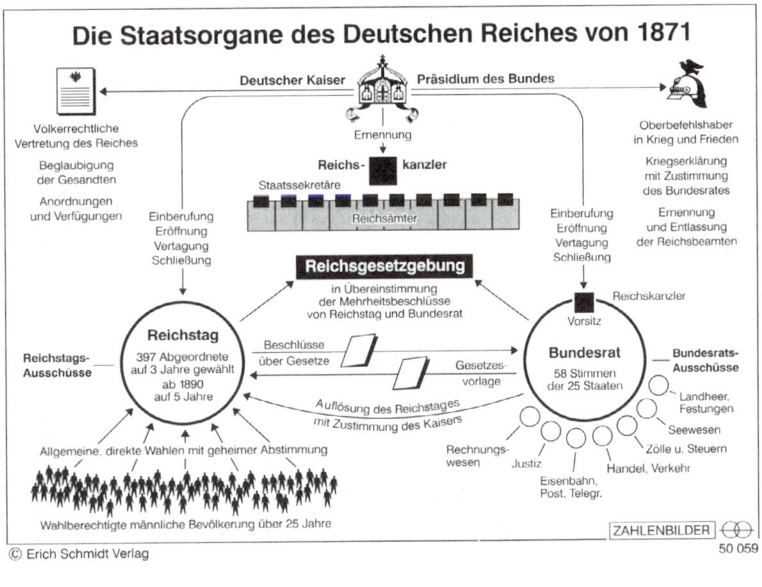

Die Parteien im Reichstag

Die **katholische Zentrumspartei** entstand als politisches Gegengewicht zum preußischen Protestantismus und Liberalismus, später auch gegen den Sozialismus. Sie war gemäßigt konservativ, betrieb aber bewusst Sozialpolitik.

Das Zentrum (Deutsche Zentrumspartei)

Vorläuferin der Zentrumspartei war die katholische Fraktion von 1852 im preußischen Landtag und der Paulskirche von 1848. Die Partei entstand **im Zeichen der Reichsgründung (Dezember 1870)** im preußischen Landtag als Zusammenschluss der katholischen Abgeordneten. Ihr Führer war der ehemalige hannoversche Justizminister Ludwig Windhorst. 1890 verfügte sie über 26,7% Mandatsanteile im Reichstag. **Mitglieder und Wähler waren** Katholiken aus allen Bevölkerungsschichten.

Politische Ziele:

- Das Zentrum verfocht eine „mittlere“ politische Linie;
- es vertrat die Interessen der katholischen Bevölkerungsminorität;
- es war das Sammelbecken des politischen Katholizismus gegen Liberalismus und Sozialismus;
- es sprach sich für staatliche Eingriffe zur Lösung der sozialen Frage (christliche Sozialpolitik) aus;
- im Kulturkampf bis 1879 war es Bismarcks stärkster Gegner.

Die **Freikonservative Partei** war eine monarchistisch-konservative preußisch-protestantische Adels-, Militär- und Beamtenpartei.

Die Freikonservative Partei (Deutsche Reichspartei ab 1871)

Gegründet 1867 als konservative Reaktion auf die Überlegenheit der Liberalen im preußischen Reichstag. Mitglieder und Wähler waren Evangelische Geistliche, Offiziere, Beamte, Grundbesitzeradel und reiche Bauern Preußens.

Politische Ziele:

- Wahrung der kulturpolitischen Interessen des preußischen Protestantismus und der wirtschaftlichen Interessen der ostelbischen Agrarier;
- sie sprach sich eindeutig gegen Konstitutionalismus und die Teilung der Gewalten aus;
- sie unterstützte Bismarck ohne Vorbehalt;
- ihre Anhänger waren überzeugte preußische Monarchisten;
- bezüglich der Lösung der sozialen Frage vertrat sie ein typisch christlich-patriarchalisches❋ Denken.

Die **Konservative Partei** war eine Partei von reichen altpreußischen Adeligen und Bürgern, die im Reich preußische Interessen gegen nationale deutsche Interessen vertreten wollte.

Die Konservative Partei (Deutsch-Konservative Partei seit 1876)

1861 Gründung des „Preußischen Volksvereins“ als Gegengewicht zu den Liberalen. 1867 Trennung von den Freikonservativen wegen Ablehnung der Reichspolitik Bismarcks. Mitglieder und Wähler waren Adelige Großgrundbesitzer und Großbürgertum aus dem Osten.

Politische Ziele:

- Wie die Freikonservativen, aber mit partikularistischer❋ Tendenz; Misstrauen gegenüber der nationalen Einigung Deutschlands (preußische Monarchisten);
- Misstrauen gegenüber der Politik Bismarcks.

Die Deutsche Fortschrittspartei

Gründungsgeschichte: 1861 in Preußen gegründet durch Berliner Linksliberale. **Mitglieder und Wähler kamen aus** Besitz- und Bildungsbürgertum.

Politische Ziele:

- Einigung Deutschlands durch Preußen;
- Verfassung, parlamentarische Kontrolle der Regierung;
- allgemeines, gleiches, direktes und geheimes Wahlrecht;
- gegen staatliche Eingriffe in die Wirtschaft;
- Gegner der Politik Bismarcks.

Die **Fortschrittspartei** war eine klassisch liberale Partei des Besitz- und Bildungsbürgertums.

Nationalliberale Partei

1866 spaltet sich der rechte Flügel der Deutschen Fortschrittspartei von der Mutterfraktion ab und macht sich als **„Nationalliberale Partei"** selbstständig. Mitglieder und Wähler waren Bankiers, Industrielle und protestantisches Bildungsbürgertum.

Politische Ziele:

- Nationale Einigung;
- verfasster Rechtsstaat;
- wirtschaftliche Freiheit; die Nationalliberalen lehnen deshalb jeden staatlichen Eingriff in die Wirtschaft ab;
- keine Sozialpolitik;
- Unterstützung Bismarcks bis 1879, dann Spaltung, Vereinigung des linken Flügels mit der Fortschrittspartei zur „Deutschen Freisinnigen Partei".

Die **Nationalliberalen** vertraten nationalistische und marktfreiheitliche Ziele.

Die sozialistische Arbeiterpartei Deutschlands

Vorläufer der sozialistischen Arbeiterpartei waren die von August Bebel und Wilhelm Liebknecht 1869 gegründete „Sozialdemokratische Arbeiterpartei Deutschlands" und der „Allgemeine deutsche Arbeiterverein", den Ferdinand Lassalle 1863 gegründet hatte. Beide vereinigten sich **1875 zur „Sozialistischen Arbeiterpartei Deutschlands (SAP)"**. Mitglieder und Wähler waren meist Arbeiter; nur vereinzelt Bildungsbürger.

Politische Ziele:

- In der SAP fanden sowohl Marxisten als auch Lassalleaner ihre politische Heimat. Im Verlauf der Sozialistenverfolgung durch Bismarck wurde die Partei zunehmend marxistisch (Überführung des kapitalistischen Privateigentums an Produktionsmitteln in gesellschaftliches Eigentum);
- Kampf gegen alle anderen politischen Richtungen;
- Forderungen: Sozialismus, Demokratie, Republik;
- die Revolutionsbereitschaft in der SAP war nur gering entwickelt;
- die nationale Einigung Deutschlands wurde trotz des sozialistischen Internationalismus begrüßt;
- Ablehnung der Politik Bismarcks.

Die **Sozialistische Arbeiterpartei** wurde zunehmend marxistisch. Sie war national, republikanisch und demokratisch in der Zielsetzung.

4.4 Die Innenpolitik Bismarcks

Das Prinzip des Pragmatismus

Bismarcks prinzipienloser Pragmatismus versuchte Parteien gegeneinander auszuspielen und zu spalten. Mitbeteiligung des Volkes an der Politik lehnte er ab.

Wie in der Außenpolitik ließ sich der neue Kanzler auch in der Innenpolitik soweit wie möglich vom Prinzip des „laissez faire" leiten. Das heißt, Bismarck legte sich nach Möglichkeit innerhalb der deutschen Parteienlandschaft nicht fest, sondern versuchte, eine **Politik der freien Hand** mit wechselnden Partnern und Koalitionen zu betreiben. Ein Unterschied indes bestand: Während sein außenpolitisches Konzept keine ideologischen Fixierungen akzeptierte, hatte er sich im innenpolitischen Bereich ideologisch doch sehr festgelegt.

Als Monarchist lehnte der Kanzler die Mitbeteiligung und Mitverantwortung des Volkes an der Regierung ab. Das bewies auch der Zuschnitt der Verfassung auf seine starke Persönlichkeit und seine autoritären Überzeugungen. Man hat seiner Regierung deshalb häufig vorgeworfen, sie vertrete einen, wenn auch getarnten, Absolutismus. **Im Reichstag spielte der Kanzler die Parteien gegeneinander aus**, um seine eigenen politischen Ziele durchzusetzen.

Der Kulturkampf

Der Kulturkampf: Um den aufgeklärten Liberalismus zu bekämpfen, beschloss die katholische Kirche 1870 das **Dogma der Unfehlbarkeit des Papstes in Glaubensfragen**. Dies empörte die Liberalen und provozierte auch Bismarck, weil das Dogma auch in staatliche Bereiche der Gesetzgebung eingreifen konnte.

Die Ursachen

Die katholische Kirche hatte den Kampf gegen den aufgeklärten Liberalismus weitgehend verloren. Ab der Mitte des 19. Jahrhunderts begann der Vatikan deshalb bedeutende **kirchliche Reformen** mit dem Ziel, die religiösen Kräfte in der **Auseinandersetzung mit liberalen und revolutionären Gedanken** zu stärken. Das Vatikanische Konzil vollendete diese Reform 1870 mit der Festlegung des **Dogmas von der Unfehlbarkeit des Papstes** in Glaubensfragen. Das Dogma war auch in der katholischen Kirche umstritten, weil der Beschluss des Konzils ein hierarchisches System mit dem Papst an der Spitze schuf, das für viele einen antiquierten absolutistischen Charakter aufwies.

Darüber hinaus konnte der Eindruck entstehen, der Vatikan habe sich die Möglichkeit geschaffen, in die Innenpolitik anderer Staaten einzugreifen, da nach der katholischen Auffassung vom Verhältnis zwischen Kirche und Staat die Kirche dem Staat nicht politisch, aber in Fragen der Ethik und Moral übergeordnet war. Der Papst war zwar nur in Glaubensfragen unfehlbar, aber wenn diese sittliche Normen betrafen, war nicht auszuschließen, dass sein Wort vor allem im Bereich von Ehe, Familie und Schule mit dem Hoheitsrecht des Staates kollidierte.

Die Reaktion auf das Dogma und die mit ihm verbundene Ablehnung des Liberalismus war bei Liberalen und Protestanten in ganz Europa sehr heftig:

- Die Liberalen erblickten darin eine Herausforderung des Nationalstaats und der modernen Geisteskultur.

- Die Protestanten sahen eine neue aggressive Haltung der katholischen Kirche heraufziehen.

Bismarck selbst hatte versucht, sich in der Auseinandersetzung neutral zu verhalten. Als aber die katholische Opposition gegen das Unfehlbarkeitsdogma sich in der Altkatholischen Kirche von der Mutterkirche abspaltete, sah Bismarck die Gelegenheit einzugreifen, denn die katholischen Kirchenbehörden entzogen den abtrünnigen Geistlichen die kirchliche Lehrerlaubnis. Soweit diese Geistlichen gleichzeitig Staatsdiener waren forderte die Kirche auch die Entfernung aus dem Staatsamt. Dies wurde in Preußen aber von der Regierung verweigert, da Bismarck darin einen unzulässigen Eingriff in die preußischen Hoheitsrechte sah.

Bismarck betrachtete den politischen **Katholizismus als reichsfeindlich**. Außerdem misstraute er dem polnisch-national orientierten Katholizismus in den Ostprovinzen. Es ging ihm beim Kulturkampf um die **Disziplinierung des Katholizismus**. Bismarck wollte die **Trennung von Kirche und Staat**.

In dem nun anhebenden Streit wollte Bismarck die **katholische Kirche nicht vernichten, sondern sie dem Staat unterordnen**, denn er war ein strikter Befürworter der Trennung von Kirche und Staat aus mehreren Gründen:

- Zum einen aus persönlicher Einsicht, da er als Pietist die Verbindung von Kirche und Staat ablehnte.
- Zum anderen betrachtete der Kanzler den Vatikan als auswärtige Macht, die gehindert werden musste, einen großen Teil der Untertanen des neuen deutschen Reiches zu beherrschen.
- Während im alten Preußen die Katholiken als Minderheit großzügig geduldet werden konnten, war im jungen Reich der Katholizismus ein nicht zu unterschätzender Machtfaktor, der die neu gewonnene Einheit nicht gefährden durfte.
- Der Katholizismus im Reich hatte sich 1870 durch Gründung der Zentrumspartei politisch organisiert, mit dem Ziel der katholischen Minderheit im Reich politische Geltung zu verschaffen. Bismarck betrachtete die Partei als einheits- und reichsfeindlich.
- Da das Zentrum mit dem polnischen Katholizismus, dessen ablehnende Haltung zum Reich keinem Zweifel unterlag, in Preußen zusammenarbeitete, fürchtete Bismarck, das Zentrum könne außenpolitisch schaden, indem es die Autorität des Reiches untergraben würde.

Der Verlauf

Der Kulturkampf fand nicht im ganzen Reich statt, sondern nur in einigen Ländern des Reiches.

Der Kulturkampf wurde nicht im Reich, sondern in einigen Einzelstaaten ausgefochten, da die entsprechenden Gesetzgebungsbereiche meist der einzelstaatlichen Gesetzlichkeit unterlagen. Einzelne Regelungen wurden aber in die Reichsgesetzgebung aufgenommen.

- Der Kulturkampf begann 1871 in Preußen mit der Aufhebung der katholischen Abteilung im preußischen Kultusministerium. Diese wurde mit der evangelischen Abteilung zusammengelegt.
- 1872 folgte das Schulaufsichtsgesetz, das alle privaten und kirchlichen Schulen in Preußen der staatlichen Schulaufsicht unterstellte.

- Der so genannte „Kanzelparagraph“, als Reichsgesetz, verbot den Geistlichen, staatliche Angelegenheiten im Amt in friedensgefährdender Weise zu behandeln. Damit war den Geistlichen die Gegenwehr von der Kanzel erschwert.
- Das „Jesuitengesetz“ verbot dem aktivsten und gefürchtetsten katholischen Orden alle Niederlassungen in Deutschland. Wie der „Kanzelparagraph“ war auch dieses Gesetz als Reichsgesetz auf bayerische Initiative hin verabschiedet worden.
- 1873 erfolgten, wiederum als Reichsgesetze, die so genannten „Maigesetze“. Sie machten die Übernahme eines geistlichen Amtes von einem deutschen Kulturexamen abhängig und beschränkten die Disziplinargewalt der Kirche auf deutsche Kirchenbehörden.
- In Erweiterung der Maigesetze wurde die Zivilehe in Deutschland obligatorisch eingeführt und die Beurkundung des Personenstandes den neu gegründeten Standesämtern übertragen.
- 1874 folgte eine spezielle Strafgesetzgebung für kirchliche Oppositionelle, sowie das „Expatriierungsgesetz“, das die Ausweisung Geistlicher aus den Reichsländern ermöglichte.
- Den Höhepunkt erreichte die Gesetzgebung mit dem „Brotkorbgesetz“, das der katholischen Kirche alle staatlichen Geldmittel sperrte, und dem „Klostergesetz“, das alle Orden außer Krankenpflegeorden in Preußen verbot (1875).

Zur **Trennung von Staat und Kirche** wurden zwischen 1871 und 1874 einige **Gesetze** erlassen (z. B. Schulaufsichtsgesetz, Zivilehe, „Brotkorbgesetz“ als Sperrung aller staatlichen Mittel).

Bis 1876 waren in Preußen alle katholischen Bischöfe verhaftet.

Dennoch erfuhr Bismarck eine Niederlage, da die Verfolgung der katholischen Kirche das **Zentrum** stärkte und Bismarck auf einmal das Zentrum als Mehrheitsbeschaffer im Reichstag gegen die Liberalen brauchte.

Auch im Ausland brachte die Katholikenverfolgung kein Ansehen. Dennoch blieb das Verhältnis der Katholiken zur preußisch-deutschen Reichsregierung zwiespältig.

Ergebnisse und Auswirkungen

- Bis 1876 waren in Preußen alle katholischen Bischöfe verhaftet oder ausgewiesen, ein Viertel der Pfarrstellen blieb vakant.
- Der Papst hatte 1875 alle Kulturkampfgesetze für ungültig erklärt und diejenigen, die die Gesetze befolgten, mit dem Kirchenbann bedroht.
- Im Ausland hatte der Kulturkampf bei Protestanten und Liberalen anfänglich Verständnis gefunden; die repressiven Methoden Bismarcks wurden jedoch bald abgelehnt.
- In Polen wurde die katholisch-nationale Bewegung in der Gegenwehr erst recht gestärkt und griff auf schlesische Gebiete über.
- Im Reich schlossen sich die Katholiken zusammen. Bismarcks Gesetze wurden zur besten Propaganda für den politischen Katholizismus. Bei den Wahlen 1873 in Preußen und 1874 im Reich verdoppelte das Zentrum die Zahl seiner Mandate. Darüber hinaus festigte der Katholizismus seinen Zusammenhalt durch die Gründung zahlreicher Vereine und Zeitungen.

Der Kulturkampf, den Bismarck zusammen mit den Liberalen im Reichstag geführt hatte, **endete in einer schweren Niederlage**. Seit 1876 begann Bismarck in der Auseinandersetzung einzulenken, da sich die innenpolitische Situation änderte. Bismarck brauchte die Zentrumsstimmen gegen die Liberalen im Reichstag ab 1880. Obwohl die Kulturkampfgesetze allmählich abgebaut wurden, **blieb zwischen der neuen, protestantisch-preußischen Reichsregierung und dem Katholizismus ein Riss.**

Die Sozialistengesetze

Die Ursachen

Der stürmische Fortschritt der Industrialisierung ließ in Deutschland eine Arbeiterklasse entstehen. Mit dem Ende der Revolution 1849 hatte sich das deutsche Bürgertum mit Unterstützung des Staates in den staatlich freigelassenen wirtschaftlichen Bereich zurückgezogen und dort seine Energien gebunden. Dies war der Beginn der Industrialisierung in Deutschland, vor allem in Preußen und Sachsen. Die Industrialisierung vermochte einen Teil der Probleme, die das starke Bevölkerungswachstum und die Landflucht in der zweiten Hälfte des 19. Jahrhunderts in Deutschland mit sich brachten, zu absorbieren. Dabei entstand aber eine ständig wachsende Gruppe von lohnabhängigen und schlecht entlohnten Arbeitern.

Der stetig wachsende Zulauf der ausgebeuteten Arbeiterschaft zur Sozialdemokratie, deren antimonarchisch-atheistische Einstellung und die revolutionäre Tendenz der marxistischen Sozialisten gegen Adel und Großbürgertum provozierten **Bismarck** zum **Kampf gegen die Sozialisten**.

Mit den neuen liberalen Strömungen ab 1860 verstärkte sich auch die sozialistische Agitation. 1863 gründet Ferdinand Lassalle den „Allgemeinen Deutschen Arbeiterverein". 1875 gelang in Gotha die Vereinigung der „Lassalleaner" mit den Marxisten um Wilhelm Liebknecht und August Bebel. Liebknecht und Bebel hatten 1869 in Eisenach die Sozialdemokratische Arbeiterpartei Deutschlands gegründet.

Die neue Sozialdemokratie stand im Gegensatz zu allen anderen politischen Strömungen:

- zu den Liberalen wegen der Eigentumsfrage;
- zu den Konservativen Monarchisten wegen ihrer demokratisch-republikanischen und revolutionären Orientierung;
- zu den Nationalen wegen des proletarischen Internationalismus;
- zu den religiösen Parteien wie dem Zentrum wegen der Religionsfeindlichkeit des Marxismus.

Gleichzeitig begann die **Gründung von Gewerkschaften** und die 1873 einsetzende Wirtschaftskrise verstärkte den **Zulauf zur Sozialdemokratie**.

Der Anlass für die Gesetzgebung

Bismarck hatte durchaus Verständnis für die schwierige soziale Lage der Arbeiter. Aber eine internationalistische, republikanische und atheistische Partei konnte der Einiger der Nation, Pietist und treue Diener seines Monarchen nicht akzeptieren. Insbesondere die **revolutionären Bestrebungen innerhalb der Sozialdemokratie fürchtete der Kanzler**. Als die Sozialisten in der Reichstagswahl **1877** zwölf Sitze errangen, beschloss Bismarck, die Sozialdemokratische Partei **durch Sondergesetze** zu **unterdrücken**. Den **Anlass** lieferten **zwei**

Attentate auf den Kaiser im Mai und Juni **1878**. Bismarck nutzte die aufgebrachte Stimmung in der Öffentlichkeit, um mit Mehrheit des Reichstages ein „Gesetz gegen die gemeingefährlichen Bestrebungen der Sozialdemokratie" zu verabschieden, obwohl zwischen den Attentätern und der Sozialdemokratie keinerlei Zusammenhang bestand.

Die Inhalte der Sozialistengesetzgebung

- Verbot aller sozialdemokratischen, kommunistischen oder sozialistischen Vereine und Versammlungen;
- Verbot aller sozialistischen Druckschriften;
- Ausweisungsmöglichkeit sozialistischer Agitatoren aus Kreisen und Bezirken durch die Polizei;
- Möglichkeit der Ausrufung des Belagerungszustandes durch die Bundesstaaten in „gefährdeten Bezirken";
- die Gesetzgebung musste alle zweieinhalb Jahre bestätigt werden.

Vereinsverbot, Ausweisung und Presseverbot halfen nichts, da die Partei vom Ausland aus agierte.

Wie im Kulturkampf stärkte die Verfolgung auch die Sozialisten im Reichstag. Die **Mandate der Sozialisten verdreifachten sich**.

Das unversöhnliche Verhältnis Bismarcks zu den Sozialisten war u.a. Grund für seine Entlassung im Jahre 1890.

Die Ergebnisse und Auswirkungen

Da das Gesetz die Wahl sozialdemokratischer Abgeordneter nicht verbieten konnte, **durften im Reichstag sozialistische Abgeordnete politisch weiterarbeiten**.

Um dem Versammlungsverbot zu entgehen, wich die Partei ins Ausland (Schweiz) aus, ebenso wurden die sozialistischen Druckerzeugnisse aus dem Ausland ins Reich geschmuggelt. Durch die Gründung von Arbeitersportvereinen, Arbeitergesangvereinen und von Hilfskassen konnte die Organisation der Arbeiter aufrecht erhalten werden.

Von 1877 **bis zur Aufhebung der Gesetzgebung 1890 konnte die Sozialdemokratie** trotz aller Verfolgung **ihren Stimmenanteil im Reichstag verdreifachen**.

Bismarck hatte sich durch die Verfolgung der Sozialisten bei etlichen Deutschen auch außerhalb der Arbeiterbewegung unbeliebt gemacht. Der Verstoß gegen das Grundrecht auf Meinungsfreiheit wurde auch den Nationalliberalen, die für das Gesetz im Reichstag gestimmt hatten, verübelt.

Stimmenzuwachs der SPD 1871–1912

Die Wahl erfolgte nach absolutem Mehrheitswahlrecht: Erreichte ein Kandidat im ersten Wahlgang nicht die absolute Mehrheit, so fand zwischen den beiden Kandidaten mit den meisten Stimmen eine Stichwahl statt. Infolge dieses Wahlsystems entsprach die Zahl der Stimmen, die eine Partei erhielt, nicht der Zahl ihrer Abgeordneten. Das zeigt z.B. das Ergebnis der Reichstagswahl von 1898: Bei einer Bevölkerung von 52,2 Mio. gab es 11,4 Mio. Wahlberechtigte (Männer über 25 Jahren), von denen sich 7,7 Mio. an der Wahl beteiligten. Die drei stärksten Parteien waren

Sozialdemokraten:	2,107 Mio. Stimmen	156 Abgeordnete
Zentrum:	1,455 Mio. Stimmen	102 Abgeordnete
Deutsch-Konservative:	0,859 Mio. Stimmen	156 Abgeordnete

Bismarcks Auseinandersetzung mit den Liberalen

Ein Jahr, nachdem Bismarck noch mit Hilfe der Nationalliberalen im Reichstag das **Sozialistengesetz verabschiedet** hatte, **kam es mit den Liberalen zum Bruch.**

Die Ursachen

- In der von Bismarck durchgesetzten Zoll- und Finanzreform, die den Übergang des Reiches vom Freihandel zum Protektionismus in der Wirtschaft bedeutete, sahen die meisten Nationalliberalen einen Angriff auf die wirtschaftliche Freiheit.
- Die Liberalen sahen ein, dass Bismarck den Reichstag nur so lange anerkannte, als dieser ihm zustimmte, und dass der Kanzler alles tun würde, um den Einfluss des Parlaments zu mindern.
- Die engen Beziehungen zwischen den Liberalen und dem Thronfolger Friedrich Wilhelm, der seit jeher Bismarcks Politik ablehnte, führten bei Bismarck dazu, sich von den Liberalen abzuwenden. Der Kanzler suchte nach einer neuen Parteienmehrheit im Reichstag, die ihn im Falle eines Thronwechsels vor dem Sturz durch das Bündnis zwischen dem neuen Kaiser und den Liberalen schützen könnte.
- Bismarcks geplante staatliche Sozialpolitik widersprach den liberalen Vorstellungen von wirtschaftlichem und sozialem Individualismus.

Bismarcks autoritäres, monarchistisches Politikverständnis, sowohl im wirtschaftlichen als auch im parlamentarisch-politischen Bereich, ließ ihn auch mit den Liberalen zusammenstoßen.

Die Folgen

Die **nationalliberale Fraktion** im Reichstag **spaltete sich** über den Streit um die Schutzzollfrage. **Zentrum und Linksliberale wurden** neben den Konservativen die **stärksten Gruppierungen. Bismarck war** seither **auf sie angewiesen**, um im Reichstag Mehrheiten zu erreichen. Die Konservativen, auf die er sich verlassen konnte, besaßen keine Mehrheit im Parlament.

Bismarck hatte so lange die Gesellschaft gespalten, bis es im Reichstag **keine konservative Mehrheit** mehr gab, auf die er eigentlich angewiesen war.

Die Sozialgesetzgebung

Ursachen

Bismarcks Sozialpolitik beabsichtigte vor allem, **die Arbeiter der Sozialdemokratie zu entfremden.** Die schlechte wirtschaftliche Lage der Arbeiter hatte in allen politischen Richtungen zu Diskussionen und Überlegungen geführt:

Bismarck wollte mit der **Sozialgesetzgebung**

1. die Arbeiter von der Sozialdemokratie entfremden,
2. dem sozial orientierten Zentrum Zugeständnisse machen,
3. der akademischen Oberschicht entgegenkommen, die auch staatliche Sozialpolitik forderte.

- Die Liberalen meinten, die Wurzel des Arbeiterelends liege in dem geringen Maß an Freiheit zur Selbsthilfe. Staatliche Wohlfahrtspolitik lehnten sie als Wende zur staatlichen Allmacht ab.
- Bei den Konservativen waren nur einige Außenseiter Anhänger staatlicher Sozialpolitik.
- Das Zentrum vertrat das Eingreifen des Staates für die Arbeiterschaft aufgrund der neu entwickelten katholischen Soziallehre.
- Die akademische Oberschicht in Deutschland war durch die deutsche Nationalökonomie an den Universitäten beeinflusst, die eine staatliche Sozialpolitik verlangte.

Bismarck installierte bis 1889 Kranken-, Unfall- und Altersrentenversicherung.

Die Inhalte

Bismarcks Sozialpolitik war kein geschlossenes Sozialprogramm. Ihre Richtung wurde von den jeweiligen innenpolitischen Verhältnissen bestimmt, wie ein Blick auf ihre Chronologie beweist:

1881: Ankündigung der Einführung der Sozialversicherung im Reichstag
1883: Krankenversicherung für Arbeiter, die 1/3 von den Arbeitgebern und 2/3 von den Arbeitnehmern zu zahlen ist
1884: Unfallversicherung mit gleichem Zahlungsmodus
1889: Alters- und Invaliditätsversicherung, bei der das Reich selbst finanzielle Zuschüsse leistet

Man darf diese Sozialversicherungen aber nicht überschätzen. Die Altersrente beispielsweise wurde erst ab dem 70. Lebensjahr gezahlt, 1890 betrug die durchschnittliche Lebenserwartung in Deutschland kaum 50 Jahre. Außerdem war die Rente so gering, dass sie nur ein Zubrot zur Altersversorgung war, die zumeist die Kinder übernahmen.

4.5 Der Sturz Bismarcks – ein Blick auf seine Politik

Bismarcks Entlassung

Wilhelm II. entließ Bismarck, weil er glaubte das Reich mit der Arbeiterklasse versöhnen zu können und weil er wusste, dass Bismarck dem Kaiser keinen Spielraum zur eigenen Gestaltung von Politik zugestand.

1888 kam Wilhelm II. S. 115 im Alter von 29 Jahren auf den Kaiserthron. **Wilhelm II. wollte selbst in die Politik eingreifen**, was seine Vorgänger, die Bismarck „machen“ ließen, kaum getan hatten. Bismarck aber dachte nicht daran, dem Streben des jungen Monarchen nach „persönlichem Regiment“ Raum zu geben. Als der Reichstag die Verlängerung des Sozialistengesetzes ablehnte (1890) und Bismarck trotz Neuwahlen keine tragfähige Mehrheit im Parlament besaß, erhielt der Kaiser den gewünschten Anlass, Bismarck gehen zu lassen.

Beurteilung der Innen- und Außenpolitik Bismarcks

Bismarcks Innenpolitik schuf eher neue Gegensätze, als dass sie das Reich einte. Bis 1918 waren viele Liberale, Arbeiter und Katholiken, die seiner autoritären Pressionspolitik zum Opfer gefallen waren oder sich als Opfer fühlten, dem Reich entfremdet. Häufig wurde, was den Stil seiner Regierung betraf, von einer **Kanzlerdiktatur** gesprochen

Mit der Reichsgründung hatte sich das Mächteverhältnis in Europa entscheidend verändert. Der Sieg über Frankreich hatte das junge Reich zur stärksten militärischen Landmacht Europas gemacht. Bismarck musste jetzt das Deutsche Reich in das politische System Europas einbinden.

Die geopolitische Lage des neuen Reiches in Europa (Mittellage) bedingte zusammen mit der „halbhegemonialen" Stellung des Kaiserreiches die Gefahr, dass sich die umliegenden Großmächte zu einem Einkreisungsbündnis finden könnten. Dies umso mehr, als Frankreichs Revanchepolitik darauf abzielte, diese Situation herbeizuführen. Bismarcks Politik war deshalb vorrangig darauf aus, **Bündnisse zwischen den anderen Großmächten**, auch wenn sie sich gar nicht gegen das Reich richteten, **nach Möglichkeit zu verhindern; es sei denn, Bismarck konnte auf das Bündnis Einfluss nehmen**.

Der Kanzler ging dabei von folgenden Grundsätzen aus:

- Der politische Dauerfeind Frankreich musste politisch isoliert sein und durfte für keine Macht Bündnispartner werden.
- Die Teilhabe des Deutschen Reiches an allen Bündnissen in Europa musste sichergestellt werden.
- Das Deutsche Reich sollte die Konflikte der anderen Mächte fördern.
- Damit aus diesen Konflikten kein Krieg entstehen konnte, der das ganze System gefährdet hätte, sollte die deutsche Außenpolitik so weit ausgleichend auf die anderen Mächte wirken, dass die Konflikte zwar nicht zum Krieg eskalierten, aber weiter schwelten.
- Um das Reich selbst, in seiner Mittellage in Europa, in keinen dieser Konflikte hineinzuziehen, sollten die Reibungen zwischen den Mächten möglichst weit weg an der „Peripherie" Europas angesiedelt sein. Das politische Ziel war der Versuch, die anderen Mächte durch deren Rivalität von einem Bündnis gegen das Reich abzuhalten. Gleichzeitig konnte Deutschland als gesuchter Partner eine freie (Ver-)Mittlerstellung in diesem System des „labilen Gleichgewichts" einnehmen.

Bismarcks Außenpolitik richtete sich **gegen ein Einkreisungsbündnis** gegen Deutschland.

1. Frankreich als fester Feind sollte isoliert werden.
2. Das Reich sollte an jedem Bündnis in Europa beteiligt sein.
3. Das Reich sollte schwelende Konflikte an der Peripherie Europas fördern und so die anderen Großmächte binden.

Das Reich sollte dabei eine **Vermittlerrolle** übernehmen und selbst **gesuchter Vertragspartner** sein.

Die Bündnisse

Der Zweibund, der Vertrag mit Österreich wurde zum **Mittelpunkt des Bismarck'schen Vertragswerkes**, obwohl er das Reich mit Russland in Konflikt hätte bringen können.

Der Zweibund – das Bündnis mit Österreich

In der Folge der **Beschwichtigungspolitik** hatte Bismarck zu Österreich ein freundliches Verhältnis aufgebaut. Dank des Pragmatismus der Donaumonarchie, der die neuen Realitäten in Europa sehr schnell anerkannte, kam es 1879 zum so genannten Zweibundvertrag.

Vertragsinhalt: Beide Mächte verpflichteten sich im Falle eines Angriffs durch Russland auf einen der Partner zu Beistand, und zwar auch dann, wenn sich Russland dem Angriff einer fremden Macht anschließen würde.

Bedeutung: Der Vertrag sicherte die Unterstützung Österreichs im Falle des gefürchteten Zweifrontenangriffs. Er wurde auf die Dauer zum Mittelpunkt des Bismarck'schen Vertragssystems, obwohl der Kanzler in dem Vertrag keine einseitige Parteinahme für Österreich sehen wollte.

Im Dreibund versuchte Bismarck, Italien vertraglich so einzubinden, dass es gegenüber Österreich und dem Reich im Konfliktfall mit anderen Mächten zumindest Neutralität bewahrte.

Der Dreibund – das Bündnis mit Italien

Seit 1881 näherte sich Italien wegen kolonialer Streitigkeiten mit Frankreich dem Deutschen Reich an. Dies führte 1882 zum Abschluss des Dreibundes mit dem Reich und Österreich.

Vertragsinhalt:

- Im Falle eines französischen Angriffs auf Italien waren die beiden anderen Mächte zum Beistand verpflichtet.
- Im Falle des französischen Angriffs auf das Reich war nur Italien, nicht Österreich-Ungarn, zum Beistand verpflichtet.
- Beim Angriff einer anderen Macht auf einen oder mehrere Vertragspartner sicherten sich die vertragschließenden Seiten wohlwollende Neutralität zu.

Bedeutung: Der Vertrag richtete sich gegen Frankreich. Durch die Neutralitätszusage Italiens bekam außerdem Österreich bei einem russischen Angriff den Rücken frei. Insoweit enthielt der Vertrag auch eine unausgesprochene Spitze gegen Russland. Zusätzlich hielt das Bündnis Italien von einer Koalition gegen das Reich fern. Bismarck schätzte den **tatsächlichen Wert des Vertrags nicht sehr hoch ein**, da er wusste, dass die italienischen Interessen sich mit denen Österreichs kreuzten. Der Vertrag stellt keine Erweiterung des Zweibundes dar. Er ist vielmehr als eigener Vertrag zu betrachten. Der Versuch, 1887 England in das Bündnis mit einzubeziehen, misslang.

Die Bündnisse mit Russland

Russland hatte **1873** mit Österreich und dem Deutschen Reich im **Dreikaiserbund ein gutes Verhältnis** gesucht. **1878** aber hatte sich Russland in den Krieg zwischen Serbien und der Türkei **eingemischt** und im Frieden von San Stefano Einfluss auf die Dardanellen ⊛ erzwungen. Wie schon im Krimkrieg musste Österreich um seinen Einfluss auf dem Balkan fürchten und **England sah die Sicherheit der Dardanellen bedroht**. Als beide Mächte mit Krieg drohten, erklärte sich der Zar zu Verhandlungen bereit.

1881 Dreikaiservertrag mit Ö-U und R: Ein 1878 von Russland auf dem Balkan angezettelter Krieg hatte das Dreikaiserbündnis von 1873 ins Wanken gebracht. 1881 kommt es deswegen zu einem erneuten Bündnis zwischen den 3 Mächten. Im Falle eines Angriffs einer 4. Macht sichern sich die 3 Mächte gegenseitige Neutralität zu.

Der Kongress der europäischen Mächte fand auf deutsches und russisches Betreiben in Berlin statt. Russland hatte den Krieg in der Hoffnung auf deutsches Wohlverhalten geführt und glaubte, mit Bismarck als Vermittler, seine Interessen gut vertreten. Doch **Bismarck** versuchte, als **„ehrlicher Makler"** gegenüber allen Parteien unbefangen zu vermitteln. Es gelang ihm zwar, den Krieg zu verhindern und den Konflikt weiter schwelen zu lassen, aber der in der Konferenz erzielte **Erhalt des „Status quo" ging eindeutig zu Lasten Petersburgs**. Das **Verhältnis des deutschen Reiches zu Russland verschlechterte sich** erheblich. Das Bündnis mit Österreich, Russlands Konkurrenten auf dem Balkan ⊛, tat 1879 ein Weiteres.

Der Dreikaiservertrag

Das Hauptbestreben Bismarcks musste jetzt darin bestehen, eine Annäherung zwischen Russland und Frankreich zu verhindern, um die Umzingelung des Reiches zu vermeiden. Da Reibungspunkte zwischen beiden Mächten nicht vorhanden waren, musste der Reichskanzler ganz auf das russische Wohlverhalten setzen. 1881 gelang es im Dreikaiservertrag, dank des Einlenkens Russlands und Österreichs zu friedlichem Einvernehmen zu gelangen.

<u>Vertragsinhalt:</u> Im Falle des Angriffs einer vierten Macht sicherten sich die drei Mächte gegenseitig wohlwollende Neutralität zu. Im Fall eines Angriffs auf die Türkei galt die Neutralitätspflicht nur nach gesonderter Absprache.

<u>Bedeutung:</u> Das Deutsche Reich erhielt **Rückenfreiheit für den Fall eines Krieges mit Frankreich**. Russland konnte einen militärischen Zugriff auf die Dardanellen nicht so leicht wiederholen. Der Balkankonflikt zwischen Russland und Österreich schien unter Kontrolle.

Schon 1885 war das österreichisch-russische Verhältnis im Balkan wegen der bulgarischen Krise schwer erschüttert. **1887 lief der Dreikaiservertrag aus**, eine **Verlängerung** war **wegen des Konflikts zwischen Wien und Petersburg nicht mehr möglich**.

Seit 1887 war kein Vertrag zwischen Russland und Österreich mehr möglich.

1887 bestand zwischen Russland und dem Reich bereits Kriegsgefahr.
Der Rückversicherungsvertrag **erhielt zwar den Frieden**, war aber nach Bismarcks Ansicht **wenig wert**.

Der Rückversicherungsvertrag

1887 schloss Bismarck, um ein lückenloses Vertragsnetz zu bekommen, mit Russland den so genannten Rückversicherungsvertrag, denn die panslawistische Partei in Russland forderte ein russisch-französisches Bündnis, und in Frankreich hatte General Boulanger gerade eine massive revanchistische Strömung in Öffentlichkeit und Politik entfacht.

<u>Vertragsinhalt:</u> Deutschland sagte für den Fall eines österreichischen, Russland für den Fall eines französischen Angriffs auf den Vertragspartner Neutralität zu. Im „ganz geheimen Zusatzprotokoll" bestätigte das Reich dem Zaren Bulgarien und das Schwarze Meer als Einfluss-Sphäre.

<u>Bedeutung:</u> **Der Rückversicherungsvertrag diente der Verhinderung eines drohenden Krieges.** Der deutsche Generalstab hatte den Präventivkrieg gegen Russland bereits ins Auge gefasst. Im Falle des Kriegsausbruchs war der Vertrag **nach Ansicht Bismarcks** aber **wenig wert**. Während Bismarck im Rückversicherungsvertrag dem Zarenreich Einfluss in Bulgarien und im Schwarzen Meer einräumte, betrieb er gleichzeitig im so genannten Mittelmeerabkommen die Fernhaltung Russlands von diesen Gebieten.

England ließ sich in das Bismarck'sche System nicht einbinden, sondern bevorzugte die **Politik der freien Hand**.

Das Verhältnis Bismarcks zu England

Zwar gelang es Bismarck im Berliner Kongress, Vertrauen in seine Politik zu gewinnen, aber ein direktes Bündnis mit dem Reich ging London nicht ein, obwohl das Empire mit Frankreich in Afrika und mit Russland im Schwarzen Meer und im Mittleren Osten in Konflikt geraten war. **England versuchte, genauso wie das Reich, freie Hand zu behalten.** Das einzige Bündnis, das London, von Bismarck gefördert, einging, war die **Mittelmeerentente zwischen Österreich, Italien und dem Empire**.

<u>Vertragsinhalt:</u> Aufrechterhaltung des Status quo im Mittelmeer und im Schwarzen Meer; Bestätigung der Türkei als Hüterin der Meerengen ✲.

<u>Bedeutung:</u> Russland wurde von den Dardanellen ferngehalten. Österreichs Stellung gegen Russland war gestärkt. Deutschland hatte mit dem Vertrag England indirekt in sein außenpolitisches Vertragssystem eingebunden.

Ein **direktes Bündnis zwischen beiden Mächten kam** trotz mehrerer Versuche Bismarcks vor allem deshalb **nicht zustande**, weil England um das Machtgleichgewicht fürchtete und jede Macht glaubte, im Vertragsfall „für den anderen die Kastanien aus dem Feuer holen zu müssen".

Bismarck und Frankreich

Frankreichs Revanchestreben sollte neutralisiert werden durch:

- Isolation Frankreichs durch Einbindung der anderen Mächte in Vertragswerke mit dem Reich;

- Unterstützung der französischen Kolonialpolitik in Afrika und Fernost, um die Aufmerksamkeit der Franzosen von der Mitte Europas abzulenken;
- Verwicklung Frankreichs in Konflikte mit anderen Mächten.

Obwohl Bismarck von 1882–1885 einige, allerdings halbherzige Versuche der Annäherung unternahm, blieb die **Bedrohung durch Frankreich fester Bestandteil der deutschen Außenpolitik**.

Die Politik gegen **Frankreich** blieb beim Konzept der **Ausgrenzung** und dem **Verwickeln in Konflikte** mit anderen Mächten stehen.

Bündnissysteme der europäischen Mächte 1871–1914

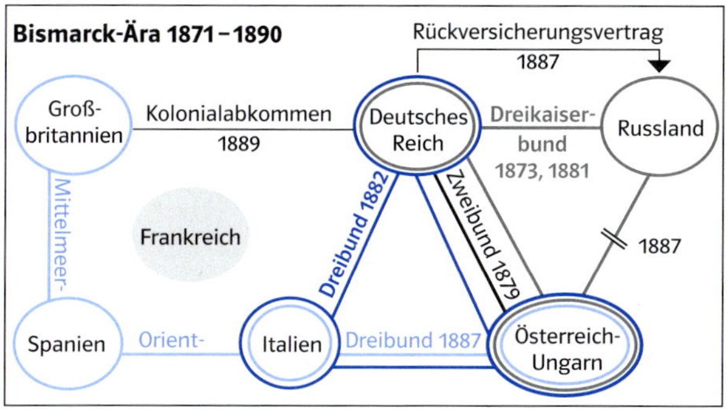

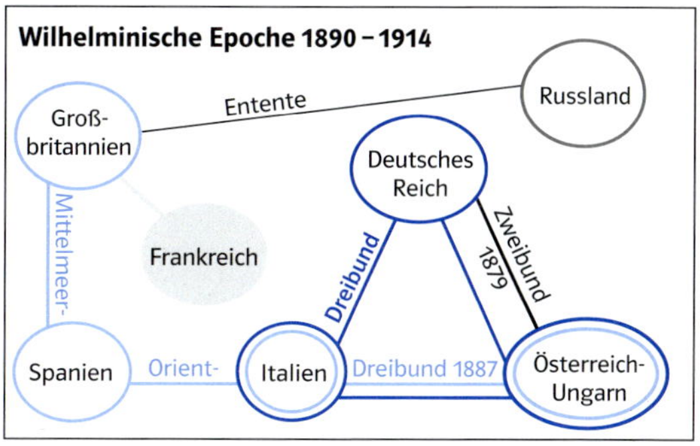

Probleme der Außenpolitik Bismarcks

Die politischen Belastungen des Systems

- Die **deutsche Außenpolitik war vollständig an die Person Bismarcks gebunden**. Nur das Vertrauen der ausländischen Partner in den Politiker Bismarck machte das System der Verträge möglich.
- Die enge emotionalisierte Bindung an Österreich belastete das Reich mit Österreichs außenpolitischen Problemen. **Bismarcks Konzept**, die anderen Mächte an die Peripherie Europas abzulenken, **ging** daher **nicht auf**.
- Der Balkankonflikt⊛ zwischen Österreich und Russland „schlug auf die Mitte Europas zurück" (Zechlin). In Deutschland waren die freundlichen Gefühle für die Donaumonarchie so stark, dass eine Politik des Verständnisses für die panslawistisch-nationalistischen Interessen des Zarenreichs auf dem Balkan innenpolitisch nur schwer durchsetzbar gewesen wäre. Ein Erfolg Russlands über Österreich hätte das Zarenreich langfristig zur Hegemonialmacht in Europa gemacht. Das Problem vergrößerte sich mit der zunehmenden Kraft der panslawistischen Bewegung. (➤ S. 111)
- Der Kurswechsel der deutschen Wirtschaftspolitik von der Freihandels- zur Schutzzollpolitik 1879 schädigte die landwirtschaftlichen Exporte des Zarenreiches, was in Russland nachhaltige Verstimmung hervorrief. Die deutschen Kreditsperren, die Russland am Aufbau seiner militärischen Infrastruktur hindern sollten, zogen **englisches und vor allem französisches Kapital nach Russland** und verstärkten den Einfluss dieser Mächte.

Bismarck hatte die Außenpolitik an seine Person gebunden.

Das **Verhältnis zu Österreich war zu eng** und zog das Reich in den Balkankonflikt mit Russland.

Die deutsche Wirtschafts- und Kapitalpolitik schädigte **Russland**.

Die Einkreisung der Mittelmächte durch Frankreich und Russland war nur schwer zu verhindern.

Die historische Bewertung Bismarcks: Anfänglich verhasst, entstand um den Kanzler in Deutschland ein **Geniekult**. Nach seiner Abdankung wurde Bismarck zum **nationalen Mythos**. Kritisiert wurde sein autoritärer und autokratischer Regierungsstil.

Nach dem verlorenen Ersten Weltkrieg begann die Beurteilung Bismarcks kritischer zu werden.

Der **Nationalsozialismus** benutzte Bismarck zu Propagandazwecken und betonte dessen machtorientierte Haltung.

Nach 1945 überwog die Kritik am autoritären Militaristen, der Deutschland innenpolitisch gespaltet haben soll. Manche sehen auch in seiner Außenpolitik einen Weg, der bis zum Nationalsozialismus führte.

- Schon vom Rückversicherungsvertrag meinte der Kanzler, er werde den Angriff Russlands bestenfalls sechs Wochen verzögern.
- Da Frankreich aber als Gegner feststand, **fiel und stand** die Konzeption des Systems **mit dem Verhältnis zu Russland**. An der **Unfähigkeit der Nachfolger Bismarcks, dieses Verhältnis zu retten**, brach das System Bismarcks zusammen. Ebenso führte die Aufteilung der Welt zur **Beendigung der Kolonialkonflikte** (➛ S. 117) an der Peripherie.
- Ohne die Person Bismarcks und ohne neue Alternativen steuerte die **deutsche Außenpolitik seit 1890** in eine **ungewisse Zukunft**.

Die historische Bewertung Bismarcks

Bewertung durch seine Zeitgenossen

Bis 1866 überwog die Ablehnung. Nach dem Sieg von 1866 entstand zuerst in Preußen, nach 1870 in ganz Deutschland ein Umschwung. **Allmählich** kam es im nationalen Bürgertum und in der kleindeutschen Geschichtsschreibung zum **Geniekult um den Reichskanzler**. Dem stand die Feindschaft der besiegten Franzosen im Ausland gegenüber. Im Inland erblickte die politische Opposition in ihm den Diktator und den Zerstörer alter Rechte. Nach seiner Abdankung 1890 wurde Bismarck zusehends **zum nationalen Mythos hochstilisiert**.

Bewertung in der Weimarer Republik und durch Nazideutschland

Nach 1918 begann zum ersten Mal die kritische Untersuchung und Deutung der Bismarck'schen Politik und seiner Person. Der Nationalsozialismus betonte die cäsaristische, machtbewusste Komponente, lehnte aber die unideologische, „unvölkische" und nicht „großdeutsche" pragmatische Haltung Bismarcks ab.

Beurteilung in Deutschland nach 1945

Die heutige Geschichtsschreibung kritisiert Bismarcks Innenpolitik zum größten Teil und auch seine Außenpolitik wird von einigen als Beginn eines verschlungenen „Weges zu Hitler" (Golo Mann) gesehen.

Alle Querverweise im Überblick:

Reichsverfassung 1871: S. 80 ➛ S. 89 ff.
Meerengenfrage: S. 83 ➛ S. 88 f.
Panslawistische Bewegung: S. 105 ➛ S. 111
Kolonialkonflikte: S. 106 ➛ S. 117
Wilhelm II.: S. 115
Otto von Bismarck: S. 77
Napoleon III.: S. 81

Zusammenfassung

Der Aufstieg Preußens unter Bismarck

Bismarck wurde im Konflikt zwischen König und Parlament **1862 preußischer Ministerpräsident**. Er überging das Parlament durch die so genannte Lückentheorie. Schon jetzt zeigte sich Bismarcks Vorstellung von **Politik als Realpolitik**, unideologisch und langfristig auf Ausgleich der verschiedenen Interessen bedacht. Einzige Ziele waren **Staatsräson und Treue zu König und Preußen**. Der Konflikt mit Dänemark ermöglichte Bismarck den **Sieg gegen Österreich um die deutsche Frage**. Bismarck zeigte das gleiche Geschick wie später im französischen Krieg. Außenpolitisch sorgfältig vorbereitet, möglichst risikolos, schloss er mit dem schnell geschlagenen Gegner einen großzügigen Frieden, der die Interessen der europäischen Mächte möglichst nicht verletzte.

Deutsche Einigung und Reichsgründung

Die staatliche Einigung Deutschlands **unter preußischer Führung mit Preußens König als Kaiser** war die Folge des Sieges über Frankreich. Die **Verfassung** des neuen Reiches schnitt Bismarck **auf seine Person** zu. Um das neue deutsche Staatsvolk mit dem Reich zu verbinden, schuf er ein **Parlament mit freiem und gleichem Wahlrecht**, das aber geringe Befugnisse hatte. Souveräne des neuen Staates waren die deutschen Fürsten.

Bismarcks Innenpolitik und Sturz

Innenpolitisch spaltete Bismarck das Reich, das er geeint hatte. Nach einer ergebnislosen Auseinandersetzung mit dem Katholizismus im **Kulturkampf** geriet er in **Konflikt mit den Liberalen**. Auch der **Kampf gegen die Sozialdemokratie** ging verloren. Trotz seiner **Sozialgesetzgebung** hatte Bismarck die Arbeiterschaft dem Reich entfremdet. Er wurde von Wilhelm II., der selbst Politik machen wollte und die Versöhnung mit der Arbeiterschaft suchte, **1890 entlassen**. Bis heute ist Bismarcks Politik umstritten. Der Anerkennung seines außenpolitischen Geschicks steht vor allem heftige Kritik seiner Innenpolitik gegenüber.

Bismarcks Außenpolitik

Bismarck erklärte nach der Reichsgründung, das neue Reich sei saturiert. Der **Verlust von Elsass-Lothringen** machte Paris zum beständigen Gegner. Bismarck zielte nun darauf ab, **Frankreich zu isolieren** und die europäischen Mächte außerhalb Europas in Konflikte zu verwickeln. Das Reich selbst blieb in freier Mittlerstellung konfliktfrei. Aber das Konzept ging nicht ganz auf. Der enge Bund mit Wien, das mit dem expansiven Zarenreich auf dem Balkan in Konflikt geriet und deutsche Schutzzollpolitik führten zur **Verstimmung mit Russland**.

Die **Deutschen Kolonien** in Afrika und im Pazifik entstehen als Privatkolonien deutscher Kaufleute. Bismarck ist nicht an Kolonien interessiert, da er in ihnen außenpolitisches Konfliktpotential wittert. Erst ab **1884/85** nimmt er am Kolonialismus teil. Das deutsche Kolonialreich bleibt jedoch klein und wirtschaftlich unbedeutend.
→ **S. 110**

1888 Wilhelm II. wird im „Dreikaiserjahr" nach dem Tod seines Großvaters (Wilhelm I.) und seines Vaters (Friedrich III.) **König von Preußen und Deutscher Kaiser**. Anders als sein Großvater will er selbst die Politik bestimmen.
→ **S. 114**

1900 Zweites Flottengesetz: Die Reichskriegsflotte wird so groß, dass sich England bedroht fühlen muss. Zwischen den Mächten beginnt ein Wettrüsten, das England auf den 2. Platz katapultiert. Der Verlust des 200 Jahre alten Monopols auf die unbestrittene Seeherrschaft kränkt die englische Seele zutiefst.
→ **S. 116**

1880 | 1885 | 1890 | 1895

1890 Der **Rückversicherungsvertrag mit Russland** wird gegen den Willen Russlands gekündigt. Als Folge nähern sich Russland und Frankreich an. Die Außenpolitik Bismarcks wird nicht fortgeführt.
→ **S. 115**

1894 Russland schließt mit Frankreich ein Bündnis. Das Kräfteverhältnis in Europa nimmt ein Gleichgewicht ein; Deutschland verliert die Vorherrschaft.
→ **S. 115**

1898 Erstes Flottengesetz: Die neue Kriegsflotte (bis dahin militärisch unbedeutend) ist das Lieblingsspielzeug Wilhelms. Er macht den Aufbau einer starken Kriegsflotte zu seiner persönlichen Aufgabe.
→ **S. 116**

Reichstagsabgeordneter Arendt bei einer Inspektionsfahrt in Afrika

IMPERIALISMUS UND WILHELMINISCHES ZEITALTER

1904 Frankreich und England nähern sich an. Als **Entente cordiale** (Herzliches Einverständnis) wird das Abkommen zwischen England und Frankreich bezeichnet, das den Interessenkonflikt beider Länder in den Kolonien Afrikas regeln soll.
→ **S. 116**

1906 In der **Marokkokrise** zeigt sich die **Einkreisung Deutschlands**, als Deutschland in einem Kolonialkonflikt mit Frankreich den Kürzeren zieht.
→ **S. 117**

1907 Durch den Beitritt des von Revolution und Krieg geschwächten Russlands entsteht die **Triple Entente**: England, Russland und Frankreich haben ihre Konflikte beendet und kreisen Deutschland ein.
→ **S. 117**

1912/13 Balkankriege: Auf dem „Pulverfass" Balkan, in der Mitte Europas, kommt es zum Krieg. Es geht um die Verteilung der Territorien des zerfallenden Osmanischen Reiches. Die Bündnisse zwischen den europäischen Mächten bröckeln – am Vorabend des Ersten Weltkriegs ist die politische Lage Europas sehr labil.
→ **S. 117**

1900 | 1905 | 1910 | 1915

Trotz der Aufhebung der Sozialistengesetze 1890 gelang es Wilhelm II. nicht, die zum Marxismus tendierende Arbeiterschaft wieder mit dem Staat zu versöhnen. Im Jahr **1912** ist die **SPD** stärkste Reichstagsfraktion.
→ **S. 119**

Ludwig XIV. (Maler: Hyacinthe Rigaud, 1701)

Wilhelm II. im Stile Ludwigs XIV. (Maler: Max Koner, 1890)

5 Imperialismus und Wilhelminisches Zeitalter

In diesem Kapitel erfahren Sie:

- Um 1870 beginnt das Zeitalter des Imperialismus.
- Viele Staaten Europas beginnen überseeische Gebiete zu annektieren.
- Die Motive sind die Erschließung neuer Märkte und Rohstoffvorkommen und der Wunsch, dem Bevölkerungsüberschuss neue Territorien zu erschließen.
- Auch das Deutsche Reich steigt als zweitgrößte Handelsmacht der Welt ab 1885 zur Kolonialmacht auf.
- Außenpolitisch isoliert sich Deutschland unter Kaiser Wilhelm II., der versucht, Deutschland als Weltmacht zu etablieren.
- Innenpolitisch kann Wilhelm nicht den Aufstieg der Sozialdemokratie bremsen.

5.1 Rechtfertigung des Imperialismus

Imperialismus gibt es in Europa seit dem Spätmittelalter, als Spanien und Portugal die ersten Kolonien eroberten. Auch der Merkantilismus der absolutistischen Zeit ist kolonialistisch. Neu am Imperialismus ist die **Radikalität**, in der die Welt, soweit sie sich nicht wehren kann, aufgeteilt wird.

Imperialismus bezeichnet das politische **Bemühen eines Staates**, seine **Machthoheit über andere Länder bzw. Völker auszudehnen**. Europas imperialistische Traditionen reichen bis in das Spätmittelalter zurück. 1870 haben viele europäische Nationen **jahrhundertealten Kolonialbesitz**. Die Überzeugung, Macht und wirtschaftliche Prosperität hänge auch mit der Beherrschung außereuropäischer Märkte und Gebiete zusammen, ist schon aus dem absolutistischen Merkantilismus bekannt. **Neu ist nur die Radikalität und Intensität des Vorgehens**, das darauf abzielt, **die ganze Welt unter den** wirtschaftlichen und kulturellen **Einfluss der europäischen Kulturen** zu bringen. Neben die brutale Annexion (Kolonien) tritt häufiger die mit unterworfenen Eliten vertraglich vereinbarte Hegemonie über Territorien (Protektorate = Schutzgebiete) (→ S. 113) und zunehmend die Beherrschung fremder Territorien, durch abgepresste Privilegien, Korruption und erzwungener Dominanz auf den Märkten dieser Territorien, durch überlegene Wirtschafts- und Kapitalkraft (z. B. Dollarimperialismus).

Wirtschaftsimperialismus

- **Sicherung von Seestraßen und Handelswegen**;
- kolonialistischer, marktbeherrschender **Zugriff auf Rohstoffvorkommen und billige Arbeit**, oft mit dem Ziel eigener nationaler Autarkie;
- kolonialistischer oder monopolistischer **Zugriff auf neue Märkte**, auch als Alternative gegen nationale Schutzzollpolitik;
- **Auffangen der Auswanderungen** als Folge von Überbevölkerung;
- allgemeine ökonomische **Überzeugung des Großbürgertums**, dass ohne Rohstoffkolonien und koloniale Märkte das Wirtschaftswachstum einer Nation nicht aufrechterhalten werden kann.

Kulturimperialismus (Sendungsbewusstsein)

- **Kulturelle Überlegenheit**: Erlösung der Welt von Krankheit und Armut
- **Zivilisatorische Mission**: Erlösung der Welt von Unwissen und Unmoral
- **Religiöse Mission**: Erlösung der Menschheit vom falschen Glauben
- **Politische Mission**: Erlösung der Menschheit von Unfreiheit.

Nationalismus und Rassismus

- Nationales Prestige und Selbsterhaltung verlangen in der rassistischen Ideologie weltweiten Einsatz von **Macht und Gewalt in der Konkurrenz der Nationen**.
- Die Idee des **Verbreitungs- und Fortpflanzungsrechts des biologisch Stärkeren** als wissenschaftliches Naturgesetz (Darwin, Häckel) wird fälschlicherweise auf alle menschlichen und gesellschaftlichen **Bereiche übertragen**. Diese wissenschaftlich unzulässige Interpretation der Lehre Darwins legitimiert den Vorteil des Stärkeren als natürliches Recht, das den Schwächeren schützt. **Dies wird insbesondere im Bereich des Völkerrechts oft als natürlich betrachtet.**
- Nach Meinung von **Rassisten** ist es naturgegebene Pflicht, **das Stärkere, das mit dem Besseren gleichgesetzt** wird, biologisch durchzusetzen, zum **Ziele** einer **besseren menschlichen Rasse in einer besseren Welt**.

Die **Erklärungsmuster, die den Imperialismus rechtfertigen**, sind verschieden:
- Habgier des Wirtschaftsimperialismus
- Arroganz des Kulturimperialismus
- darwinistische Menschenverachtung des Rassismus
- Fanatismus des Nationalimperialismus
- innenpolitische Täuschung des Sozialimperialismus.

Keine der Begründungen ist aus heutiger Sicht akzeptabel.

Nationalimperialismus

- Ideologie der **Einheit von Menschen nicht mehr nur gleicher, sondern ähnlicher Rasse, Kultur, Sprache, Herkunft oder Geschichte** in einer Großnation (**z. B. Panslawismus, Pangermanismus**).
- Glaube an die **subjektive Überlegenheit der eigenen Kultur** gegenüber anderen Kulturen (z. B. „Die slawische Seele").
- Annexion angrenzender Staatsgebiete (Festlandsimperialismus).

Sozialimperialismus

- Die These vom **Sozialimperialismus** (➛ S. 113) erklärt die Motive des Imperialismus **innenpolitisch-gesellschaftlich**. Er soll **von inneren sozialen und gesellschaftlichen Problemen ablenken**, der Nation ein neues Betätigungsfeld geben, den Unterschichten Alternativen und Hoffnungen zeigen, den **Blick der Öffentlichkeit aus der Nation herauslenken** und so **das Primat der Innenpolitik unterlaufen** und für **innenpolitische Stabilität** sorgen.

5.2 Die großen Nationen und der Imperialismus

Alle großen Industrienationen beteiligten sich am imperialistischen Programm:

- Englands traditioneller Imperialismus folgte **wirtschaftlichen Motiven**.

Großbritannien

- Großbritannien war **traditionelle Kolonialmacht**, als erste Seemacht weltweit agierend, mit dem Anspruch, alle bedeutenden Seestraßen und maritimen Handelswege der Welt zu kontrollieren.
- Die theoretisch-sachliche Begründung des Imperialismus kommt vor allem **aus wirtschaftlichen Motiven**. Die Industrialisierung Großbritanniens steht mit kolonialen Rohstoffquellen und Märkten in Zusammenhang. Daneben steht eine christlich-protestantische Missionsidee. Auch rassistisches Überlegenheitsdenken spielt mit.
- Die erste Seemacht und Weltmacht betreibt den **Aufbau eines Kolonialreichs vor allem rund um den Indischen Ozean**.
- Konfliktnationen waren die Nationen, die weltweit über See konkurrierten (erst Frankreich und Russland, später vor allem Deutschland).

- Frankreich etablierte sich als klassische Nation des **Kulturimperialismus**.

Frankreich

- Frankreich **kompensierte die Niederlagen und Verluste des Krieges 1870** durch imperialistisches Engagement, unterstützt vom siegreichen deutschen Gegner, der Frankreich von Europa ablenken wollte.
- Rechtfertigung lieferten vor allem **kulturimperialistische Vorstellungen**, die Welt mit den Ideen der französischen Aufklärung emanzipieren zu wollen, es traten auch rassistische Vorstellungen dazu.
- Kolonien v.a. im nordafrikanischen aber auch im asiatischen Raum.
- Konfliktnationen sind Italien am Mittelmeer und weltweit Großbritannien.

- Russlands Festlandimperialismus verschrieb sich dem Nationalimperialismus in Form des **Panslawismus**.
- Das Deutsche Reich versuchte die innere Gespaltenheit durch den **Sozialimperialismus** zu kompensieren.

Russland

- Der russische Imperialismus etabliert sich als **Festlandsimperialismus**.
- Als Leitideologie dient neben der **traditionellen Expansion** nach Osten der **Panslawismus**, der unter der Zarenkrone alle slawischen Völker vereinigen sollte und eine cäsaristische⊛ Herrschaftsideologie („Petersburg/Moskau als drittes Rom"). Das Zarenreich strebte den **freien Zugang in die Weltmeere aus eisfreien Häfen** an. Deutschland unterstützte Petersburg, soweit Russland von Europa abgelenkt wurde, steuerte aber heimlich Gegenkurs.
- Russland betrieb Expansionsversuche im Bereich des Schwarzen Meeres, im persisch-afghanischen Bereich und in Korea.
- Konfliktnationen waren die Türkei, Großbritannien, zunehmend auch Österreich und das aufsteigende Japan (Korea).

Vereinigte Staaten

- Die USA **tritt erst spät als echte Kolonialmacht auf**, ist aber wirtschaftsimperialistisch schon lange im Pazifik und Mittelatlantik tätig (1853/54 gewalttätige Öffnung japanischer Häfen).
- Die **politisch-ideologische Rechtfertigung ähnelt der englischen**, dazu tritt das Sendungsbewusstsein bürgerlicher Liberalität.
- Der Kolonialbesitz wird größtenteils Spanien gewalttätig geraubt (Spanisch-Amerikanischer Krieg 1898).
- Konfliktnationen sind Spanien und zunehmend das aufsteigende Japan.

• Die USA kopierten das englische Mutterland.

5.3 Die neue Außenpolitik des deutschen Imperialismus

Der Aufstieg zur imperialistischen Kolonialmacht

Die Anfänge

Hanseatische Kaufleute betrieben in Afrika und im Pazifik die Gründung von Niederlassungen und schlossen mit einheimischen Mächten (Häuptlingen) Verträge ab. 1882 entstand der Deutsche Kolonialverein, 1884 konstituierte sich in Berlin eine „Gesellschaft für deutsche Kolonisation", die in Übersee koloniale Ländereien erwerben und die Auswanderung dorthin fördern wollte. Diese Vereine verschafften sich starkes öffentliches Gehör mit dem **nationalistischen Argument**, Deutschland sei bisher bei der Verteilung der Welt zu kurz gekommen. Dazu traten **auch kulturimperialistische und rassistische Rechtfertigungsgründe**.

Die deutschen Kolonien in Afrika und im Pazifik entstehen als **Privatkolonien** deutscher Kaufleute durch Verträge mit einheimischen Größen. Erst später erkennt Bismarck den Vorteil des sozialimperialistischen Konzeptes.

Bismarck und der Imperialismus

Der Reichskanzler hatte ursprünglich für koloniale Ideen wenig Verständnis. Er hatte Deutschland für saturiert erklärt und wollte Reibungspunkte in der internationalen Politik vermeiden. Er stellte aber **privaten deutschen Kolonisatoren 1884** Schutzbriefe des Reiches zur Garantie ihrer Erwerbungen aus. (1884/85: Kamerun, Togo, Deutsch-Südwestafrika, Deutsch-Ostafrika, Südseekolonien.)

Erst ab 1884/85 begann Bismarck diese Protektorate in der Kongo-Konferenz abzusichern. Warum Bismarck in den letzten Regierungsjahren gegen die eigenen Prinzipien zu handeln schien, ist bis heute umstritten. Die Motivlage, die die These des **Sozialimperialismus** aufzeigt, erscheint derzeit am ehesten plausibel. Bismarck versuchte möglicherweise, wie es Wilhelm Liebknecht schon 1885 im Reichstag formulierte, die „soziale Frage einfach zu exportieren". Andere Meinungen gehen davon aus, dass Bismarck die Gelegenheit nutzte, um durch einen außenpolitischen Erfolg die anstehenden Wahlen zu beeinflussen. Zu den kolonialen Erwerbungen aus der Mitte der 80er-Jahre kam in späteren Zeiten nicht mehr viel hinzu. Es gelang nur noch 1897/98 der Erwerb Tsingtaos in China und 1899 der Ankauf einiger spanischer Inseln in der Südsee.

Bismarck war an Kolonien nicht interessiert, weil er das damit verbundene **außenpolitische Konfliktpotential** fürchtete. Erst als sich die Gelegenheit bot, konfliktfrei durch Ausstellung von Schutzbriefen am Kolonialismus teilnehmen zu können, griff er zu. Seine Motive waren innenpolitischer Natur.

Das deutsche Kolonialreich war klein und wirtschaftlich unbedeutend. Nur 25 000 Deutsche wanderten in die Kolonien aus.

Das deutsche Kolonialreich

Das **deutsche Kolonialreich** war im Vergleich zu den Kolonialreichen Englands und Frankreichs **klein**, nur wenig größer als die Kolonialgebiete Belgiens oder Portugals. Wirtschaftlich hatten die Kolonialgebiete weder als Rohstoffquellen noch als Auswanderungsgebiete oder Märkte nennenswerte Bedeutung.

Britische Kolonialbesitzungen in Asien und Afrika um 1900

Französische Kolonialbesitzungen in Asien und Afrika um 1900

Deutsche Kolonialbesitzungen in der Welt um 1900

Deutschlands Streben nach der Weltmacht

„Majestät, im Badezimmer ist ein Rohr geplatzt.“

„Bringen Sie die Admiralsuniform.“ [1]

Wilhelm II. und die neue Außenpolitik

Der Kaiser wollte selbst die Politik bestimmen und „Weltpolitik“ betreiben.

Wilhelm entließ Bismarck 1890.

Der junge Kaiser **Wilhelm II. wollte selbst Politik machen**. Die Reichsverfassung, die dem Kaiser militärisch ganz und außenpolitisch teilweise freie Hand ließ, machte die Politik sehr abhängig von der Persönlichkeit des Monarchen. Wilhelms Entschlossenheit, „Weltpolitik“ zu betreiben und das Reich „herrlichen Zeiten“ entgegenzuführen, war einer der Gründe gewesen, Bismarck zu entlassen. Die **nachfolgenden Kanzler** waren von Wilhelm herausgesucht und ernannt worden, um als **Handlanger** seiner selbstherrlichen und großspurigen Politik zu dienen. Die Anfangsbelastungen der neuen Außenpolitik waren vielfältig:

- Eine neue Generation, zu der auch der Kaiser zählte, stellte große Erwartungen an das neue Reich. Das Reich sollte, als europäische Hegemonialmacht und zweitgrößte Wirtschaftsmacht der Erde, **zur zweiten Weltmacht neben England aufsteigen**. Diese Generation zeigte oft **übersteigertes nationales Selbstbewusstsein** und eine Unfähigkeit, die Begrenztheit der eigenen Möglichkeiten überschauen zu wollen oder zu können.

Politik wurde als Macht- und Gewaltfrage gesehen.

- Gerade in Deutschland, das seine nationale Frage erfolgreich mit „Blut und Eisen“ gelöst hatte, zeigte sich stärker als anderen Orts eine **neue aggressive nationalistische Mentalität**, die Politik nur in den Kategorien von Macht, Gewalt und Gegengewalt sehen und bewerten wollte.

Wilhelm II. entgleiste oft rhetorisch in aller Öffentlichkeit.

- Die **Schwäche Wilhelms II.**, großspurig und lautstark bei öffentlichen Anlässen **rhetorisch zu entgleisen**, verprellte öfter nachhaltig das Ausland. (Krügerdepesche, Hunnenrede, Daily-Telegraph-Affäre)

WILHELM II. (1859 – 1941)

- Sohn des „Hundert-Tage-Kaisers" Friedrich
- 1888 – 1918 Deutscher Kaiser
- großsprecherisch, eitel, verspielt, mit absolutistischen Tendenzen und irrealen Vorstellungen steuert er Deutschland in einen Weltkrieg, den er nicht wollte, aber auch nicht zu verhindern wusste
- dankt 1918 ab, bis zum Tode 1941 im niederländischen Exil

Kontinentaleuropäische Außenpolitik Deutschlands 1890 bis 1914

Das neue **Weltmachtstreben konterkarierte das politische Prinzip der „Saturiertheit" des Deutschen Reiches**. Eine Fortsetzung der Bismarck'schen Politik schien nicht mehr möglich und erstrebenswert. Wilhelms II. neuer Kanzler **von Caprivi** (1890 – 94) und dessen Nachfolger **von Hohenlohe** (1894 – 1900) leiteten eine Politik ein, die **pragmatisch**, je nach Gelegenheit, den Vorteil des Reiches suchen sollte (Zick-Zack-Politik) und als einzige feste Größe das unerschütterliche Festhalten am **Bündnis mit Österreich** (Nibelungentreue) und das Bündnis mit Italien (Dreibund) einplante. Zwar wurde mit dem noch von Bismarck eingefädelten Kolonialabkommen mit England zum ersten Mal Großbritannien in das Vertragssystem wenigstens locker eingebunden (1889/90), aber der **Rückversicherungsvertrag** wurde gegen den Willen Russlands **1890 gekündigt**. Als Folge der unfreundlichen Politik des Reiches gegenüber Russland näherte sich das Zarenreich Frankreich an (Bündnis 1894). Der Dreibund musste jetzt ausreichen, um die von den Wilhelminischen Politikern als unvermeidbar hingenommene **Einkreisung durch Frankreich und Russland** zu neutralisieren. Das in Kontinentaleuropa jetzt entstandene **Gleichgewicht der Kräfte** entsprach den britischen Interessen. Erst die forcierte deutsche Flottenpolitik trieb England in die Gegnerschaft zum Deutschen Reich.

Das **neue Weltmachtstreben** beendete die Politik Bismarcks. Die neuen Kanzler führten eine pragmatische Politik ohne feste Linie, die nur einen Fixpunkt hatte, das Bündnis mit Österreich. Der Rückversicherungsvertrag mit Russland wurde 1890 gekündigt.

Der wirtschaftliche Aufstieg des Deutschen Reiches

Das Deutsche Reich wurde die **führende Wirtschaftsnation Europas** und überholte England.

Die Industrialisierung und Technisierung Deutschlands hatte mit der rasanten Bevölkerungsentwicklung das durch Bismarcks Zollmauern wirtschaftlich geschützte Deutschland als Wirtschafts-, Industrie- und Handelsnation zur **führenden Wirtschaftsnation in Europa** gemacht. Wirtschaftliches und nationalistisches Konkurrenzdenken, wie es für den Imperialismus typisch war, führte in Europa, vor allem aber **in Großbritannien zu wachsendem Misstrauen und nationalistischer Eifersucht.** Bis 1914 hatte Deutschland Englands Industrieproduktion in den meisten wichtigen Bereichen überholt.

Die Flottenpolitik

Die **neue Kriegsflotte** war das Lieblingsspielzeug Wilhelms. Es kam zwischen den Mächten zum Flottenwettrüsten. Die Reichskriegsflotte wurde so groß, dass sich England bedroht fühlen musste.

Bis zum ersten Flottengesetz 1898 war die deutsche Hochseekriegsflotte ohne besondere militärische Bedeutung. Ab 1896 begann das Umdenken nach Berufung von Alfred Tirpitz ins Reichsmarineamt. Hinter diesem neuen Kurs stand neben industriellen und kaufmännischen Interessen der **Wille des Kaisers**, der den Aufbau einer starken Kriegsflotte zu seiner **persönlichen Angelegenheit** machte. Das zweite Flottengesetz im Jahr 1900 führte zum Bau einer **„Risikoflotte“**, die aus englischer Sicht keinen anderen Sinn haben konnte, als das englische Mutterland zu bedrohen. So kam es zwischen den europäischen Mächten zu einem Flottenwettrüsten.

Der **Verlust des 200 Jahre alten Monopols auf die unbestrittene Seeherrschaft** löste in der britischen Öffentlichkeit zeitweise regelrechte Hysterie aus.

Die neue außenpolitische Lage ab 1900

Deutschland beraubte sich der Möglichkeit, die totale Einkreisung durch einen Vertrag mit England zu verhindern.

England wendete sich Frankreich zu und löste seine Konflikte mit Frankreich in Afrika.

Gleichzeitig mit der ersten Flottenvorlage 1898 hatten Verhandlungen zwischen Berlin und London begonnen, die sich bis zum Jahr 1901 hinzogen, bevor sie ergebnislos abgebrochen wurden.

In der Folge wendete sich England Frankreich und etwas später auch Russland zu. Durch eigenes Verschulden, verursacht vor allem durch Hochmut und Fehleinschätzung des Konfliktpotentials unter den anderen Mächten kehrte das Deutsche Reich von 1890 bis 1900 die außenpolitischen Verhältnisse um. **Das Reich selbst lief Gefahr isoliert zu werden.**

Die Einkreisung des Deutschen Reiches 1904–1914

Nach der Annäherung Frankreichs an England (Entente) musste auch Russland, außenpolitisch getroffen durch die schwere Niederlage gegen Japan und innenpolitisch durch eine Revolution,

Ab 1904 baute die französische Regierung den Gegensatz zu England, der um koloniale Besitzungen in Afrika (Faschodakonflikt) ausgebrochen war, wieder ab und einigte sich vertraglich mit England (Entente cordiale). Die schwere Niederlage Russlands gegen Japan 1904 und die Revolution in Russland 1905 schwächten Russland so stark, dass es bereit war, den alten imperialistischen

Gegensatz zu England 1907 vertraglich zu beenden. Damit war die so genannte „**Triple Entente**“ entstanden. England, Russland und Frankreich hatten einvernehmlich ihre Konflikte beendet, was die deutsche Außenpolitik für unmöglich gehalten hatte. **1906** zeigte sich die **Einkreisung Deutschlands in der Marokkokrise**, als Deutschland in einem Kolonialkonflikt mit Frankreich den Kürzeren zog. 1912 sicherte England Frankreich bei Angriff Unterstützung zu. Alle Nationen mit Ausnahme Österreich-Ungarns befanden sich im **Rüstungswettlauf**. Der Einfluss militaristischer Kreise wurde in ganz Europa stärker. Viele Europäer hielten einen europäischen Krieg für unvermeidlich.

seine imperialistischen Konflikte mit England beenden. **Ab 1907 hatten die drei anderen Großmächte Deutschland und Österreich-Ungarn eingekreist.**

Auf dem „Pulverfass Balkan“, wo russische, italienische und Habsburger Interessen aufeinander trafen, braute sich ein neuer Konflikt zusammen, der nicht mehr an Europas Peripherie lag, sondern in die Mitte Europas schlug. Ursache war die **Niederlage der Türkei auf dem Balkan** gegen Serbien, Bulgarien und Griechenland 1912, die 1913 in einen Krieg der Bündnispartner um die Verteilung der Beute ausartete. Im Frieden von Bukarest fühlte sich vor allem Serbien von Österreich-Ungarn betrogen. Die Lage auf dem Balkan blieb labil.

Die Balkankriege 1912–13 machten den Balkan instabil.

5.4 Die innere Politik nach Bismarck bis 1900

Die „Wilhelminische Epoche“

Verbesserung der sozialen Verhältnisse

Die Zeit zwischen 1890 und 1900 war in Deutschland eine Periode des wirtschaftlichen und sozialen Aufstiegs. Die stetig zunehmende Organisation der anwachsenden deutschen Arbeiterschaft in Sozialdemokratie und Gewerkschaften überzeugte das Bürgertum von der **Richtigkeit der Bismarck'schen Sozialpolitik**, die sich dank guter Konjunkturlage finanzieren ließ. Neben der Arbeiterklasse wuchs in der Industrie eine **neue Angestelltenschicht gut bezahlter wissenschaftlich-technischer und wirtschaftlicher Intelligenz**. Der Militär- und Beamtenapparat wurde erweitert und die Zahl **selbstständiger Akademiker** (Ärzte und Rechtsanwälte) nahm zu. Die Kaufkraft der Gesamtbevölkerung erhöhte sich. Für das wissenschaftlich-technisch gebildete **Bürgertum** ergab sich die Möglichkeit, im Rahmen der Technisierung des Militärs (zuerst v. a. Flotte) **in ursprünglich dem Adel vorbehaltene Stellungen aufzurücken** (hohe Offiziersränge). Die Adelsschicht ihrerseits versuchte das Großbürgertum, von dem die eigentliche Macht im Lande ausging, zu integrieren (Adelung oder Heirat).

Deutschland erlebte einen **wirtschaftlichen Aufschwung**. Das Bürgertum stieg zunehmend auf. Der Adel versuchte das Großbürgertum zu integrieren.

Die Gesellschaft wurde geprägt durch Militarismus, Untertanengeist und Glaube an Macht, Gewalt, Technik und Wissenschaft. Der Wissenschaftsglaube führte bei vielen zu sozialdarwinistischen Überzeugungen und Rassismus. Übersteigertes Selbstbewusstsein und Zukunftsoptimismus traten hinzu.

Zugleich förderte das Vorbild des im Kadavergehorsam erstarrten preußischen Militärs durch den Einfluss des Militarismus in der Gesellschaft Unterwürfigkeit und Untertanengeist.

Das **Deutsche Reich galt als „Land der Dichter und Denker"**. In zahlreichen naturwissenschaftlichen Disziplinen und technischen Bereichen war Deutschland führend in der Welt. **Der Glaube an die Lösungsmöglichkeit aller Probleme durch Vernunft** (Wissenschaftsglaube) **und Maschineneinsatz** (Technikglaube) war allgemein ausgeprägt.

Mit Hilfe einer halbwissenschaftlichen Biologie konnte aus den gesellschaftlichen und wirtschaftlichen Erfolgen eine natürliche Überlegenheit der eigenen Nation gegenüber anderen erfunden werden, die die Selbstgefälligkeit und Überheblichkeit von Teilen des Bürgertums bis ins Äußerste steigerte (Darwinismus, Rassismus).

Das „persönliche Regiment" Wilhelms II.

Wilhelms II. Herrschaft war geprägt von Arroganz, bürgerlichem Nationalismus und absolutistischen Vorstellungen. Er erwartete Kadavergehorsam, war autoritär und wurde vom Militär und einer „Hofkamarilla" stark beeinflusst.

Wilhelms großspuriges Gehabe beruhte auf bürgerlichem Nationalismus und der auf ihn zurückwirkenden öffentlichen Selbstüberschätzung, auf persönlicher Arroganz und antiquierten feudalistisch-absolutistischen Vorstellungen.

In seiner näheren persönlichen Umgebung erwartete der Kaiser **Kadavergehorsam**. Es entwickelte sich um ihn eine Ergebenheit heuchelnde, großbürgerlich-adelige **„Hofkamarilla"** von Schmeichlern, die auf seine Wahrnehmung der innen- und außenpolitischen Realitäten zuweilen unglücklichen Einfluss nahm (Byzantinismus).

Der in Deutschland wachsende **Militarismus** in Kombination mit dem starken unkontrollierbaren Einfluss des Militärs auf den Kaiser, der im ersten Regierungsjahrzehnt allzu gerne den „forschen Leutnant" mimte, stärkte das autoritäre Denken Wilhelms in den Dimensionen von Befehl und Gehorsam. So war auch der **Handlungsspielraum des Reichskanzlers** durch den Machtwillen des oft in irrealen Dimensionen denkenden Kaisers **stark eingeengt**, zumal Wilhelm **als Reichskanzler nur ihm ergebene Personen** in Betracht zog. Weder Caprivi noch dessen Nachfolger Hohenlohe-Schillingsfürst konnten oder wollten deshalb der deutschen Politik ein eigenes reelles Konzept geben. Auch der 1900 bis 1909 berufene Reichskanzler Bülow und dessen Nachfolger Bethmann-Hollweg scheiterten an der Irrealität des Kaisers, an der innenpolitischen Lähmung des Landes.

Die Reichskanzler Caprivi (–1894), Hohenlohe (–1900), Bülow (–1909) und Bethmann-Hollweg (–1917) scheiterten am Kaiser.

Die Opposition gegen die Wilhelminische Politik

Durch die Aufhebung der Sozialistengesetze 1890 und die für die damalige Zeit großzügigen Arbeiterschutzgesetze 1890/91 glaubte Wilhelm II. die Arbeiterschaft wieder mit dem Staat versöhnen zu können. Aber die **Reaktion der seit 1890 marxistischen SPD blieb ablehnend**. Von 1884 bis 1890 verdreifachten sich die Wahlstimmen für die SPD. Kaiser Wilhelms Versuch, gegen SPD und Gewerkschaften repressiv vorzugehen, scheiterte am Widerstand des Reichstages. Immerhin gelang die **Aufrüstung von Heer und Flotte**. Die Heeresvorlage 1893, die das Heer um 83000 Mann erhöhte, gelang nur durch die Auflösung des Reichstages. Die **Flottenvorlage ging nur mit Mühe durch**, weil es Admiral Tirpitz und den interessierten Konzernen gelang, die Öffentlichkeit dafür zu begeistern (Gründung des Alldeutschen Verbandes 1891 und des Flottenvereins 1898).

Gegen den Militarismus kämpfte eine seit dem ersten Drittel des 19. Jahrhunderts in Friedensgesellschaften organisierte, zunehmend einflussreiche, pazifistische ✻ Bewegung, die um 1900 zum ersten Mal politische Durchschlagskraft gewann.

Liberale und Zentrum im Reichstag gaben oft einer militaristischen und nationalistischen öffentlichen Stimmung nach, die von patriotischen Vereinen und der Wirtschaft gesteuert wurde. Die stetig wachsende Kraft der gefürchteten Sozialdemokratie machte sie **konfliktscheu** und ließ sie oft auf Regierungslinie einschwenken.

Die stärksten oppositionellen Gruppen waren **Gewerkschaften** und **Sozialdemokratie**.

Die **Arbeiterklasse** konnte mit dem Staat nicht versöhnt werden. Dieser Konflikt lähmte die Innenpolitik.

Wilhelm konnte im Reichstag die Aufrüstung von Heer und Flotte mit Mühe durchsetzen.

Die **pazifistische Bewegung** gewann angesichts der massiven Aufrüstung an Stärke.

Liberale und Zentrum gaben dem Kaiser und seiner öffentlichen Stimmungsmache nach.

Alle Querverweise im Überblick:

Protektorate: S. 110 ➤ S. 113
Sozialimperialismus: S. 111 ➤ S. 113
Wilhelm II.: S. 115

Zusammenfassung

Der deutsche Kolonialismus

Obwohl **Bismarck kein Imperialist** war, führte er **Deutschland als Kolonialmacht** in das Zeitalter des Imperialismus. Hauptmotiv scheint der **Sozialimperialismus**, Ablenkung von innenpolitischen und sozialen Konflikten durch imperialistische Eroberungs- und Kolonialpolitik, gewesen zu sein. Daneben waren für das **wirtschaftlich expandierende Reich** bei schwacher Binnennachfrage wegen niedriger Löhne die Suche nach neuen Märkten und Rohstoffquellen und die Schaffung von Siedlungsraum für die starke Auswanderungsbewegung wichtig. Motive wie Sendungsbewusstsein und Weltmachtstreben kamen anfänglich weniger in Betracht. Das deutsche Kolonialreich war klein, unrentabel und **wirtschaftlich wie politisch uninteressant** und der seit 1890 erstrebten Weltmachtstellung im Grunde nicht angemessen.

Das Wilhelminische Zeitalter

Die **Epoche von 1890–1918** in Deutschland wird oft als **„Wilhelminisches Zeitalter“** bezeichnet. Die Benennung nach der Person Wilhelms II. zeugt von dessen erheblicher **persönlicher Einflussnahme auf Politik und Kultur**. Aber es zeigt sich auch der Einfluss einer nationalistisch-arroganten, sich selbst überschätzenden Elite aus Adel, Wirtschafts- und Bildungsbürgertum auf den Kaiser, dessen rhetorische Entgleisungen In- und Ausland entsetzten. Die Reichsverfassung, von Bismarck auf sich zugeschnitten, besaß für den „Fall Wilhelm“ keine Kontrollmöglichkeiten. Die von Wilhelm ausgewählten Kanzler hatten zu wenig Profil, um eigene Politik durchsetzen zu können.

Deutsche Außenpolitik

Die außenpolitische Situation des Deutschen Reiches veränderte sich. Das Bismarck'sche Prinzip der Saturiertheit des Reiches wurde dem **„Griff nach der Weltmacht“** (Fritz Fischer) geopfert. Zu diesem Zweck sollte eine **pragmatische Politik wechselnder Bündnisse** dienen, unter Ausschöpfung aller Gelegenheiten Vorteile zu erlangen. Russland war politisch und wirtschaftlich verprellt und England durch eine aggressive Außen- und Militärpolitik (Risikoflotte) in seinem Abwehr- und Konkurrenzverhalten bestärkt. Einzige feste Position blieb das **Bündnis mit der K. u. K.-Monarchie**. Wilhelm und seine Berater glaubten, die Wirtschafts- und Kolonialkonflikte der europäischen Mächte untereinander seien so stark, dass das Reich in der Behandlung seiner Nachbarn Spielraum habe und England im Rahmen seiner Konflikte mit Frankreich und Russland irgendwann in die Arme des Reichs getrieben werde. Tatsächlich näherten sich die drei Mächte unter dem Druck der politischen Tatsachen einander an, bis sie koalierten.

Die deutsche Innenpolitik bis 1914

Innenpolitisch konnte Wilhelm durch **nationalistische Töne, Militarismus und imperiales Gehabe** große Teile einer patriotischen Öffentlichkeit für sich gewinnen, die durch Presse, Wirtschaft und politische Vereine manipuliert war. Trotz der seinerzeit großzügigen Sozialgesetzgebung gelang es Wilhelm wie Bismarck nicht, die **zum Marxismus tendierende deutsche Arbeiterschaft** mit dem Staat zu versöhnen. Enttäuscht wandten sich Wilhelm und die adelig bürgerlichen Eliten von der Arbeiterklasse ab, die sie als inneren Feind betrachteten. Die **marxistische SPD** war auf dem Weg, zur stärksten Partei zu werden.

Der Kriegsverlauf → S. 128 f.

1914
Hurra-Patriotismus, Burgfrieden, Scheitern des Schlieffen-Plans, „Wunder an der Marne“, Siege im Osten

1915
Der Bewegungskrieg wird zum Stellungskrieg; große Materialschlachten, U-Boot-Krieg des Deutschen Reichs

1916
extrem verlustreiche Schlachten (Verdun, Somme), Desillusionierung

Entstehung der Bündnisse

1879 Zweibund (D, Ö – U)
1882 Dreibund (D, Ö – U, I)
1904 Entente cordiale (F, GB)
1907 Triple Entente (F, GB, R)

→ **S. 124**

Bündnisse | **Krisen** | **Erster Weltkrieg**

1905 1. Marokkokrise
1908 1. Balkankrise
1911 2. Marokkokrise
1912/13 2. Balkankrise

→ **S. 125**

Der Kriegsausbruch

28. 6.
Ermordung des österreichischen Thronfolgerpaares

23. 8. österreichisches Ultimatum an Serbien

1. 8. – 4. 8. Kriegserklärungen (D → R, D → F, GB → D)

→ **S. 126**

Truppentransport an die Westfront, August 1914

VON DER MONARCHIE ZUR REPUBLIK

1917
Kriegseintritt der USA (6.4.), russische Oktoberrevolution, Ruf nach „Verständigungsfriede"

1918
Diktatfriede von Brest-Litowsk (3.3.); Scheitern der Frühjahrs- und Sommeroffensive der Mittelmächte, Waffenstillstand (11.11.)

28.10. Beginn (Meuterei der Matrosen)

4.11. Politische Forderungen

9.11. Ausrufung der deutschen Republik und der sozialistischen, Abdankung des Kaisers

→ **S. 135**

1914 – 1918 | Novemberrevolution

Innenpolitische Veränderungen

1914 Konstitutionelle Monarchie
1916 Militärdiktatur
1918 Parlamentarische Monarchie (3.10.)
1918 Republik (9.11.)

→ **S. 132**

Flucht Wilhelms II. am 10. November 1918: Der Ex-Kaiser (4. von links) einen Tag nach seiner unfreiwilligen Abdankung kurz vor seiner Abreise ins niederländische Exil

Demonstranten am 9.11.1918 in Berlin

6 Der Erste Weltkrieg

In diesem Kapitel erfahren Sie:

- Der Erste Weltkrieg entstand aus der Julikrise von 1914, hatte jedoch zahlreiche machtpolitische, territoriale und ethnische Ursachen.
- Alle Großmächte hatten Ziele, die nur militärisch zu erreichen waren.
- Der Krieg wurde von allen teilnehmenden Nationen zunächst euphorisch begrüßt. Die Begeisterung wich jedoch rasch einer wachsenden Desillusionierung, als die Neuartigkeit des ersten totalen Kriegs ungeheure Verluste forderte und auch die Zivilbevölkerung massiv ins Kriegsgeschehen mit einbezogen wurde.
- Der Kriegseintritt der USA machte aus dem europäischen Krieg 1917 einen Weltkrieg.
- Der Krieg hatte zahlreiche Auswirkungen, die die europäische Politik der beiden folgenden Jahrzehnte maßgeblich bestimmte.

6.1 Die Ursachen

Die **Ursachen des Ersten Weltkriegs:**

- Machtpolitische Gegensätze:
- die imperialistische Politik europäischer und überseeischer Mächte
- Nationalismus bzw. Chauvinismus und Prestigepolitik
- die Wilhelminische Weltmachtpolitik
- die Probleme des österreichischen Vielvölkerstaats
- der Zerfall des Osmanischen Reiches
- das „Pulverfass" Balkan

Machtpolitische Gegensätze im europäischen Staatensystem, der Imperialismus ⊛ europäischer und überseeischer Mächte, die nationalistische ⊛ und chauvinistische ⊛ Prestigepolitik der Großmächte sowie Wilhelms II. Weltmacht- und Flottenpolitik (➤ S. 120) lösten Spannungen und Konflikte aus. Sie wurden verstärkt durch die Schwierigkeiten des österreichisch-ungarischen Vielvölkerstaates, den absehbaren Zerfall des Osmanischen Reiches, der in Österreich und Russland Hoffnungen auf territoriale Gewinne weckte und einen wachsenden Interessenskonflikt auf dem Balkan zwischen (dem panslawistischen ⊛) Russland, Serbien und Österreich-Ungarn auslöste („Pulverfass" Balkan).

6.2 Die Bündniskonstellationen

Bündniskonstellationen:

1904: Entente cordiale: Großbritannien, Frankreich.

1907: Triple Entente: Großbritannien, Frankreich, Russland.

Die aggressive und oft ungeschickte Außen- und Flottenpolitik Wilhelms II. sowie sein Weltmachtanspruch in Afrika, Ostasien und im Pazifik isolierte das Deutsche Reich zunehmend und führte dazu, dass sich die Bündnispolitik Bismarcks ins Gegenteil verkehrte: Die verfeindeten Kolonialmächte Großbritannien und Frankreich näherten sich an und schlossen **1904** ein Bündnis, die **Entente cordiale** („herzliches Einvernehmen"). Die enge Bindung des Deutschen Reichs an Österreich-Ungarn und Wilhelms säbelrasselnde Außenpolitik bewirkten **1907** ein britisch-französisch-russisches Bündnis, die **Triple Entente**. In Deutschland sah man das Bündnis der Ententemächte als „böswillige Einkreisung" an und intensivierte den Zweibund (von 1879) mit Österreich-Ungarn.

Als ein von Großbritannien 1912 vorgeschlagener Flottenvertrag an der starren Haltung Wilhelms II. und seiner Regierung scheiterte, stand die Bündniskonstellation des Ersten Weltkriegs fest: Der **Triple Entente** stand der **Zweibund** von 1879 (→ S. 102) gegenüber. Auf Seiten der so genannten Mittelmächte standen auch das Osmanische Reich, Bulgarien und Italien, dessen Bindungen zu seinen Partnern des Dreibundes von 1882 (Deutsches Reich, Österreich-Ungarn) sich jedoch aufgrund eines Neutralitätsvertrages mit Frankreich (1902) und wachsender Spannungen mit Österreich gelockert hatten.

Intensivierung des Zweibunds (von 1879): Deutsches Reich, Österreich-Ungarn.

Damit stehen 1907 die Kriegsallianzen fest.

6.3 Die Krisen im Vorfeld

Die Rivalität der europäischen Großmächte verschärfte in der unmittelbaren Vorkriegszeit die machtpolitischen Gegensätze. Zahlreiche Krisen und Konflikte schufen zwischen 1905 und 1914 die feindselige Atmosphäre des Ersten Weltkriegs. Dazu gehören:

- Die **erste Marokkokrise. 1905** wandten sich Wilhelm II. und Reichskanzler von Bülow gegen den wachsenden Einfluss Frankreichs in Marokko, um dort deutsche Wirtschaftsinteressen zu schützen. Der Kaiser reiste nach Tanger, betonte die Unabhängigkeit Marokkos und löste dadurch eine internationale Krise aus. Die Konferenz von Algeciras (Südspanien) brachte keinen Erfolg. Sie bestätigte zwar die Unabhängigkeit des Sultanats Marokko, ohne dass sich am französischen Einfluss in Nordwestafrika etwas änderte, isolierte jedoch Deutschland als Provokateur und Friedensstörer.
- Die **zweite Marokkokrise**. Als Frankreich **1911** einen marokkanischen Aufstand niederschlug, entsandte Wilhelm II. das Kanonenboot „Panther" zum westmarokkanischen Hafen Agadir, um deutsche Ansprüche in dieser Region zu demonstrieren. Der **„Panthersprung nach Agadir"** (Juli 1911) löste eine Krise zwischen dem Deutschen Reich und dem von Großbritannien unterstützten Frankreich aus. Der deutsch-französische **Marokko-Kongo-Vertrag** legte im November 1911 die Errichtung des französischen Protektorats über Marokko fest und die Übergabe kleinerer Randgebiete des französischen Kongo an Deutschland. Der Vertrag wurde in beiden Staaten von nationalistischen Kreisen als Niederlage empfunden. Wilhelms Drohgebärde hatte die bereits bestehenden Spannungen verschärft, die Großmächte rüsteten hektisch auf und bereiteten sich auf einen Krieg vor.

Beide Marokkokrisen, die von Wilhelm II. als Machtdemonstrationen genutzt wurden, endeten mit diplomatischen Niederlagen für das Deutsche Reich und festigten bei den anderen Großmächten den Eindruck, Deutschlands Weltpolitik bedrohe den Frieden Europas. Vor allem die zweite Marokkokrise führte zu einer intensiveren Zusammenarbeit der Entente-Mächte.

Krisen im Vorfeld des Ersten Weltkriegs:

1. Marokkokrise (1905): Wilhelm II. reist nach Tanger, engagiert sich für das von Frankreich beherrschte Marokko. Die Konferenz von Algeciras endet ergebnislos, Deutschland ist als Provokateur isoliert.

2. Marokkokrise (1911): Die demonstrative Entsendung des deutschen Kanonenboots Panther nach Marokko („Panthersprung nach Agadir") führt zwar zum deutsch-französischen Marokko-Kongo-Vertrag mit kleinen Gebietsgewinnen für das Deutsche Reich im Kongo, ändert jedoch nichts an der französischen Vorherrschaft über Marokko.

Beide Krisen sind Niederlagen für Wilhelm II. und machen das Deutsche Reich zum Aggressor.

1. Balkankrise (1908): Österreich-Ungarn annektiert, unterstützt vom Deutschen Reich, das türkische Bosnien-Herzegowina.

2. Balkankrise (1912/13): Im „Balkanbund" erkämpfen Serbien, Bulgarien, Griechenland und Montenegro ihre Unabhängigkeit vom Osmanischen Reich. Die Aufteilung der „Beute" führte 1913 zu einem Krieg unter den Siegern.

- Die **erste Balkankrise** („Bosnienkrise"). Im Herbst **1908** nutzte Österreich-Ungarn innenpolitische Wirren im Osmanischen Reich aus („Jungtürkische Revolution") und annektierte das unter türkischer Oberhoheit stehende Bosnien-Herzegowina. Russland und Österreich-Ungarn gerieten in die Nähe eines Kriegs. Das Deutsche Reich unterstützte Österreich-Ungarn, Russland rückte noch näher an Großbritannien und Frankreich.
- Die **zweite Balkankrise**. Die von Russland unterstützten nationalrevolutionären Befreiungsbewegungen auf dem Balkan gegen die Türkei führten **1912** zu dem „Balkanbund" zwischen Serbien, Bulgarien, Griechenland und Montenegro und zum ersten Balkankrieg (Herbst 1912). Die Türkei verlor bis auf ein kleines Gebiet vor Istanbul alle ihre europäischen Besitzungen. Die Aufteilung der Beute löste einen gegen Bulgarien gerichteten zweiten Balkankrieg aus (Sommer **1913**), den Serbien gewann.

Der extreme Nationalismus bzw. Chauvinismus der jungen Balkanstaaten verhinderte die Entstehung eines neuen Ordnungssystems und schuf zusätzliche Konflikte, in die die Großmächte immer wieder hineingezogen wurden. So wurde der Balkan zum „Pulverfass" Europas und zum Auslöser des Ersten Weltkriegs.

6.4 Der Kriegsausbruch

Der Kriegsausbruch:

28.6.1914: Ermordung des österreichischen Thronfolgerpaares in Sarajewo (Bosnien) durch die „Schwarze Hand" (serbische Untergrundorganisation). Wilhelm II. drängt die österreichische Führung zum Krieg gegen Serbien. Obwohl Serbien ein hartes Ultimatum Österreich-Ungarns annimmt, erklärt dieses am **28.7.1914** den Krieg. Nach der Kriegserklärung des Deutschen Reichs an Russland und Frankreich tritt auch Großbritannien am 4. August in den Krieg ein.

Der Krieg wurde am **28.6.1914** ausgelöst durch die **Ermordung des österreichischen Thronfolgers Franz Ferdinand** und seiner Frau in Sarajewo, der Hauptstadt des 1908 von Österreich-Ungarn annektierten Bosnien-Herzegowina. Das Thronfolgerehepaar wurde von dem bosnischen Studenten Gavrilo Princip im Auftrag der serbischen Untergrundorganisation „Schwarze Hand" ermordet. Eine direkte Beteiligung der serbischen Regierung wurde nicht deutlich. Dieser Mord löste die **„Julikrise"** aus, die geprägt war von Drohgebärden, halbherzigen diplomatischen Vermittlungsversuchen und Fehleinschätzungen. Kaiser Franz Joseph I. und die Mehrheit der österreichisch-ungarischen Spitzenpolitiker wollten zunächst – im Gegensatz zu den Militärs – keinen Krieg gegen Serbien. Sie wurden jedoch von Wilhelm II. unter Druck gesetzt. Schließlich richtete Österreich-Ungarn am 23. August ein mit der deutschen Regierung abgesprochenes, sehr hartes und auf 48 Stunden befristetes Ultimatum an Serbien, das dieses im Wesentlichen annahm und lediglich die direkte Einmischung in die inneren Angelegenheiten des Landes ablehnte. Trotzdem erfolgte am **28.7.1914** die **Kriegserklärung Österreich-Ungarns an Serbien**. Da Russland am 30.7., Österreich-Ungarn am 31.7. und Deutschland nach einem Ultimatum an Russland, die Mobilmachung zurückzunehmen, am 1.8. mobil machten, war aufgrund der Bündnissituation ein europäischer Krieg unvermeidlich.

Am 1.8.1914 erklärte Deutschland Russland und am 3.8. Frankreich den Krieg. Der Durchmarsch der deutschen Truppen durch das neutrale Belgien bewirkte am 4.8. die Kriegserklärung Großbritanniens an Deutschland.

Keine der Großmächte rechnete mit einem langen Krieg, geschweige denn mit einem Weltkrieg. Die militärischen Führungen gingen auf beiden Seiten davon aus, den Krieg noch im Jahre 1914 beenden zu können.

6.5 Die Kriegsschuldfrage

Nach dem Attentat von Sarajewo waren Kaiser **Franz Joseph I. und** die **Mehrheit der österreichischen Politiker** im Gegensatz zu den Generälen **gegen ein militärisches Vorgehen** gegen Serbien, da die Beteiligung des serbischen Staates am Attentat nicht nachzuweisen war und man befürchtete, dass sich eine militärische Auseinandersetzung zu einem europäischen Krieg ausweiten könnte. **Wilhelm II.** bestärkte jedoch die Militärs durch seinen **„Blankoscheck"** (5. Juli), in dem er Österreich-Ungarn seine bedingungslose Bündnistreue auch für den Fall eines Krieges gegen Serbien erklärte. In den folgenden Tagen übte er stärkeren Druck aus, indem er u. a. Franz Joseph mitteilen ließ, dass „mit einer Aktion gegen Serbien" aufgrund der günstigen Situation nicht mehr gewartet werden solle; Russland sei nicht kriegsbereit und zu schwach, um für Serbien in den Krieg zu ziehen. Deshalb würde er es nicht verstehen, wenn Österreich-Ungarn „die gegebene Situation" vorübergehen ließe, „ohne einen Schlag zu führen". Das mit ihm abgesprochene und als unannehmbar angesehene Ultimatum Österreichs an Serbien (23. Juli) sollte den Krieg auslösen. Obwohl Serbien das Ultimatum weitgehend annahm und Wilhelm nun keinen Kriegsgrund mehr sah, übte er keinen Druck auf seinen Bündnispartner aus, die Mobilmachung rückgängig zu machen und von einer Kriegserklärung an Serbien abzusehen. Obwohl Wilhelm II. einen großen europäischen Krieg (unter Einbeziehung Großbritanniens) sicher nicht wollte, haben er und Kanzler von Bethmann-Hollweg sicherlich die **Hauptschuld**, auch wenn **anderen Staaten** eine **Teilschuld unterschiedlichen Ausmaßes** zukommt: Österreich-Ungarn hielt starr an seinem problematischen Vielvölkerstaat fest, Serbien versuchte in aggressiver Weise die Nationalidee zu verwirklichen, Russland wollte die drohende Revolution im Innern durch einen Krieg nach außen verhindern, Großbritannien brachte seine Stärke diplomatisch-mäßigend zu wenig ein und Frankreich benutzte die Entente, um die Niederlage von 1870/71 zu revidieren.

Die **Frage der Kriegsschuld** wurde nach 1918 sowohl bei Siegern als Besiegten völlig unterschiedlich gesehen. Sie **bestimmte** die Pariser Friedensverträge sowie **das Verhältnis der Sieger und Besiegten** in der Zwischenkriegszeit maßgeblich.

Die Kriegsschuldfrage:

Alle beteiligten Staaten trifft eine Kriegsschuld unterschiedlichen Ausmaßes. Da Wilhelm II. aber Österreich-Ungarn zum Krieg gegen Serbien gedrängt hat (z. B. durch seinen „Blankoscheck"), trifft ihn die Hauptschuld.

Der deutschstämmige englische Historiker John Röhl (2004) über Wilhelm II.:

„Er hat keine Kriegsverbrechen verübt, keinen Mordbefehl erlassen oder dergleichen. Aber Verschwörung zu einem Angriffskrieg – das muss man ihm vorwerfen … eines ist sicher: Das Ultimatum Österreich-Ungarns an Serbien bedeutete Krieg, und ohne die Deutschen hätte es das Ultimatum nicht gegeben. Ich glaube übrigens, dass es überhaupt nicht zu einem Krieg gekommen wäre, wenn die Deutschen ihre Weltmachtansprüche reduziert hätten." [1]

6.6 Die Kriegsziele

Die europäischen Großmächte hatten folgende Kriegsziele:

Deutsches Reich: Hegemonie auf dem Kontinent durch Gewinnung wichtiger Wirtschaftsgebiete im Westen und Osten Europas; Vergrößerung des Kolonialbesitzes; Beseitigung der englischen Vorherrschaft zwischen Gibraltar und Indien; Sonderfriede mit Russland.

Österreich-Ungarn: Erhalt des Vielvölkerstaates, Sicherung des Großmachtstatus.

Frankreich: Revanche für 1870/71, sichere Ostgrenze.

Großbritannien: Verhinderung der Weltmachtstellung Deutschlands.

Russland: Zugang zum Mittelmeer (Gewinn der Dardanellen); Gewinnung Ostpreußens und Galiziens; Schaffung eines von Russland geführten panslawistischen Reichs.

Alle am Krieg beteiligten Großmächte hatten weit reichende **Kriegsziele**:

- Das **Deutsche Reich** strebte vier Ziele an: Die Hegemonie auf dem Kontinent und deren wirtschaftliche Grundlage durch die Gewinnung wichtiger Wirtschaftsgebiete im Westen (Lüttich-Antwerpen, flandrische Küste, Erzbecken von Briey) und einen vom Deutschen Reich kontrollierten „Großraum“ im Osten Europas; Vergrößerung des Kolonialbesitzes; Beseitigung der englischen Vorherrschaft zwischen Gibraltar und Indien; Sonderfriede mit Russland, um den Rücken gegen die Westmächte frei zu bekommen.
- Die zwei Hauptziele **Österreich-Ungarns** bestanden in der Erhaltung des Vielvölkerstaates und in der Sicherung des Großmachtstatus in Südosteuropa. Dies setzte die Ausschaltung Russlands als Konkurrent auf dem Balkan voraus.
- **Frankreich** wollte Revanche für 1870/71, die Rückgewinnung von Elsass-Lothringen, die Annexion des Saarlandes und sichere Ostgrenzen. Diese sollten durch die Eingliederung des Rheinlandes oder durch die Schaffung zweier neutraler Rheinstaaten als Puffer erreicht werden. Das Hauptziel bestand in der Rückgewinnung der kontinentalen Hegemonie.
- **Großbritannien** ging es vorrangig darum, die Weltmachtstellung Deutschlands zu verhindern. Territoriale Ziele hatte es auf dem Kontinent nicht, unterstützte jedoch die Wiederherstellung Belgiens, die Unabhängigkeit Polens und der Völker der Donaumonarchie. Hierfür propagierte es den Krieg als Kreuzzug der Demokratie gegen Tyrannei und Despotismus ❋.
- **Russlands** Ziele waren die Gewinnung der Dardanellen (und damit der Zugang zu einem warmen Meer), Ostpreußens und Galiziens (Südosten Polens) sowie die Zusammenfassung aller Slawen in einem von Russland geführten panslawistischen Reich.

6.7 Der Kriegsverlauf in Europa

Der **Kriegsverlauf** in Europa:

1914: Große Kriegsbegeisterung auf allen Seiten; „Burgfrieden“ der im Reichstag vertretenen Parteien; der Schlieffen-Plan (Umgehung der französischen Stellungen durch die neutralen Länder Luxemburg und Belgien) bringt Anfangserfolge.

1914: Bei Kriegsbeginn herrscht auf allen Seiten große nationale Kriegsbegeisterung (**„Hurra-Patriotismus“**). In Deutschland schließen die im Reichstag vertretenen Parteien den **„Burgfrieden“**. Sie vereinbaren, angesichts des Krieges Geschlossenheit zu zeigen und auf ihre politischen Rechte zugunsten des Kaisers und der Militärs zu verzichten. Sogar die SPD stimmte Anfang August für den Kriegskredit. Euphorisch erklärte Wilhelm II. daraufhin, er kenne keine Parteien mehr, er kenne nur noch Deutsche. Am 4. August begründet er in seiner Thronrede den Krieg mit einem „seit langen Jahren tätigen Übelwollen [der Kriegsgegner] gegen Macht und Gedeihen des Deutschen Reichs“, das in „aufgedrungener Notwehr“ und mit „reinem Gewissen“ das Schwert ergreife.

Anfang September scheiterte der **Schlieffen-Plan** (Umgehung der starken französischen Stellungen durch die neutralen Staaten Belgien und Luxemburg) in Nordfrankreich, da Truppen gegen die russische Armee in Ostpreußen benötigt wurden. In Frankreich wurde dies als „Wunder an der Marne" gesehen. Der **Bewegungskrieg erstarrte zum Stellungs-** und **Abnutzungskrieg.** Im Osten erreichte Deutschland nach anfänglichen Niederlagen Siege in Ostpreußen (Tannenberg) und Polen (Masurische Seen).

An der Marne stoppt der deutsche Vormarsch Anfang September. Der Bewegungskrieg erstarrt zum Stellungskrieg; Siege im Osten (Tannenberg, Masurische Seen).

1915: Große **Materialschlachten** und der **massive Einsatz von** Soldaten und **neuen Waffen** (Artillerie, Maschinengewehre, Panzer, Gas, Flugzeuge, U-Boote) bestimmen von jetzt an den Krieg und bringen **riesige Verluste** auf beiden Seiten (Verdun, Douaumont, an der Somme). Als Reaktion auf die britische Seeblockade erklärt Deutschland den uneingeschränkten **U-Boot-Krieg**, der sich auch gegen Handels- und Passagierschiffe neutraler Staaten richtet. Italien tritt an der Seite der Entente-Mächte in den Krieg ein. Auch **im Osten** wird trotz einer erfolgreichen Offensive der Mittelmächte (Warschau, Brest-Litowsk, Grodno, Wilna) der **Bewegungskrieg zum Stellungskrieg**. In der Heimat entsteht eine **rasch wachsende Ernüchterung**.

1915: Große Materialschlachten, massiver Einsatz neuer Waffen, riesige Verluste auf beiden Seiten (Verdun, Douaumont, Somme); die britische Seeblockade beantwortet das Deutsche Reich mit dem uneingeschränkten U-Boot-Krieg; Stellungskrieg auch im Osten; wachsende Ernüchterung in Deutschland.

1916: In extrem verlustreichen Schlachten um **Verdun** („Hölle von Verdun", Februar–Dezember) und an der **Somme** (Juni–November) fallen auf beiden Seiten fast 2 Millionen Soldaten, ohne dass entscheidende Gebietsgewinne erzielt werden. Auch die einzige Seeschlacht zwischen der britischen und der deutschen Kriegsmarine am **Skagerrak** hat keinen Gewinner und verändert die Gesamtlage nicht. In Deutschland breitet sich eine Hungersnot aus, die **Desillusionierung im Deutschen Reich** wächst.

1916: Extrem verlustreiche Schlachten (Verdun, Somme); die einzige Seeschlacht des Kriegs am Skagerrak bringt keine Entscheidung.

1917: Der verschärfte deutsche U-Boot-Krieg bewirkt den **Kriegseintritt der USA** am 6.4.1917, macht den Krieg zum **Weltkrieg** und bringt die **militärische Entscheidung**. Die **russische Oktoberrevolution** ermöglicht dem deutschen Reich im Dezember einen Waffenstillstand mit Russland. Beide Ereignisse des „Epochenjahres" haben große langfristige Auswirkungen: Weltmachtstellung der USA, Entstehung der UdSSR. Im Juli 1917 fordern SPD, Zentrum und die Liberalen im Reichstag einen **„Verständigungsfrieden"**(➝ S. 133).

1917: Der Kriegseintritt der USA (6.4.1917) bringt die militärische Entscheidung; die russische Oktoberrevolution bewirkt den Waffenstillstand im Osten.
SPD, Zentrum und Liberale fordern einen „Verständigungsfrieden".

1918: Der **„Diktatfriede" von Brest-Litowsk** (3. März) beendet den Krieg im Osten. Dennoch wird die Lage der Mittelmächte immer aussichtsloser. Frühjahr- und Sommeroffensiven scheitern und der Einsatz der frischen, gut ausgerüsteten US-Truppen erzwingt Waffenstillstandsverhandlungen, die die Oberste Heeresleitung (OHL, Hindenburg **S.194** und Ludendorff) von Politikern bestreiten lässt, um die Verantwortung für den verlorenen Krieg auf die Politiker abzuwälzen (➝ S. 134). Der **Waffenstillstand von Compiègne** (11. November) bedeutet die **bedingungslose Kapitulation des Deutschen Reichs**.

1918: Der „Diktatfriede" von Brest-Litowsk (3. März) beendet den Krieg im Osten, der Waffenstillstand von Compiègne (11. November) den im Westen.

6.8 Charakteristika und Ergebnisse

Charakteristika: Neuartigkeit des Kriegs; erster totaler Krieg; weltweite Auseinandersetzung; ungeheure Menschenverluste; Einbeziehung der Zivilbevölkerung (Flucht, Vertreibung, Verschleppung von Zivilisten, völlige Zerstörung von Städten oder Hauptkampfgebieten, Partisanentätigkeit); Brutalität der Kriegsführung.

Ergebnisse:
- Zusammenbruch des europäischen Staatensystems (Untergang von 4 Reichen und fast aller Monarchien)
- Entstehung neuer Staaten und zahlreicher neuer politischer, territorialer, ethnischer Probleme
- Europa verliert seine Führungsrolle an die USA
- der Krieg ist der Beginn des „zweiten Dreißigjährigen Kriegs" (1914–1945)
- er ermöglicht den Aufstieg Lenins und Hitlers und schafft den Nährboden für Faschismus und Bolschewismus
- er löst den Überlebenskampf zwischen Demokratie, Faschismus und Bolschewismus aus und ist Hauptursache des Zweiten Weltkriegs.

Charakteristika: Der Erste Weltkrieg war ein neuartiger Krieg. Modernste Waffentechnik bewirkte ungeheure Menschenverluste (ca. 17 Mio. Tote) und die völlige Zerstörung ganzer Landstriche. Er war der erste totale Krieg. An ihm waren ca. 70 Millionen Soldaten aus allen Kontinenten und ca. ¾ der damaligen Menschheit direkt oder indirekt beteiligt.

Der Krieg unterschied sich von allen bisherigen Kriegen, da er auch die Zivilbevölkerung erfasste. Nun prägten Flucht, Vertreibung und Verschleppung, Zwangsarbeit, die völlige Zerstörung von Städten (z. B. Ypern) und Kampfgebieten (Nordostfrankreich), Zivilisten als lebende Schutzschilde und brutale Vergeltungsmaßnahmen für Partisanentätigkeit das Bild des Krieges, der extremste Emotionen auslöste.

Ergebnisse: Der Erste Weltkrieg bewirkte den Zusammenbruch des bisherigen europäischen Staatensystems. Fast alle Monarchien und vier Imperien gingen unter (Deutsches Reich, Österreich-Ungarn, Zarenreich, Osmanisches Reich), neue Staaten entstanden (z. B. Finnland, baltische Staaten, Polen, Tschechoslowakei und Jugoslawien). Sie hinterließen zahlreiche ungelöste politische, territoriale und ethnische Probleme bzw. schufen neue. In den „alten" europäischen Staaten vollzogen sich tief greifende Veränderungen der Herrschaftssysteme hin zu militärisch-diktatorischen Strukturen.

- Europa verlor seine weltpolitische Führungsrolle an die USA.
- Der Krieg markiert den Beginn einer neuen Epoche, der Zwischenkriegszeit, die aufgrund der starken Kontinuitätslinien in der Fachwissenschaft als der „zweite Dreißigjährige Krieg" (von 1914 bis 1945) bezeichnet wird.
- Er verhalf Wladimir Iljitsch Lenin bzw. den Bolschewisten an die Macht und initiierte dadurch die Entstehung der UdSSR, die die europäische und seit 1945 die globale Politik bis 1990/91 maßgeblich bestimmte.
- Er bereitete den Nährboden für die Entstehung faschistischer Diktaturen bzw. des Bolschewismus mit ihren Wahnvorstellungen von Rassen- oder Klassenkampf und er löste den Überlebenskampf zwischen Demokratie, Faschismus und Bolschewismus im Europa der Zwischenkriegszeit aus und ist aufgrund dieser eng miteinander verknüpften und aufeinander einwirkenden Faktoren die Hauptursache des Zweiten Weltkriegs.

Alle Querverweise im Überblick:

Zweibund: S. 125 ➤ S. 102
Verantwortung für den verlorenen Krieg: S. 129 ➤ S. 133
Hindenburg: S. 194

Zusammenfassung

Der Erste Weltkrieg

Die **wesentlichen Ursachen** des Ersten Weltkriegs waren Nationalismus bzw. Chauvinismus, Imperialismus, die Weltmachtpolitik des Deutschen Reichs, die deutsch-britische Rivalität im Flottenbau, die inneren Probleme des Vielvölkerstaats Österreich-Ungarn, die Prestigepolitik aller europäischen Großmächte, der Zerfall des Osmanischen Reichs und das „Pulverfass Balkan".

Diese außenpolitischen Verhältnisse bewirkten die **Entstehung der Kriegskoalitionen**: **1904** entstand die **Entente cordial**e zwischen Großbritannien und Frankreich, **1907** die **Triple Entente** zwischen den beiden Westmächten und Russland. Ihr stand der **Zweibund** zwischen Deutschland und Österreich-Ungarn gegenüber.

Die **Marokkokrisen** (1905 und 1911) und die **Balkankrisen** (1908, 1912/13) zeigen, dass sich die außenpolitischen Verhältnisse permanent verschlechterten.

Die Kriegsschuld trifft aufgrund ihres Verhaltens in der Julikrise 1914 und ihrer Kriegsziele alle europäischen Großmächte. Allerdings kommt **Wilhelm II.** (und den führenden deutschen Politikern) aufgrund seiner aggressiven Außenpolitik und des Drucks auf Österreich-Ungarn in der Julikrise die **Hauptschuld** zu.

Der Erste Weltkrieg, der Anfang August 1914 ausbrach, war der **erste totale Krieg**. An der weltweiten Auseinandersetzung waren ca. ¾ der damaligen Menschheit beteiligt. Aus dem anfänglichen Bewegungskrieg entwickelte sich bald im Westen und im Osten ein zermürbender Stellungs- und Materialkrieg. Neue Waffen und die Brutalität der Kriegsgegner bewirkten **ungeheure Menschenverluste** sowie **Vernichtung und Zerstörung** in bisher ungeahntem Ausmaß.

Der **Kriegseintritt der USA** auf der Seite der Alliierten **(1917)** bedeutete die entscheidende **Wende**. Trotz des Sieges im Osten gegen Russland, das aufgrund der Oktoberrevolution und des darauf folgenden Bürgerkriegs den Diktatfrieden von Brest-Litowsk akzeptieren musste (März 1918), war der Krieg entschieden. Die Mittelmächte kapitulierten am **11. November 1918** zu **Compiègne** bedingungslos.

Der **Erste Weltkrieg**, die „Urkatastrophe" Europas, hatte **weit reichende und langfristige Folgen**: Fast 17 Millionen kamen im Krieg um, Europa verlor die weltpolitische Führungsrolle an die USA; vier Reiche gingen unter (Deutsches Reich, Österreich-Ungarn, Zarenreich, Osmanisches Reich) und hinterließen zahlreiche ungelöste Probleme; neue Staaten mit oft problematischen territorialen und ethnischen Verhältnissen entstanden; der Krieg bewirkte die Entstehung faschistischer Diktaturen bzw. des Bolschewismus und löste einen Überlebenskampf zwischen Demokratie, Faschismus und Bolschewismus aus.

Der **Erste Weltkrieg** markiert den **Beginn** einer neuen Epoche, der **des „zweiten Dreißigjährigen Kriegs"** (1914–1945) und ist aufgrund dieser eng miteinander verknüpften und aufeinander einwirkenden Folgen die Hauptursache **des Zweiten Weltkriegs**.

7 Der Weg zur Republik

In diesem Kapitel erfahren Sie:

- Zwischen 1916 und 1918 veränderte sich die politische Struktur des Deutschen Reichs gravierend: Der Kaiser blieb zwar offiziell im Amt, wurde jedoch 1916 von der Obersten Heeresleitung (OHL) de facto entmachtet.
- Aus der konstitutionellen Monarchie wurde zunächst eine Militärdiktatur, in der die OHL nun auch die Innen- und Außenpolitik bestimmte und schließlich eine parlamentarische Monarchie verordnete.
- Diese Veränderungen vollzogen sich hinter den Kulissen und wurden dem Volk nicht bewusst.
- Die von der OHL befohlene parlamentarische Regierung schloss den Waffenstillstand mit den Alliierten und wurde in der Weimarer Republik deshalb mit dem Makel des verlorenen Kriegs belastet.
- Die „Revolution" vom November 1918 beendete die Monarchie und etablierte die erste deutsche Republik.
- Die Ereignisse des November 1918 waren, verglichen mit 1789 und 1917, keine wirkliche Revolution.

7.1 Die innenpolitische Situation während des Ersten Weltkriegs

Von der konstitutionellen Monarchie zur Militärdiktatur

1916 entmachteten die Militärs Wilhelm II. Die militärische und politische Macht ging an die **Oberste Heeresleitung** unter der Führung Hindenburgs und Ludendorffs. De jure war das Deutsche Reich noch eine konstitutionelle Monarchie, de facto eine **Militärdiktatur**.

Innerhalb von zwei Jahren änderte sich die politische Machtstruktur des Deutschen Reichs wesentlich. Entscheidend für die innere Entwicklung der Weimarer Republik war jedoch, dass sich diese Veränderungen praktisch hinter den Kulissen ereigneten und die damit einhergehende **Parlamentarisierung und Demokratisierung vom Volk nicht wahrgenommen** wurde.

Laut Verfassung lag der militärische Oberbefehl in den Händen des Kaisers. Der ausbleibende Kriegserfolg und die enormen Belastungen durch den Krieg führten jedoch im August **1916** dazu, dass aufgrund der Stimmung im Heer und im Volk von Hindenburg, der „Sieger von Tannenberg", und sein Stratege Ludendorff den militärischen Oberbefehl gegen den Willen Wilhelms II. erhielten. Dies bedeutete de facto die **Entmachtung des Kaisers**, obwohl er bis zu seiner Abdankung nominell das Amt des obersten Befehlshabers wahrnahm. Die Stellung der neuen Obersten Heeresleitung (OHL) war aufgrund der Kriegssituation und der dadurch bedingten innenpolitischen Verhältnisse praktisch unangreifbar. **Hindenburg und Ludendorff bestimmten** neben der Kriegsführung nun **auch** die **Innen- und Außenpolitik**, die Einberufung und den Sturz von Kanzlern, die nur auf dem Papier dem Kaiser verantwortlich waren. Das Deutsche Reich war de jure noch immer eine konstitutionelle Monarchie.

Der Zerfall des Burgfriedens

1915/16 wich die Kriegsbegeisterung einer wachsenden Desillusionierung. Zudem traf der Hungerwinter **1916/17** die Bevölkerung hart. Entbehrungen, Schwarzmarkt, Wuchergeschäfte und die enttäuschende Kriegssituation ließen die in den ersten Kriegsmonaten von der Bevölkerung und den Parteien gezeigte Einmütigkeit zerbrechen und lösten eine **breite Friedensdiskussion** im Volk und im Parlament aus.

Die wachsende Desillusionierung und die schweren Belastungen der Zivilbevölkerung lösten 1916 eine starke Friedensdiskussion aus.

1916 gründete eine Gruppe linksradikaler Intellektueller unter der Führung von Rosa Luxemburg und Karl Liebknecht den sozialistischen Spartakusbund (➛ S. 142). Ihr Ziel war die internationale Revolution des Proletariats. 1917 gründeten ehemalige Abgeordnete der SPD, die 1915 die Verlängerung der Kriegskredite abgelehnt hatten und deshalb aus der Partei ausgeschlossen worden waren, in Gotha die Unabhängige Sozialdemokratische Partei Deutschlands (USPD), der sich der Spartakusbund anschloss.

Auch in anderen Parteien nahm die Friedensdiskussion einen immer breiteren Raum ein. Im **Frühjahr 1917** beschlossen die Fraktionen der SPD, des Zentrums und der Fortschrittlichen Volkspartei eine **Friedensresolution** (➛ S. 129). Sie hatte einen Verständigungsfrieden ohne erzwungene Gebietsabtretungen zum Inhalt. Gegen diesen „Verrat des Vaterlands" wandten sich extreme Nationalisten und gründeten Anfang September die Deutsche Vaterlandspartei.

Linksextreme Gruppen bzw. Parteien (Spartakusbund, USPD) wandten sich gegen die Fortführung des Kriegs. 1917 forderten die Reichstagsfraktionen von SPD, Zentrum und Fortschrittlicher Volkspartei einen „**Verständigungsfrieden**".

Die parlamentarische Monarchie

Hindenburg und Ludendorff wollten Ende September 1918 einen sofortigen Waffenstillstand, da sie die Aussichtslosigkeit der Lage erkannten. Die USA verlangten als Voraussetzung dafür jedoch eine deutsche Regierung auf demokratischer Grundlage. Deshalb wurden die **Parteien** von der OHL **„zur Machtübernahme befohlen"** und bildeten unter dem parteilosen Prinz Max von Baden eine vom Parlament getragene Regierung. Das Deutsche Reich war nun eine **parlamentarische Monarchie**. Für das Volk hatte sich wiederum nichts Entscheidendes geändert: Auf einen Grafen als Kanzler war ein Prinz gefolgt.

Die **neue Regierung** (3.10.–9.11.1918) hatte **zwei** wesentliche **Ziele**: Einen raschen und günstigen Waffenstillstand und eine neue Verfassung, die den veränderten politischen Strukturen Rechnung tragen sollte. Die Verfassung vom 28. Oktober hatte folgende wesentliche Bestimmungen: Abhängigkeit der Regierung vom Parlament, Einführung eines allgemeinen, gleichen, geheimen und direkten Wahlrechts und die Ausübung der militärischen Kommandogewalt durch einen dem Parlament verantwortlichen Minister. Dies bedeutete, dass der Kaiser nur noch eine repräsentative Funktion hatte. Mit dieser Entwicklung gaben sich das liberale Bürgertum und die SPD zufrieden. Die Abschaffung der Monarchie wollte außer den Linksradikalen niemand.

Als die Niederlage absehbar war, befahl die OHL eine **parlamentarische Regierung**.

Die Regierung Max von Baden erreichte zwei Ziele:

1. Eine **neue Verfassung** mit folgenden Charakteristika: Abhängigkeit der Regierung vom Parlament, allgemeines, gleiches, geheimes und direktes Wahlrecht und militärische Kommandogewalt für einen dem Parlament verantwortlichen Minister. Das Deutsche Reich war nun eine parlamentarische Monarchie, der Kaiser hatte nur noch repräsentative Macht.
2. Einen **baldigen Waffenstillstand**.

Die OHL stiehlt sich aus der Verantwortung

Ludendorff (Okt. 1918):

„Die [Politiker der neuen Regierung] sollen ... die Suppe jetzt essen, die sie uns eingebrockt haben.“ [1]

Im September 1918 forderte die OHL von der Regierung einen schnellen Waffenstillstand. Wenig später proklamierten Hindenburg und Ludendorff den heroischen Kampf bis zum Untergang. Die Regierung trug diese Wende nicht mit, Hindenburg und Ludendorff traten zurück und stahlen sich aus der Verantwortung. Die Parteien bzw. die Demokratie wurden nun mit dem **Makel des verlorenen Kriegs** zu Unrecht belastet.

Trotz der sich deutlich abzeichnenden Niederlage herrschte in weiten Teilen der Bevölkerung eine verhängnisvolle Fehleinschätzung vor. Gründe hierfür waren der Sieg im Osten, die Tatsache, dass die deutschen Truppen noch im Ausland standen, die übertriebene Hoffnung auf einen milden Wilson-Frieden ✱ sowie die fehlende Bereitschaft der national Denkenden, die Niederlage zu akzeptieren. Nachdem noch im Sommer 1918 die Militärs mit Durchhalteparolen und nationalen Appellen der wachsenden Kriegsmüdigkeit Einhalt hatten bieten wollen, kam im September die radikale Wende: Die OHL forderte von der Regierung einen möglichst raschen Waffenstillstand. Nach der harten 3. Wilson-Note ✱ änderte die OHL wiederum den Kurs radikal und proklamierte nun den heroischen, wenngleich sinnlosen Kampf bis zum Untergang. Als Max von Baden diesen Kurswechsel nicht mittrug, traten **Hindenburg** und **Ludendorff** zurück und **stahlen sich aus der Verantwortung.** Die Regierung und die demokratischen Parteien versäumten es, die Rolle der Militärs und deren Verantwortung dem Volk deutlich zu machen. Deshalb mussten sie bzw. die Demokratie zu Unrecht „die Suppe auslöffeln“, und wurden mit dem Makel des verlorenen Kriegs und des Versailler Vertrags (→ S. 154) belastet.

Paul von Hindenburg (links), Wilhelm II. (Mitte) und Ludendorff bei einer Lagebesprechung

7.2 Die Novemberrevolution 1918

Der Verlauf:

28.10.: Die Marineleitung erteilt der Hochseeflotte den angesichts der Lage sinnlosen Befehl in Richtung Themsemündung auszulaufen.

29.10.: Erste Meutereien von Matrosen in Wilhelmshaven.

31.10.: Die Meuterei greift auf Kiel über; Max von Baden bittet Wilhelm II. abzudanken.

01.11.: Die Matrosen fordern die Freilassung der Meuterer und disziplinäre Verbesserungen; der Kaiser lehnt eine Abdankung kategorisch ab.

03.11.: Die Unruhen führen in Kiel zu erstem Blutvergießen bei einem Zusammenstoß zwischen Militär und Matrosen.

04.11.: **Erstmals** werden **politische Forderungen** laut: „Schleunigst Frieden", Bildung von Räten ⊛ und Abdankung des Kaisers.

05.11.: Die Revolution erfasst Lübeck und Hamburg.

07.11.: Der bayerische König Ludwig III. tritt zurück, der Sozialist Kurt Eisner ruft in München die Räterepublik ⊛ (➛ S. 160) aus. Weitere Fürsten treten zurück; die SPD stellt an Wilhelm II. ein Ultimatum binnen 24 Stunden abzudanken.

09.11.: Wilhelm weigert sich wegen „der paar Juden und der 1000 Arbeiter" zurückzutreten; Max von Baden lässt per Rundfunk die Abdankung des Kaisers verkünden, tritt zurück und übergibt sein Amt an Friedrich Ebert (SPD). Um den Radikalen zuvorzukommen, verkündet Philipp **Scheidemann** (SPD) um die Mittagszeit sehr zum Missfallen seiner Parteiführung vom Reichstag aus die **deutsche Republik** ⊛ und damit das Ende der Monarchie; kurze Zeit danach ruft Karl **Liebknecht** (USPD) die „freie **sozialistische Republik Deutschland**" aus. Seine Parole lautet: „Alle Macht den Arbeiter- und Soldatenräten!" Zwei Tage später ging Wilhelm II. nach Holland ins Exil und dankte am 20.11.1918 offiziell als preußischer König und deutscher Kaiser ab.

Problematisch war, dass im November 1918 eine Staatsform ⊛, die konstitutionelle Monarchie, praktisch von einer konträren, der parlamentarischen Republik, abgelöst wurde. Die neue Staatsform und die neue Regierungsform waren deshalb vielen suspekt und wurden von weiten Kreisen der Bevölkerung als „undeutsch" abgelehnt.

Der sinnlose Befehl an die Hochseeflotte vom 28. Oktober in den Ärmelkanal auszulaufen, löste eine **Meuterei der Matrosen** aus, die am 4. November politische Forderungen stellten (schneller Friede, Abdankung des Kaisers, Bildung von Räten).
Am 9. November ließ Max von Baden die **Abdankung des Kaisers** gegen dessen Willen verkünden.

Am selben Tag riefen in Berlin **Scheidemann** (SPD) die deutsche Republik und **Liebknecht** (USPD) die sozialistische Republik aus. Wilhelm II. ging nach Holland ins Exil und dankte am 20.11.1918 ab.

Die Republik und die Demokratie kamen zu schnell, waren vielen Deutschen suspekt und wurden abgelehnt.
Die Mehrheit der Deutschen war und blieb **antidemokratisch**.

Die Bewertung:

Obwohl sich die Bezeichnung „Novemberrevolution" eingebürgert hat, können die **Ereignisse des Novembers 1918** nicht als Revolution bezeichnet werden. Vergleicht man sie mit den beiden klassischen Revolutionen, der Französischen (1789) und der russischen Oktoberrevolution (1917), so hat es sich aus folgenden Gründen **nicht** um eine **wirkliche Revolution** gehandelt: Es gab keine konkurrierende Ideologie als geistig-politisches Ziel, die „Revolution" ging

Die „Novemberrevolution" war **keine wirkliche Revolution**, da ihr die wesentlichen Charakteristika einer klassischen Revolution fehlten: Sie ging nicht vom Volk aus, es gab keine erheblichen sozialen und politischen Spannungen und keine konkurrierende Ideologie. Es gab vor allem keine wirklich tief greifenden Veränderungen. Die tragenden Säulen des Kaiserreichs (Militär, Verwaltung, Justiz) konnten sich ihre Bedeutung erhalten.

nicht vom Volk aus; soziale und politische Spannungen spielten als Auslöser keine Rolle; die „Revolution" war ein Zufallsprodukt; eine tief greifende Veränderung des gesellschaftspolitischen Systems wurde nur von einer kleinen Gruppe Linksradikaler gefordert; die Säulen der Monarchie (Militär, Verwaltung, Justiz) konnten ihre wichtige Funktion auch in der Weimarer Republik erhalten; die Inhaber der politischen Macht in der Anfangszeit der Weimarer Republik, vor allem die SPD, waren an einer wirklichen Revolution nicht interessiert.

7.3 Die chronologische Struktur der Weimarer Republik

Für die Weimarer Republik gibt es keine eindeutige Datierung. Allgemein werden der 9. November 1918 (Sturz der Monarchie) und der 30. Januar 1933 (Hitler wird Reichskanzler) genommen.

Die Weimarer Republik lässt sich in **drei Phasen** einteilen:
- 1918/19 bis Ende 1923: Permanente Gefährdung der Republik
- Anfang 1924 bis Ende 1929 waren aufgrund der positiven Entwicklung die „ruhigen Jahre" bzw. die „goldenen Zwanziger"
- In den Jahren 1929 bis 1933 vollzog sich der Niedergang der ersten deutschen Republik.

Für Anfang und Ende der Weimarer Republik gibt es eine Reihe von Daten, aber keine eindeutige Datierung. Deshalb nimmt man gewöhnlich die markantesten Zäsurdaten, nämlich den 9. November 1918 (Ende der Monarchie) und den 30. Januar 1933 (Hitler wird Reichskanzler). Die **Weimarer Republik** lässt sich in **drei Phasen** einteilen:

1. Phase: 1918/19–Ende 1923. In dieser Zeit war die junge Republik permanent gefährdet durch bürgerkriegsähnliche Zustände, linke und rechte Putschversuche (z. B. Kapp-Putsch ➤ S. 161, Hitler-Putsch ➤ S. 164), Räterepubliken (➤ S. 160), Ruhrkampf (➤ S. 163), Separatismus (➤ S. 163) und Inflation (➤ S. 163).

2. Phase: Anfang 1924–Ende 1929: Aufgrund der positiven Entwicklung in Innen- und Außenpolitik, Wirtschaft, Sozialpolitik, Technik, Wissenschaft, Kunst und Kultur werden diese Jahre als die „ruhigen Jahre" Weimars (oder als die „goldenen Zwanziger") bezeichnet.

3. Phase: Ende 1929–30. 1. 1933 (Beginn der Weltwirtschaftskrise bis zur „Machtüberlassung"): Charakteristisch sind die Verschlechterung der innenpolitischen Verhältnisse, das Erstarken des politischen Radikalismus, der „Bürgerkrieg in Permanenz" und die Auflösung des parlamentarischen Systems.

Alle Querverweise im Überblick:

Spartakusbund: S. 133 ➤ S. 142
Friedensresolution: S. 133 ➤ S. 129
Münchner Räterepublik: S. 135 ➤ S. 160
Ruhrkampf: S. 136 ➤ S. 163
Separatismus: S. 136 ➤ S. 163
Inflation: S. 136 ➤ S. 163

Zusammenfassung

Der Weg zur Republik

Die Staatsform des Deutschen Reichs veränderte sich im Verlauf des Kriegs. Im **August 1916** entmachteten die Militärs Wilhelm II. Militärische und politische Entscheidungen traf nun die Oberste Heeresleitung unter den Generälen Hindenburg und Ludendorff. Damit wurde **aus der konstitutionellen Monarchie**, die rein äußerlich weiter existierte, de facto eine **Militärdiktatur**.

Angesichts der prekären Situation an der Front und in der Heimat zerfiel der Burgfrieden und eine **breite Friedensdiskussion** entstand 1916. Im folgenden Jahr forderten die Fraktionen von SPD, Zentrum und der Fortschrittlichen Volkspartei einen Verständigungsfrieden.

Im Sommer 1918 zeichnete sich die militärische Niederlage ab. **Hindenburg** und **Ludendorff verordneten** deshalb eine **demokratische Regierung**, die einen Waffenstillstand erreichen sollte. Damit wollte die OHL die Verantwortung für den verlorenen Krieg auf die Parteien bzw. die Demokratie abwälzen.

Die zur „Machtübernahme befohlenen Parteien" bildeten unter **Prinz Max von Baden** eine **Regierung**, die, gemessen an ihrer kurzen Amtszeit, erstaunlich viel erreichte („Oktoberverfassung", Waffenstillstand). Das **Deutsche Reich** war nun eine **parlamentarische Monarchie**.

Da der Bevölkerung die Entwicklung von der konstitutionellen zur parlamentarischen Monarchie nicht wirklich bewusst wurde, konnte **kein Demokratisierungsprozess** einsetzen. Die Parteien versäumten es zudem, die Bedeutung des Kaisers und der Militärs für die militärische und gesellschaftliche Misere deutlich zu machen. Deshalb wurden Republik und Demokratie zu Unrecht mit dem Vorwurf des verlorenen Kriegs belastet.

Die Novemberrevolution begann mit der **Meuterei** der Matrosen Ende Oktober 1918 und richtete sich zunächst gegen den sinnlosen „Leistungsnachweis", der im Kampf gegen die britische Flotte wenige Tage vor Kriegsende erbracht werden sollte. Die Meuterei breitete sich in den ersten Novembertagen über ganz Deutschland aus und wurde **am 4. November politisch**. Die halsstarrige Haltung Wilhelms II. führte am **9. November** zum unbeabsichtigten **Sturz der Monarchie** und zur **Ausrufung der Republik** durch Philipp Scheidemann (SPD), der eine sozialistische Republik verhindern wollte.

Die Ereignisse vom **November 1918** waren **keine Revolution** im klassischen Sinne, denn es kam trotz Abschaffung der Monarchie zu keinen tief greifenden gesellschaftspolitischen Veränderungen. Die tragenden „Säulen" des Kaiserreichs (Verwaltung, Justiz, Militär) konnten ihre Bedeutung auch in der Republik erhalten. Sie blieben monarchisch gesinnt, standen dem neuen System ablehnend gegenüber und waren, wie die Mehrheit der Bevölkerung, antidemokratisch.

10.11. Berliner Arbeiter- und Soldatenräte wählen die **provisorische Regierung** (**Rat der Volksbeauftragten** bestehend aus 3 SPD-, 3 USPD-Mitgliedern)
→ **S. 140**

16.–19.12. Reichskonferenz der Arbeiter- und Soldatenräte; **grundlegende Entscheidung für die Demokratie** und gegen die Räterepublik
→ **S. 140**

5.–12.1. Spartakusaufstand: Der linksradikale Spartakusbund will den evolutionären Kurs der SPD stoppen; blutige Straßenkämpfe in Berlin; brutale Niederschlagung durch Militär und Freikorps; Ermordung von R. Luxemburg und K. Liebknecht
→ **S. 142**

1918

10.11. Ebert (SPD) schließt mit General Groener den **„Pakt mit den alten Mächten"** (reines Zweckbündnis); SPD will Ruhe, Ordnung, Demokratie mit Hilfe des Militärs, das seine Bedeutung im neuen Staat erhalten will
→ **S. 141**

23./24.12. Berliner Matrosenaufstand: Matrosen stellen wegen ausbleibender Löhne die Regierung in Berlin unter Arrest; Niederschlagung durch das Militär
→ **S. 142**

19.1. Wahl zur verfassunggebenden Nationalversammlung; Weimarer Koalition (SPD, Z, DDP haben 76,1%)
→ **S. 142**

Am 11.2.1919 wird Friedrich Ebert (SPD) zum 1. Reichspräsidenten gewählt

DIE WEIMARER REPUBLIK

6. 2. Eröffnung der Nationalversammlung in Weimar; Gründe für Weimar: Anknüpfen an die geistige Tradition (Goethe, Schiller, Wieland, Herder); ruhige Provinz
→ **S. 143**

10. 2. „Gesetz über die vorläufige Reichsgewalt": Sofortige Wahl des Reichspräsidenten, Berufung einer parlamentarischen Regierung, Schaffung einer Verfassung
→ **S. 143**

11. 2. Wahl von Friedrich Ebert (SPD) zum ersten Reichspräsidenten
→ **S. 143**

1919

13. 2. Berufung der ersten **Regierung** (Kanzler **Scheidemann**, SPD)
→ **S. 143**

31. 7. Annahme der Weimarer **Reichsverfassung**, die am 14. 8. in Kraft tritt
→ **S. 144**

Philipp Scheidemann (SPD) ruft am 9. 11. 1918 die Republik aus

8 Die Weimarer Republik

In diesem Kapitel erfahren Sie:

- Die provisorische republikanische Regierung, der „Rat der Volksbeauftragten", entschied sich gegen die Räterepublik und stellte die Weichen für die Demokratie.
- Der SPD, die eine evolutionäre Entwicklung anstrebte und die revolutionäre strikt ablehnte, gelang es mit Hilfe des Militärs die Demokratie gegen den Widerstand der Sozialisten zu etablieren.
- Die Anfang 1919 in Weimar tagende Nationalversammlung wählte Friedrich Ebert (SPD) zum ersten Reichspräsidenten und verabschiedete eine Verfassung. Sie war liberal und sehr modern, erwies sich jedoch in Krisenzeiten als instabil, da sie Fehler und Schwächen hatte.
- Die große Parteienlandschaft der Weimarer Republik machte Koalitionsregierungen nötig, die oft Notlösungen und deshalb anfällig waren.

8.1 Der Rat der Volksbeauftragten

10.11.1918: Die Berliner Arbeiter- und Soldatenräte wählen die **provisorische Regierung, den Rat der Volksbeauftragten**, bestehend aus 3 USPD- und 3 SPD-Mitgliedern. Er ist von Anfang an zerstritten. Die SPD will eine Demokratie, die USPD eine sozialistische Räterepublik.

Mit der Abdankung des Kaisers sah die Parteiführung der SPD die Revolution als beendet an; sie war im Gegensatz zu ihren radikalen Genossen (USPD, Spartakusbund) mit dem Erreichten zufrieden. An die Schaffung einer Räterepublik dachte in der SPD niemand. Am **10. November** wählten die Berliner Arbeiter- und Soldatenräte die **neue republikanische Regierung**, den **Rat der Volksbeauftragten** und als deren Kontrollorgan den aus Arbeiter- und Soldatenräten paritätisch gebildeten Vollzugsrat. Der Rat der Volksbeauftragten bestand aus je drei Vertretern der SPD und der USPD (→ S. 133) und war von Anfang an aufgrund der konträren Ziele seiner Mitglieder zum Scheitern verurteilt. Die SPD-Mitglieder wollten Ruhe, Ordnung, Demokratie und dafür als Grundlage eine neue Verfassung. Die USPD sah ihre Hauptziele in der Fortführung der Revolution und der Errichtung einer sozialistischen Räterepublik.

Der **Reichskongress der Arbeiter- und Soldatenräte** trifft folgende Entscheidungen:
- Demokratie statt Räterepublik
- der Rat der Volksbeauftragten erhält die exekutive und judikative Macht bis zur Wahl einer verfassunggebenden Nationalversammlung am 19.1.1919.

Die Spannungen zwischen SPD und USPD traten auf der **Reichskonferenz der Arbeiter- und Soldatenräte** (Berlin, 16.–19.12.1918) offen zu Tage. Die radikalen Delegierten warfen den gemäßigten der SPD vor, sie paktierten mit den Befehlshabern der heimgekehrten Fronttruppen und sabotierten bewusst die Revolution durch dieses verräterische Bündnis und durch ihr Eintreten für eine verfassunggebende Nationalversammlung. Tatsächlich hatte Ebert als der führende Mann der SPD bereits am 10. November einen „Pakt mit den alten Mächten" (→ S. 141) geschlossen.

Nach erbitterten Debatten übertrug schließlich die Reichskonferenz mit 400 gegen 50 Stimmen die exekutive und legislative Macht bis zur Wahl einer verfassunggebenden Nationalversammlung am 19.1.1919 dem Rat der Volksbeauftragten. Damit war die **Entscheidung für die Demokratie** und **gegen ein Rätesystem** gefallen. Da die USPD-Mitglieder Ende Dezember aus Protest aus dem Rat der Volksbeauftragten austraten, lag die gesamte Macht nun in den Händen der SPD.

8.2 Der „Pakt mit den alten Mächten"

Am 10. November schloss Ebert mit General Groener (Chef der Obersten Heeresleitung) ein zeitlich begrenztes Zweckbündnis zwischen SPD und Militär, das für die weitere Entwicklung der Weimarer Republik große Bedeutung erhielt (**„Pakt mit den alten Mächten"**). Beide Seiten verfolgten mit dieser „Vernunftehe" ihre eigenen Ziele: **Ebert** wollte mit Hilfe der alten Mächte (Militär, Verwaltung, Justiz) die junge Republik stabilisieren und Ruhe und Ordnung **als Grundvoraussetzungen des Neuaufbaus** erreichen; **Groener** wollte russische Verhältnisse verhindern und **Macht und Einfluss des Militärs** auch im neuen Staat **sichern.** Entscheidend war, dass auf Seiten der Militärs von einem Bekenntnis zum neuen Staat oder gar von Loyalität ihm gegenüber nie die Rede war. Auch die Einstellung der hohen Beamtenschaft und der Justiz zu dem von der SPD bestimmten Staat war geprägt von einer geringschätzigen Loyalität.

Am 15.11.1918 schlossen Arbeitgeber und Gewerkschaften den nach den Unterhändlern benannten **Stinnes-Legien-Pakt.** Er ermöglichte der SPD eine ausgeprägte Sozialpolitik und garantierte den Arbeitgebern einen geregelten Produktionsablauf und Sicherheit vor sozialistischen Veränderungen.

Dieses von weiten Teilen der SPD-Wählerschaft misstrauisch oder ablehnend betrachtete Bündnis hatte jedoch große langfristige Auswirkungen: Die SPD verschaffte sich die Voraussetzungen für die Durchsetzung ihrer gemäßigten Politik, die Spannungen zwischen den linken Parteien bzw. Gruppierungen (SPD, USPD, Spartakus bzw. KPD) verstärkten sich, die USPD wurde nach links in den Radikalismus abgedrängt und schließlich zwischen KPD und SPD zerrieben und die SPD verlor vor allem durch den Einsatz des Militärs gegen linksrevolutionäre Gruppen Teile ihrer Parteibasis.

Oft ist der Pakt als *der* Ausgangspunkt und *die* Ursache des „Unglücks" (= Scheitern der ersten deutschen Demokratie) bewertet worden. Diese **Bewertung des Pakts** muss jedoch angesichts der Alternative einer sozialistischen Räterepublik und der Würdigung der Gesamtsituation revidiert werden. Vor allem wäre die Bewältigung der vielfältigen, schwierigen Aufgaben, mit denen sich der Rat der Volksbeauftragten konfrontiert sah (Rückführung der Truppen, Wiedereingliederung der Soldaten, Umstellung von Kriegs- auf Friedenswirtschaft, Eindämmung des Radikalismus etc.), ohne die alten Mächte nicht möglich gewesen.

10.11.1918: Ebert und Groener schließen einen Pakt („Ebert-Groener-Pakt", „Pakt mit den alten Mächten"). Ebert will **mit Hilfe des Militärs einen geordneten Neuaufbau** erreichen, das Militär will russische Verhältnisse verhindern und seine Macht im Staat erhalten. Angesichts der zahlreichen und schwierigen Aufgaben, die der Rat der Volksbeauftragten zu bewältigen hatte, gab es keine Alternative zum „Pakt mit den alten Mächten".

Ebert (25.11.1918):

„Wir … mussten … dafür Sorge tragen, dass diese Maschine weiterläuft, um unsere Ernährung und Wirtschaft aufrecht erhalten zu können … Dazu brauchten wir die erfahrene Mitarbeit der Fachleute." [1]

Groener:

„Wir [die OHL] hofften durch unsere Tätigkeit einen Teil der Macht im neuen Staat an Heer und Offizierskorps zu bringen." [2]

8.3 Demokratie oder Räterepublik?

Den **Berliner Matrosenaufstand (23./24.12.1918)** schlug das Militär im Auftrag der Regierung blutig nieder.

Anfang Januar 1919 versuchten Spartakisten in Berlin durch einen Aufstand eine Räterepublik zu erzwingen (**Spartakusaufstand**). Militär und Freikorpstruppen schlugen den Aufstand brutal nieder und ermordeten die Führer des Spartakusbundes **Rosa Luxemburg und Karl Liebknecht**.

Als Folge entstanden in vielen Großstädten Spartakusaufstände und Räterepubliken wurden ausgerufen. Sie wurden vom Militär rigoros beendet.

Obwohl die Mehrheit der Arbeiter- und Soldatenräte, die sich in fast allen Großstädten gebildet hatten, aus gemäßigten Sozialdemokraten bestanden, gab es immer wieder Unruhen und revolutionäre Putschversuche. Anfang Dezember 1918 kam es zu blutigen Zusammenstößen verschiedener politischer Gruppen in Berlin, in die das Militär eingriff. Deshalb kritisierten Linksradikale und viele SPD-Mitglieder den Ebert-Groener-Pakt heftig. Am 23./24. Dezember stellten Matrosen einer in Berlin stationierten Volksmarinedivision die Regierung wegen ausstehender Löhnung unter Arrest (**Berliner Matrosenaufstand**). Der Aufstand wurde nach einer Woche durch das rigorose Vorgehen des Militärs gegen die verhassten „Roten“ beendet.

Am 5.1.1919 initiierte der linksradikale Spartakusbund aus Enttäuschung über den evolutionären Kurs der SDP einen Aufstand in Berlin (**Spartakusaufstand**). In der Reichshauptstadt tobten blutige Straßenkämpfe zwischen Linksradikalen und Regierungs- und **Freikorpstruppen**⊛. Diese schlugen den Aufstand innerhalb von einer Woche brutal nieder und „säuberten“ Berlin. Dabei **ermordeten** sie die führenden Sozialisten Karl **Liebknecht und** Rosa **Luxemburg.** Die rigorose Niederschlagung des Aufstands und vor allem die Ermordung der beiden Spartakusführer löste Aufstände der Spartakisten in Bremen, Hamburg, Wilhelmshaven, Düsseldorf, Essen, Leipzig, Halle und anderen Städten aus. In Bremen, Baden, Braunschweig, Bayern und im Vogtland (Sachsen) wurden Räterepubliken ausgerufen. Aufstände und Räterepubliken gingen ausnahmslos im Feuer des Militärs unter. Dadurch verstärkte sich die Erregung der Arbeiterschaft, die die Schuld an diesem Blutbad der SPD zuschob. Der Rätegedanke erhielt vorübergehend neuen Auftrieb und kurze Zeit drohte ein gemeinsames Vorgehen der Spartakisten und der USPD. Dieser Linksrutsch der Arbeiterschaft konnte jedoch die wenige Tage später stattfindenden Wahlen für eine verfassunggebende Nationalversammlung nicht verhindern.

8.4 Die verfassunggebende Nationalversammlung

Am 19.1.1919 erhielt die „**Weimarer Koalition**“ (SPD, Zentrum, DDP) 76,1% aller Stimmen. Das Ergebnis täuscht, denn das antidemokratische Bürgertum hatte Angst vor „russischen Verhältnissen“ und wählte deshalb das kleinere Übel. 1920 erhielten die 3 staatstragenden Parteien nur noch 43,6%.

In den Wahlen vom 19.1.1919 setzten sich die staatstragenden Parteien SPD, Zentrum und DDP (**Weimarer Koalition**) mit **76,1%** der Stimmen durch. Dieses Ergebnis vermittelt den Eindruck, dass die große Mehrheit des deutschen Volkes eine demokratische Entwicklung bevorzugte. Eine derartige oberflächliche Betrachtung muss jedoch aus zwei Gründen korrigiert werden: 1. Die (neu gegründete) KPD hatte ihren Mitgliedern den Boykott der Wahlen empfohlen und taucht deshalb in der Statistik gar nicht auf. 2. Die Angst vor revolutionären Veränderungen veranlasste das im Grunde monarchische, antidemokratische

Bürgertum das im Augenblick kleinere Übel der Demokratie zu wählen. Auf keinen Fall lassen sich die Erfolge der bürgerlichen Parteien aus einer grundsätzlich bejahenden Einstellung ihrer Wähler zum Staat erklären. Bereits in der Reichstagswahl des folgenden Jahres (20. Juni) erreichte die Weimarer Koalition nur noch 43,6%. Während die bürgerlichen Schichten 1919 aus Angst vor der Revolution und „russischen Verhältnissen" die Koalition gewählt hatten, wählten sie nun nach der Abwendung der Gefahr entsprechend ihrer eigentlichen Einstellung und Überzeugung antidemokratisch.

Am **6. Februar 1919** wurde die **Deutsche Nationalversammlung in Weimar** eröffnet. Für den Versammlungsort, der der ganzen Epoche den Namen gab, lassen sich zwei Begründungen anführen: Der offiziellen Version zufolge wurde der Ort gewählt, um an die geistige Tradition Deutschlands (Goethe, Schiller, Wieland, Herder) anzuknüpfen. Der inoffizielle, jedoch eigentliche Grund ist darin zu sehen, dass man der brodelnden, revolutionären Stimmung in Berlin entfliehen wollte, um „auf dem Lande" in aller Ruhe die Grundlagen des neuen Staates zu legen.

Weimar wurde als **Tagungsort** gewählt, um an die geistige Tradition Deutschlands anzuknüpfen, vor allem aber, weil die „Provinz" ruhig war.

Die Nationalversammlung traf durch das „**Gesetz über die vorläufige Reichsgewalt**" vom 10. Februar folgende wichtige Entscheidungen: Ein Reichspräsident soll sofort gewählt werden, der eine parlamentarische Regierung beruft; die Nationalversammlung hat die Aufgabe, eine Verfassung zu schaffen und dringende Gesetze, z.B. Annahme oder Ablehnung des Versailler Vertrags) zu erlassen.

Mit dem **„Gesetz über die vorläufige Reichsgewalt"** (10.2.1919) bestimmte die Nationalversammlung:
- Sofortige Wahl des Reichspräsidenten, der eine parlamentarische Regierung beruft;
- Konzipierung einer Verfassung;
- Verabschiedung dringender Gesetze.

8.5 Die Wahl Eberts zum Reichspräsidenten

Am folgenden Tag (11.2.) wurde Friedrich **Ebert** mit 277 von 379 Stimmen (ca. 73%) zum **Reichspräsidenten** gewählt. Zwei Tage später berief er eine Reichsregierung, die aus Mitgliedern der Weimarer Koalition bestand. **Reichskanzler** wurde Philipp **Scheidemann** (SPD). Die Weimarer Koalition, die 17 Monate lang eine ¾-Mehrheit in der Nationalversammlung hatte, traf wesentliche Entscheidungen und prägte vor allem die Verfassung.

11.2.1919: Wahl Friedrich Eberts (SPD) zum Reichspräsidenten, der **Philipp Scheidemann** (SPD) als Reichskanzler einsetzt.

Der „Pakt mit den alten Mächten" und die Einsetzung der neuen Regierung machen Eberts großen Einfluss in den Anfangsjahren der Weimarer Republik deutlich. Nachdem sich die junge Republik zu Beginn der 20er-Jahre stabilisierte, hielt sich Ebert immer mehr aus der Tagespolitik heraus und führte sein Amt mit einer gewissen Distanz. Die Fachliteratur unterstreicht seine hervorragenden Leistungen bei der Erhaltung der Reichseinheit und der Errichtung einer verfassungsmäßigen sozialen Demokratie.

Ebert ist der entscheidende Mann der ersten Monate. Später führt er sein Amt mit Distanz.

8.6 Die Verfassung

Die Verfassung

Probleme der Konzipierung: Ausfall der monarchischen Spitze, Neuverteilung der politischen Macht, fehlende demokratische Entwicklung in Deutschland und aktuelle Probleme (Radikalismus, Wahlgesetzgebung, Rolle der Parteien, Verhältnis Länder-Reich).

Probleme der Konzipierung

Die Erarbeitung der Verfassung vollzog sich unter großem Zeitdruck, da gleichzeitig die Verhandlungen über den Versailler Vertrag liefen und **zahlreiche Probleme** zu berücksichtigen waren. Dazu gehörten vor allem der Ausfall der monarchischen Spitze und die sich daraus ergebende Frage der Neuverteilung wichtiger staatlicher Kompetenzen bzw. der politischen Macht allgemein, die fehlende demokratische Entwicklung in Deutschland und aktuelle Probleme wie z. B. Radikalismus, Wahlgesetzgebung, Rolle der Parteien, Verhältnis Länder – Reich.

Die wesentlichen Bereiche der Weimarer Reichsverfassung:
- **Volk**: Souverän; wählt Reichstag, Reichsrat, Reichspräsident, ist an Gesetzgebung beteiligt (Volksentscheide).
- **Reich und Länder**: Die Länder müssen Kompetenzverlust zugunsten des Reichs (der Zentralmacht) akzeptieren.
- **Reichspräsident**: Repräsentant des Staates, beliebig oft wählbar, ernennt und entlässt die Regierung, kann den Reichstag auflösen und hat über Art. 48 (Notstand) umfassende Rechte in Krisenzeiten (exekutive, judikative und legislative Gewalt = Diktaturgewalt, Reichsexekutionsrecht). Seine Machtfülle macht ihn zum „Ersatzkaiser".

Die wesentlichen Elemente der Weimarer Reichsverfassung

Die am 31. Juli 1919 von der Nationalversammlung angenommene und am 14. August in Kraft getretene Verfassung gliedert sich in zwei Hauptteile, von denen der erste den Aufbau und die Aufgaben des Reichs (Art. 1–108), der zweite die Grundrechte und Grundpflichten der Deutschen (Art. 109–165) regelte. Folgende Bereiche bzw. Bestimmungen der Verfassung spielten für die Entwicklung der Weimarer Republik eine große Rolle.

- Das **Volk** ist der **Inhaber der Souveränität**; sein Wille wird durch den Reichstag verkörpert. Es wählt den Reichstag und den Reichsrat sowie den Reichspräsidenten direkt und kann durch Volksentscheide (Plebiszite) an der Legislative mitwirken. Das Volk hat insgesamt eine außerordentlich große politische Bedeutung.
- **Reich und Länder:** Aus den Staaten des Kaiserreichs werden **Länder**, was einen **Souveränitätsverlust** mit sich bringt: Sie behalten zwar eigene Regierungen und Landtage, doch zieht das Reich, die Zentralgewalt, wichtige Bereiche an sich; Reichsrecht bricht Landesrecht; die Interessenvertretung der Länder ist der Reichsrat.
- Der **Reichspräsident** ist als Staatsoberhaupt höchster Repräsentant des Staates, seine Amtszeit beträgt 7 Jahre und er ist beliebig oft wieder wählbar; er ernennt und entlässt die Regierung (Art. 53), kann den Reichstag auflösen (Art. 25) und ist militärischer Oberbefehlshaber; die wichtigsten Rechte gab ihm der Art. 48, nämlich die exekutive und judikative Gewalt bei einem außerordentlichen Notstand, die Diktaturgewalt (Diktator auf Zeit), das Recht der Reichsexekution (Vorgehen gegen ein Land mit militärischer Gewalt) und das Recht, Notverordnungen zu erlassen „zur Wiederherstellung der öffentlichen Sicherheit und Ordnung". Damit war er auch an der Legislative beteiligt. Aufgrund seiner überragenden Machtfülle hat er die **Position eines „Ersatzkaisers"**.

- **Parteien, Wahlrecht**: Parteien sind in der Verfassung nicht verankert. Das Wahlrecht ist allgemein, gleich, geheim und direkt. Es ist ein **reines Verhältniswahlrecht** ohne Sperrklauseln, das also kleine Parteien begünstigt.
- Der **Reichstag** ist das zentrale Organ der Republik, hat die **Gesetzesinitiative**, kontrolliert die Regierung über das einfache Misstrauensvotum⊛ und entscheidet über Krieg und Frieden. Er hat eine starke Stellung.
- Der **Reichsrat** hat nur eine **schwache Mitwirkung an** der **Legislative** (suspensives Veto⊛ ➛ S. 90) und deshalb eine geringe Bedeutung.
- Die **Reichsregierung** hat – verglichen mit heute – eine **schwache Position**, da sie von Reichspräsident und Reichstag und damit doppelt abhängig ist.
- Die **Grundrechte** sind **schwächer als heute**, da sie nicht vorstaatlich sind. In Weimar galt: Grundrechte nach Maßgabe der Gesetze, heute gilt: Gesetze nach Maßgabe der Grundrechte.

- **Wahlrecht**: Allgemein, gleich, geheim, direkt; reines Verhältniswahlrecht.
- **Reichstag**: Zentrales Organ, Gesetzesinitiative, kontrolliert die Regierung (Misstrauensvotum).
- **Reichsrat**: Schwache Mitwirkung an der Legislative (suspensives Veto).
- **Reichsregierung**: Doppelt abhängig (Reichstag, Reichspräsident), vergleichsweise schwach.
- **Grundrechte**: Ihre Stellung war schwächer als heute, da sie nicht vorstaatlich waren.

Probleme und Defizite der Verfassung

Die Verfassung hatte eine Reihe von **strukturellen Mängeln** und **Defiziten**, die sich in Krisenzeiten negativ auswirkten. Dazu gehören: Die Spaltung der Legislative (Reichstag, Reichsrat, Reichspräsident, Volk), die zu starke Stellung des Reichspräsidenten, ein fehlender Verfassungsschutz, der nicht vorhandene Schutz der Parteien, die schwache Stellung der Regierung, das reine Verhältniswahlrecht, das zu einer Zersplitterung des Reichstags und zu instabilen Regierungskoalitionen führte, sowie die zu starke Beteiligung des Volkes am politischen Prozess.

Probleme und Defizite der Verfassung: Spaltung der Legislative, überragende Machtposition des Reichspräsidenten, fehlender Verfassungsschutz, schwache Stellung der Parteien und der Regierung, reines Verhältniswahlrecht.

Die Bewertung der Weimarer Reichsverfassung

Die Verfassung war ein **Kompromiss mit Widersprüchen und Konstruktionsfehlern**. Sie wird deshalb oft als eine wesentliche Ursache des Scheiterns der ersten deutschen Demokratie angesehen Diese Bewertung ist jedoch unzutreffend. Sie war die liberalste Verfassung ihrer Zeit, was vor allem Grundrechte, arbeits- und wirtschaftliche Bestimmungen betraf. Entscheidend waren jedoch folgende Gründe: Die Mehrheit der Deutschen war demokratieunwillig; die junge Demokratie war ungerechterweise mit dem Makel der Niederlage und des Versailler Vertrags belastet; verfassungsunabhängige Probleme und Krisen gaben dem Reichspräsidenten immer mehr Macht. Unabhängig davon sind jedoch die strukturellen Schwächen unübersehbar, die dazu führten, dass der Ausnahmefall zum Normalfall wurde (➛ S. 185).

Bewertung: Strukturelle Fehler sind deutlich. Die Verfassung war zwar sehr liberal, aber Krisenzeiten nicht angepasst. Trotzdem war sie nicht die wesentliche Ursache für den Untergang Weimars.

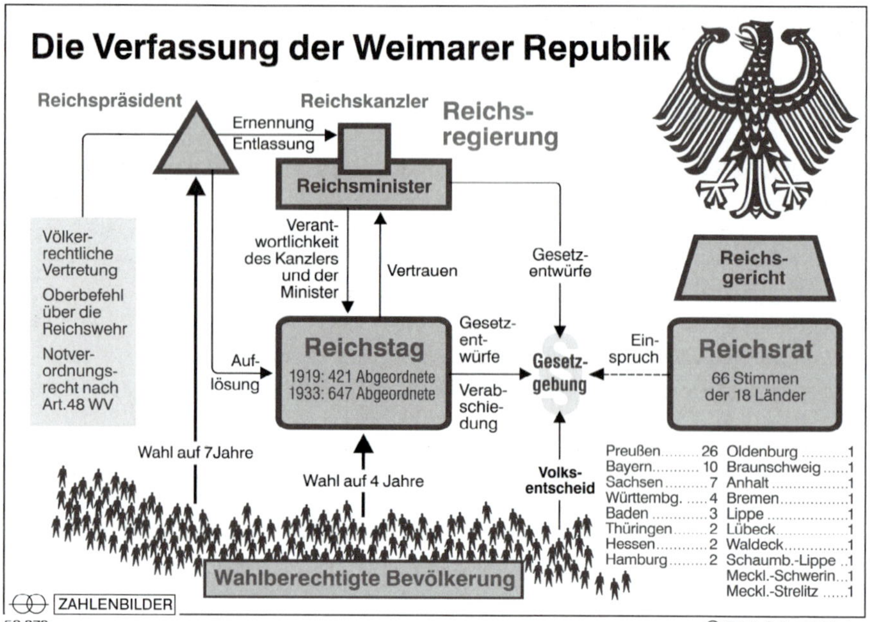

50 070 © Erich Schmidt Verlag

Alle Querverweise im Überblick:

USPD: S. 140 ➤ S. 133
Pakt mit den alten Mächten: S. 140 ➤ S. 141
suspensives Veto: S. 145 ➤ S. 90
verfassungsrechtlicher Ausnahmefall: S. 145 ➤ S. 185

Zusammenfassung

Die Weimarer Republik

Der **Rat der Volksbeauftragten** wurde von den Berliner Arbeiter- und Soldatenräten am 10. November 1918 gewählt und Mitte Dezember von der Reichskonferenz der Arbeiter- und Soldatenräte bestätigt. Er bestand aus je drei SPD- und USPD-Mitgliedern und war die **provisorische Regierung** bis zur Wahl einer verfassunggebenden Nationalversammlung am 19. Januar 1919. Er zerbrach bereits Ende Dezember an den konträren Zielen der beiden Arbeiterparteien (SPD: Ruhe, Ordnung, Demokratie; USPD: Fortsetzung der Revolution, Räterepublik) und an dem Ebert-Groener-Pakt (= „Pakt mit den alten Mächten").

Der **„Pakt mit den alten Mächten"** (Militär, Verwaltung, Justiz) bedeutete ein beiderseitiges **„Zweckbündnis auf Zeit"**. Es ermöglichte der SPD die Durchsetzung ihrer gemäßigten, evolutionären Politik und den „alten Mächten" den Erhalt ihrer gesellschaftspolitischen Bedeutung. Zu dem Pakt, der von der USPD heftig kritisiert und auch in der SPD umstritten war, gab es angesichts der vielfältigen und komplexen Nachkriegsprobleme keine Alternative.

Der **Reichskongress der Arbeiter- und Soldatenräte** traf **Mitte Dezember 1918** in Berlin **grundlegende Entscheidungen**: Er bestätigte den Rat der Volksbeauftragten und entschied sich für die Wahl einer verfassunggebenden Nationalversammlung am 19. Januar 1919. Damit war die Entscheidung für die Demokratie und gegen die Räterepublik gefallen.

Der extreme linke Flügel der USPD initiierte daraufhin Anfang Januar 1919 in Berlin einen Aufstand, der eine Räterepublik erzwingen sollte **(Spartakusaufstand)**. Die Regierung setzte Militär ein, das brutal gegen die verhassten „Roten" vorging und deren Führer Karl Liebknecht und Rosa Luxemburg ermordete. Dies löste Aufstände der Spartakisten in zahlreichen deutschen Großstädten aus, die ausnahmslos im Feuer des Militärs zusammenbrachen.

Die **Wahl** zur verfassunggebenden Nationalversammlung brachte der **Weimarer Koalition** (SPD, Zentrum, DDP) am 19.1.1919 eine **Dreiviertelmehrheit**. Sie kam in erster Linie deshalb zustande, weil das mehrheitlich antidemokratische Bürgertum aus Angst vor „russischen" Verhältnissen das kleinere Übel wählte

Die am 6. Februar 1919 in Weimar eröffnete Nationalversammlung verabschiedete das **„Gesetz über die vorläufige Reichsgewalt"**, wählte Friedrich **Ebert** (SPD) zum **Reichspräsidenten**, der als ersten **Reichskanzler** Philipp **Scheidemann** (SPD) ernannte und schuf die Weimarer **Reichsverfassung**. Sie war zwar sehr liberal, hatte jedoch **gravierende strukturelle Schwächen** (z. B. zu große Machtfülle des Reichspräsidenten, zu starke Beteiligung des Volkes, zu schwache Stellung der Regierung, Aufteilung der Legislative auf mehrere Institutionen etc.). Deshalb konnte in Krisenzeiten der **Ausnahmefall zum Normalfall** werden. Aus diesem Grunde wurde oft der vereinfachende und ungerechte Vorwurf erhoben, die Verfassung sei die wesentliche Ursache für den Untergang der Weimarer Republik gewesen.

9 Parteien, Reichswehr, paramilitärische Organisationen

In diesem Kapitel erfahren Sie:

- Die Parteienlandschaft der Weimarer Republik war aufgrund des reinen Verhältniswahlrechts sehr groß.
- Die wichtigsten Parteien waren: Kommunistische Partei, Sozialdemokratische Partei, Deutsche Demokratische Partei, Zentrum, Deutsche Volkspartei, Deutschnationale Volkspartei, Nationalsozialistische Deutsche Arbeiterpartei.
- Die Reichswehr war aufgrund ihrer Rechtslastigkeit ein Unsicherheitsfaktor, ein eher destabilisierendes Element.
- Neben den Parteien entwickelten sich zahlreiche paramilitärische Organisationen, Bünde, Verbände und Geheimorganisationen. Sie spiegeln die gesellschaftspolitische Zerrissenheit der Weimarer Republik wider.
- Diese Organisationen waren meist national-konservativ und hatten das Ziel, den Parteienstaat zu beseitigen.

9.1 Die Parteien der Weimarer Republik

Die **Parteienlandschaft** der Weimarer Republik war aufgrund des reinen Verhältniswahlrechts **sehr groß**. Die Parteien waren entweder staatstragend oder staatsablehnend.

Auch für die Parteien bedeutete der November 1918 keine wirkliche Zäsur. Die wichtigsten blieben bestehen oder änderten nur ihren Namen. Deshalb ist die **Kontinuität zwischen Kaiserreich und Weimarer Republik** auch hier **auffallend**. Sie waren entweder Befürworter der demokratischen Republik oder erklärte Gegner. Allerdings begünstigten das reine Verhältniswahlrecht und fehlende Sperrklauseln die Entstehung kleiner Parteien, und damit eine **große Parteienlandschaft**. Die wichtigsten Parteien:

KPD: Reine Klassenpartei (Arbeiterklasse); Ziele: Revolution, Räterepublik, Diktatur des Proletariats; staatsfeindlich.

SPD: Überwiegend Arbeiterpartei; Ziele: Demokratische Republik, Reform statt Revolution; staatstragend, stärkster Machtfaktor in der Anfangsphase.

DDP: Partei des liberalen Bürgertums; staatstragend, gehört zur Weimarer Koalition; kontinuierlicher Wählerverlust bis zur Bedeutungslosigkeit.

- Die **Kommunistische Partei Deutschlands** (KPD): Reine Klassenpartei, völlig von Moskau abhängig; sie strebte folgende Ziele an: Weltrevolution, Diktatur des Proletariats, Räterepublik. Die KPD war staatsfeindlich, aber außer in Krisenzeiten keine unmittelbare Gefahr für Weimar.
- Die **Sozialdemokratische Partei** Deutschlands (SPD): Der stärkste Machtfaktor der Weimarer Republik war überwiegend eine Arbeiterpartei. Sie hatte als übergeordnete Ziele die Errichtung und Stabilisierung einer demokratischen Republik und Reformpolitik statt Revolution.
- Die **Deutsche Demokratische Partei** (DDP) vertrat das liberale Bürgertum. Als staatsbejahende Verfassungspartei gehörte sie der Weimarer Koalition an. Aufgrund ihres kontinuierlichen Wählerverlusts wurde sie in der Endphase Weimars bedeutungslos.

- Das **Zentrum** (Z) war die politische Interessenvertretung des Katholizismus. Christlich orientierte Wähler aus allen Schichten machten sie zur stabilsten staatstragenden Partei Weimars. Sie war an allen Regierungen zwischen 1919 und 1932 beteiligt und stellte 9 der 20 Reichskanzler.
- Die **Bayerische Volkspartei** (BVP) war eine sehr konservative katholische Landespartei. Sie betonte die Eigenständigkeit Bayerns, lehnte die Republik ab, war antigewerkschaftlich und antipreußisch.
- Die **Deutsche Volkspartei** (DVP) vertrat das Besitzbürgertum. Sie hatte als Ziele den machtvollen Staat, eine starke nationale Außenpolitik und die Volksgemeinschaft. Unter ihrem Vorsitzenden Stresemann (bis 1929, S.174) war sie überwiegend staatstragend, danach zerfiel sie rasch.
- Die **Deutschnationale Volkspartei** (DNVP): Sammlungspartei rechtsstehender, preußisch-monarchischer Gruppierungen, die von ostdeutschen Großagrariern und westdeutschen Industriellen bestimmt wird. Sie war nationalistisch, strikt staatsablehnend und forderte Großmachtpolitik.
- Die **Nationalsozialistische Deutsche Arbeiterpartei** (NSDAP): Ihre Wähler kamen aus allen Schichten des Volkes, jedoch überwiegend aus dem Mittel- und Kleinbürgertum. Sie hatte extreme Ziele: Totale Umstrukturierung des Staates, Schaffung eines neuen deutschen Reichs, Revidierung der Ergebnisse des verlorenen Kriegs. Die extrem staatsablehnende Partei war bis zum Ausbruch der Weltwirtschaftskrise relativ unbedeutend, wurde in der Endphase Weimars aber zur stärksten Partei (➛ S. 190 f.).

Zentrum: Politische Interessenvertretung des Katholizismus; staatstragend, stabilste Partei.

BVP: Katholische Landespartei; Charakteristika: Eigenständigkeit Bayerns, überwiegend staatsablehnend.

DVP: Partei des Besitzbürgertums; Ziele: Machtvoller Staat, starke Außenpolitik, Volksgemeinschaft; unter Stresemann (bis 1929) überwiegend staatstragend.

DNVP: Sammlungspartei rechter Gruppierungen; nationalistisch, strikt staatsablehnend.

Die **NSDAP** vertritt aggressiv extreme Ziele: Völlige Umformung des Staats, Schaffung eines neuen deutschen Reichs, Revidierung der Ergebnisse des Kriegs; extrem staatsablehnend; bis 1930 bedeutungslos, wird danach stärkste Partei.

9.2 Die Reichswehr

In der Anfangszeit der Weimarer Republik sah die monarchisch-konservative Reichswehrführung ihr **Hauptziel** darin, das Offizierskorps und die Berufssoldaten, das „wertvolle preußische Material“, in die Zukunft zu retten und die **Bedeutung des Militärs im neuen Staat** zu **erhalten**. Sie gab sich betont unpolitisch, legte aber eine geringschätzige Loyalität gegenüber der Republik an den Tag. Sie war als **entscheidender Machtfaktor** von Anfang an ein **„Staat im Staat“**. Gegen rechte Kräfte ließ sie sich nicht einsetzen, gegen linke ging sie rabiat und brutal vor (➛ S. 161). Sie blieb bis zum Ende Weimars ein **Unsicherheitsfaktor**, ein in Krisenzeiten eher destabilisierendes Element. 1933 ließ sie sich, von wenigen Ausnahmen abgesehen, widerstandslos von Hitler vereinnahmen.

Reichswehr: Hauptziel: Erhalt der Macht; geringschätzige Loyalität gegenüber dem neuen Staat; der „Staat im Staat“ ist ein Unsicherheitsfaktor und in Krisenzeiten eher destabilisierend.

9.3 Paramilitärische Organisationen

Paramilitärische Organsationen:
- **Roter Frontkämpferbund**: Kampftruppe der KPD.
- **Reichsbanner Schwarz-Rot-Gold**: Instrument der staatstragenden Parteien.
- **Stahlhelm**: Sammelbecken des militanten Nationalismus.
- **Sturmabteilung**: Rechtsradikale, extrem gewaltbereite Kampftruppe der NSDAP.
- **Freikorps**: Extrem nationalistische ehemalige Berufssoldaten; beteiligen sich bis zur Auflösung (1920) im Auftrag der Regierungen an der Niederschlagung linksradikaler Bewegungen; sie werden nach 1920 zum Kader rechtsextremistischer Organisationen
- **Tarn- und Geheimorganisationen**; extrem staatsablehnend; verüben zahlreiche politische Morde.

Neben den Parteien entwickelten sich zahlreiche paramilitärische Organisationen (konservative Bünde, Geheimorganisationen und Verbände), die das gesellschaftspolitische Leben vor allem in Krisenzeiten maßgeblich mitbestimmten. Sie waren mit Ausnahme des Reichsbanners Schwarz-Rot-Gold und des Roten Frontkämpferbunds konservativ, nationalistisch und strikt staatsablehnend. Ihr Hauptziel bestand in der Beseitigung des Parteienstaats und in der Errichtung einer militärisch-autoritären Gesellschaft.

Der **Rote Frontkämpferbund** war die linksradikale Kampftruppe der KPD und vertrat deren Ziele auch mit Brachialgewalt. Das offiziell überparteiliche **Reichsbanner Schwarz-Rot-Gold** verstand sich als Instrument der staatstragenden Parteien. Der **Stahlhelm** („Bund der unbesiegt heimgekehrten Frontsoldaten") stand der DNVP nahe und war das Sammelbecken der militanten Nationalisten. Nach 1939 arbeitete er eng mit der NSDAP zusammen. Die **Sturmabteilung** (SA) war die rechtsradikale, extrem gewaltbereite Kampftruppe der NSDAP (→ S. 190).

Die ca. 150 **Freikorps** (mit ca. 400 000 Mann) waren Freiwilligenverbände extrem nationalistischer ehemaliger Front- und Berufssoldaten. In der Anfangsphase Weimars übernahmen sie mit staatlicher Duldung den Schutz der deutschen Ostgrenzen und (zusammen mit dem Militär) die Bekämpfung linksradikaler Bewegungen (→ S. 142). Nach ihrer Auflösung 1920 bildeten sie die Kader für die militaristischen und faschistischen Organisationen.

Rechtsextremistische **Tarn- und Geheimorganisationen** führten im Untergrund einen „Krieg" gegen die „Judenrepublik". Der berüchtigste Zusammenschluss war die „Organisation Consul" (O.C.). Ihre ca. 5 000 Mitglieder vertraten extrem staatsfeindliche Ziele und verübten in der Anfangsphase zahlreiche politische Morde.

Alle Querverweise im Überblick:

NSDAP als stärkste Partei: S. 149 → S. 190 f.
Vorgehen der Reichswehr gegen rechte und linke Kräfte: S. 149 → S. 161
Gewaltbereitschaft der SA: S. 150 → S. 190
Vorgehen von Freikorpstruppen gegen linke Kräfte: S. 150 → S. 142
Gustav Stresemann: S. 174

Zusammenfassung

Parteien, Reichswehr und paramilitärische Organisationen

Die wichtigsten Parteien des Kaiserreichs blieben bestehen oder änderten lediglich ihren Namen. Das Verhältniswahlrecht (ohne Sperrklauseln) begünstigte die Entstehung kleiner Parteien und bewirkte eine große Parteienlandschaft. Die Parteien Weimars zerfielen in **zwei Gruppen**: in die Befürworter der demokratischen Republik und in deren erklärte Gegner.

Die Parteien der **Weimarer Koalition** (SPD, Zentrum, DDP) wollten **Stabilität**, eine **demokratische Republik** und die Erziehung des Volkes zu staatsbürgerlicher Gesinnung.

KPD, **DNVP** und **NSDAP** lehnten Republik, Demokratie und Parlamentarismus aus unterschiedlichen Gründen ab und **bekämpften das verhasste „System"** vehement. Sie strebten Kommunismus (KPD), die Wiederherstellung der Monarchie und Preußens frühere Größe (DNVP) an bzw. die totale Umstrukturierung des Staates zu einem Führerstaat und die Schaffung des „neuen Menschen" (NSDAP).

Die anderen **Mittelparteien** lehnten die „linken Verhältnisse" ab. Sie fanden sich jedoch in bestimmten Phasen der Weimarer Republik zur Zusammenarbeit mit der Weimarer Koalition zusammen, um ihre spezifischen Ziele aus einer besseren Position heraus verfolgen zu können.

Die **Reichswehr** war aufgrund ihrer Machtposition ein **„Staat im Staat"**. Sie pflegte eine geringschätzige Loyalität gegenüber Staat und Regierung. Bei Unruhen und Aufständen ließ sie sich nur gegen links einsetzen. Deshalb blieb sie in Krisenzeiten ein eher destabilisierendes Element.

Auch **paramilitärische Organisationen** spiegelten die gesellschaftliche Inhomogenität wider: Das Reichsbanner Schwarz-Rot-Gold war die Kampforganisation der staatstragenden Parteien und Gruppierungen. Alle anderen größeren paramilitärischen Organisationen (Roter Frontkämpferbund, Stahlhelm, SA) hatten trotz ihrer kontroversen Vorstellungen ein gemeinsames Ziel, nämlich die Beseitigung des verhassten „Systems Demokratie".

Die **Freikorps** bestanden aus nationalistischen und rechtsextremen ehemaligen Front- und Berufssoldaten. Sie gewährleisteten mit Billigung der Regierung den Schutz der deutschen Gebiete und der deutschen Bevölkerung im Baltikum und in Oberschlesien und ließen sich trotz ihrer **negativen Einstellung zum Staat** auch zum Schutz der Regierung vor linksradikalen Aufständen einsetzen. Sie beteiligten sich allerdings auch an rechtsgerichteten Putschversuchen. Sie bekämpften die politische Linke durch Anschläge und Morde. Nach ihrer endgültigen Auflösung (1923) **gründeten** rechtsextremistische ehemalige Freikorpsler **Geheimbünde** und Organisationen, die – wie z. B. die „Organisation Consul" – **Mord als politisches Mittel** einsetzten.

Räterepubliken

7.11.1918 – April 1921: Räterepubliken entstehen in zahlreichen Großstädten (München, Hamburg, Bremen, Braunschweig, Essen, Vogtland etc.)

→ **S. 160**

Mord als politisches Mittel

wird vor allem von Rechtsradikalen verübt; 1919 – 1922 ermordete Politiker: Luxemburg, Liebknecht (Spartakus), Eisner (USPD), Landauer (Anarchist), Gareis (USPD), Erzberger (Zentrum), Rathenau (DDP)

→ **S. 162**

13.-17.3.1920 Kapp-Putsch

Freikorpstruppen setzen die Regierung ab, als Kanzler wird Kapp (DNVP) installiert; der Putsch scheitert am Generalstreik der Arbeiter und Angestellten

→ **S. 161**

1918 | **1919** | **1920**

Der Versailler Vertrag

7.5.1919: Überreichung der Vertrages durch die Alliierten
16.5.1919: 6-tägiges Ultimatum der Alliierten (Besetzung Deutschlands) nach deutscher Ablehnung
28.6.1919 Unterzeichnung durch die Regierung Bauer (SPD)
10.10.1920 Der Versailler Vertrag tritt in Kraft

→ **S. 155**

Kommunistische Aufstände 1920

Der Kapp-Putsch löst im Ruhrgebiet einen Arbeiteraufstand und die Entstehung einer Roten Armee aus; weitere kommunistische Aufstände im Reich entstehen; brutale Niederschlagung durch Militär und Freikorpstruppen

→ **S. 161**

„Nieder mit dem Gewaltfrieden!" Kundgebungen gegen die Friedensbedingungen des Versailler Vertrages im März 1919

DER VERTRAG VON VERSAILLES – DIE WICHTIGSTEN INNENPOLITISCHEN BELASTUNGEN

Hitler-Putsch

9.11.1923: Hitler setzt in München, dem Zentrum rechtsradikaler Gruppen, die deutsche Regierung ab und sich als Kanzler provisorisch ein; den Putsch beendet die Polizei vor der Feldherrnhalle

➛ **S. 164**

Separatismus

wird durch den Ruhrkampf und die Inflation ausgelöst und von Frankreich unterstützt, es entstehen die „Rheinische Republik“ und die „Autonome Pfalz“, mit Überwindung der Inflation enden die separatistischen Bestrebungen

➛ **S. 163**

1923

Ruhrkampf

11.1.1923: Besetzung des Ruhrgebietes durch französische und belgische Truppen; harte Maßnahmen Frankreichs; passiver Widerstand und deutsche Sabotageakte: Sommer 1923 von Kanzler Stresemann beendet

➛ **S. 163**

Inflation

Hauptursachen: Kriegskosten, passiver Widerstand, Höhepunkt im Herbst; Ende 1923: von Stresemann mit wirksamen wirtschaftlichen und finanzpolitischen Maßnahmen gestoppt

➛ **S. 163**

Ein französischer Soldat bewacht Waggons mit Kohle, die als Reparationsleistung aus dem Ruhrgebiet nach Frankreich gebracht werden soll (1923)

Folgen der Inflation: Geldscheine zu einer Million Mark werden als Notizblock verwendet, Oktober 1923

10 Der Vertrag von Versailles

In diesem Kapitel erfahren Sie:

- Der Versailler Vertrag war ein Kompromiss der unterschiedlichen Friedenskonzepte der USA, Großbritanniens und Frankreichs bzw. der führenden Staatsmänner Wilson, Lloyd George und Clemenceau.
- Der Weltkrieg, die unterschiedlichen Friedensprogramme und politischen Ziele sowie die Zerstrittenheit der Sieger machten das Friedenschließen zu einem großen Problem.
- Den Versailler Frieden sahen alle Deutschen als ungerecht, als „Schmach-" oder „Karthagofriede" an.
- Zusammen mit der Dolchstoßlegende wurde er zur permanenten Belastung der Weimarer Republik und zum idealen propagandistischen Kampfmittel der staatsfeindlichen Kräfte.

10.1 Unterschiedliche Friedenskonzepte

Die **Friedenskonzepte** der führenden Staatsmänner (Wilson, Lloyd George, Clemenceau) waren sehr unterschiedlich. Sie waren bestimmt von **Revanche, Sicherheitsdenken, extremer Schwächung Deutschlands** (Clemenceau), von ausgleichendem Frieden und Aufbau eines **weltweiten Friedenssystems** (Wilson) und von der **Entmachtung Deutschlands**, das nicht bolschewistisch werden sollte (Lloyd George).

Die Friedenskonferenz begann exakt am 48. Jahrestag der Proklamation des Kaiserreichs an gleicher Stelle, also am 18. 1. 1919 im Spiegelsaal des Schlosses von Versailles. An der Konferenz nahmen zwar Delegierte aus 32 Siegernationen teil, die Entscheidungen wurden aber im Wesentlichen von den drei führenden Staaten bzw. ihren Staatsmännern getroffen: von dem französischen Ministerpräsident Clemenceau, dem britischen Premier Lloyd George und dem amerikanischen Präsident Wilson. Die ehemaligen Feindstaaten sowie die bolschewistische UdSSR wurden nicht zugelassen. Die Vorstellungen von einem gerechten Frieden gingen weit auseinander: Der **„Clemenceau-Friede"** war geprägt von Revanche, Sicherheitsdenken und dem Bestreben, Deutschland so sehr wie möglich zu schwächen. Der **„Wilson-Friede"** beruhte auf dem Vierzehn-Punkte-Programm des Präsidenten (Januar 1918) und hatte den Aufbau einer weltweiten Friedensinstitution, die Festlegung international geltender Regeln und einen ausgleichenden Frieden zum Ziel. Die **britischen Vorstellungen** waren realistisch und lagen zwischen den französischen und amerikanischen Vorstellungen: Deutschland sollte zwar entmachtet, aber nicht so geschwächt werden, dass es dem Bolschewismus anheimfallen würde. In diesem Sinne erklärte Lloyd während der Friedensverhandlungen Ende März 1919: „Wir wären weise, wenn wir Deutschland einen Frieden anböten, der – indem er gerecht ist – für alle vernünftigen Leute der Alternative des Bolschewismus vorzuziehen wäre."[1]

10.2 Das Problem des Friedenschließens

Vier Kernbereiche mit zahlreichen politischen, territorialen und ideologischen Problemen erschwerten den Friedensschluss und führten dazu, dass der Versailler Vertrag zwischen den Siegern und dem Deutschen Reich von allen Beteiligten als unbefriedigend angesehen wurde:

Der **Weltkrieg** hatte ungeheure Verluste gebracht. Es gab keine neutrale, mäßigende Nation als Schiedsinstanz. Alle Staatsmänner standen gegenüber ihren Völkern unter einem ungeheuren Erfolgszwang. Zusätzlich machten Nationalismus, Chauvinismus und der Kreuzzugscharakter des Kriegs sachliche Entscheidungen sehr schwierig bzw. unmöglich. Der Weltkrieg musste durch einen komplizierten **Weltfrieden** beendet werden, wobei Wichtigkeit und Bedeutung einzelner Probleme umstritten waren. Interessensphären überschnitten sich und die Schaffung neuer, unabhängiger Staaten in Ost- und Südosteuropa löste die territorialen und ethnischen Probleme (z. B. des Balkans) nicht, sondern schuf neue. Die **Friedensprogramme** waren bestimmt von dem starken Gegensatz zwischen Machtpolitik alter Prägung (z. B. möglichst große territoriale Gewinne, weitestgehende Schwächung des Besiegten) und neuer Ideologie (z. B. Wilsons 14 Punkte ⊛). Auch die **Zerstrittenheit der Siegerkoalition** trug zur Problematik der Pariser Vorortverträge (Siegermächte mit dem Deutschen Reich zu Versailles; mit Österreich zu St. Germain-en-Laye; mit Ungarn zu Trianon; mit der Türkei zu Sèvres) bei.

Folgende Problembereiche erschwerten den Friedensschluss:

- Der **Weltkrieg** (riesige Verluste, keine neutrale Großmacht als Schiedsinstanz, Erfolgszwang der Staatsmänner)
- **Weltfrieden** (neue Probleme als Folge des Kriegs, Konkurrenz der Siegermächte)
- sehr **unterschiedliche Friedensprogramme** (alte Machtpolitik – neue Friedenspolitik Wilsons)
- **Zerstrittenheit** der Siegerkoalition.

10.3 Die Annahme des Vertrags

Die Sieger überreichten am 7. Mai 1919 den **Friedensvertrag**, gegen dessen Bestimmungen die **deutsche Regierung** heftig **protestierte**. Die Alliierten wiederum beantworteten diesen Protest am **16. Juni** mit einem sechstägigen **Ultimatum**: Annahme des geringfügig revidierten Vertrags oder Fortsetzung des Kriegs und die sofortige Besetzung Deutschlands. An den erbitterten Debatten über Annahme oder (folgenschwere) Ablehnung des Vertrags zerbrach die Regierung Scheidemann (SPD). Schließlich setzte sich doch noch die Ansicht durch, dass der „Schmachfriede“ als unvermeidliche Folge des Kriegs akzeptiert werden müsse, um Schlimmeres von Deutschland abzuwenden (Besetzung, Gefährdung der territorialen Einheit des Reichs). Unmögliche Forderungen würden deutlich werden, man müsse sie jedoch in friedlichen, aber zähen Verhandlungen beseitigen. Auf keinen Fall dürfe die territoriale Einheit des Reichs aufs Spiel gesetzt werden. Dennoch blieb bei den Deutschen das tiefe Gefühl, aufs Übelste betrogen worden zu sein. Die neue Regierung Bauer (SPD) unterzeichnete den **Vertrag** am 28. Juni 1919. Er **trat** am **10. 1. 1920 in Kraft**.

Die **Annahme des Vertrags**:

7. 5. 1919: Überreichung des Vertrags, gegen den die deutsche Regierung heftig protestiert.

16. 6. 1919: Sechstägiges Ultimatum der Sieger: Annahme oder Besetzung.

28. 6. 1919: Unterzeichnung durch die Regierung Bauer (SPD).

10. 1. 1920: Der Versailler Vertrag tritt in Kraft.

10.4 Die wesentlichen Bestimmungen

Die **Bestimmungen**:

- **Militärische**: Abrüstung und Abbau des Heeres auf 100 000 Mann, der Marine auf 15 000;
- **Reparationen** (Festlegung bis 1921);
- **Gebietsverluste**: Elsass-Lothringen, Eupen-Malmedy, Nordschleswig, Oberschlesien, Westpreußen, Posen, Memelgebiet, Hultschiner Ländchen. Das Saarland kommt unter Verwaltung des Völkerbunds, wird von Frankreich 15 Jahre wirtschaftlich genutzt. Danzig wird eine „Freie Stadt", aber wirtschaftlich eng mit Polen verbunden.
- Art. 227 (Kaiser als Kriegsverbrecher, Auslieferung);
- Art. 231: Alleinige Kriegsschuld Deutschlands (und seiner Verbündeten).

- **Militärische Bestimmungen:** Entwaffnung und Abrüstung des Heeres auf 100 000 Mann, der Marine auf 15 000 Mann; Zerstörung des schweren Kriegsmaterials; Entmilitarisierung des Rheinlands und dessen Besetzung.
- Deutschland muss **Reparationen** zahlen, deren Höhe bis 1921 festgelegt werden soll.
- **Gebietsverluste:** Das Saarland wird unter die Verwaltung des Völkerbunds gestellt und 15 Jahre lang von Frankreich wirtschaftlich genutzt; Elsass-Lothringen geht an Frankreich, Eupen-Malmedy an Belgien, Nordschleswig an Dänemark, der größte Teil Westpreußens, fast ganz Posen und Teile Ostpreußens, Hinterpommerns und Oberschlesiens an Polen, Danzig wird als „Freie Stadt" aus dem Reichsverbund gelöst und wirtschaftlich eng mit Polen verbunden, das Memelland fällt an Litauen und das Hultschiner Ländchen an die Tschechoslowakei. Außerdem verliert Deutschland alle Kolonien.
- **Art. 227** bezeichnet den Kaiser als Kriegsverbrecher und forderte seine Auslieferung, **Art. 231** legt die alleinige Kriegsschuld Deutschlands (und seiner Verbündeten) fest.

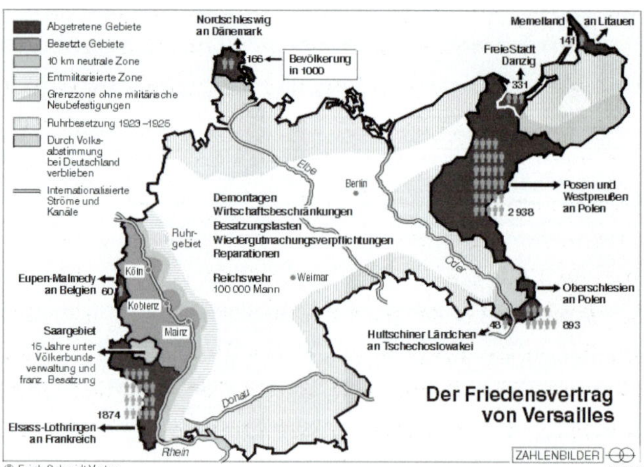

© Erich Schmidt Verlag 50 067

10.5 Die Problematik der einzelnen Bestimmungen

Der Vertrag wurde von allen Parteien und von der Bevölkerung allgemein als überhart und ungerecht angesehen. Die einzelnen Bestimmungen des Vertrags wurden unterschiedlich aufgenommen. **Unproblematisch** z. B. war der Verlust von Eupen-Malmedy (überwiegend belgische Bevölkerung), des nördlichen Schleswig (überwiegend dänische Bevölkerung), des Hultschiner Ländchens (geringe Größe) und von Elsass-Lothringen (erwartete Abtretung an Frankreich). Andere Bestimmungen erwiesen sich als **langfristige Probleme und Belastungen** für Weimar:

- Die an Polen verlorenen Ostgebiete galten als „urdeutsch“, die Entstehung des polnischen Korridors wurde als völlig inakzeptabel angesehen.
- Das östliche Oberschlesien wurde 1921 trotz einer vom Völkerbund festgelegten Volksabstimmung, die einen Verbleib beim Deutschen Reich ergeben hatte, an Polen abgetreten.
- Für alle national Denkenden war die Abrüstung des Heeres auf 100 000 Mann eine Schmach und unvereinbar mit der Größe des Reichs.
- Der Kriegsverbrecherparagraf (227) und der Kriegsschuldparagraf (231) wurden als Beleidigung des ganzen Volkes angesehen, weil das Volk immer noch von der „Einkreisung“ durch neidische Mächte (➤ S. 124) und der erzwungenen Reaktion des Deutschen Reichs 1914 überzeugt war.
- Die **Dolchstoßlegende**, die sich zwar nicht aus dem Vertrag ergab, aber immer im Zusammenhang mit ihm genannt wurde, überlagerte die Ablehnung des Versailler Vertrags. Sie besagte (laut Hindenburg) sinngemäß, dass das „im Felde unbesiegte“ deutsche Heer feige von „hinten“, d. h. von kriegsunwilligen, pazifistischen Verrätern in der Heimat „erdolcht“ worden sei. Wo die Schuld liege, so Hindenburg, bedürfe keines Beweises. Diese Schuldzuweisung richtete sich gegen die Parteien, die eine Beendigung des Krieges gefordert hatten (➤ S. 129), und wurde bald verallgemeinert und auf alle staatstragenden Parteien bzw. auf die Demokratie generell bezogen. Die Dolchstoßlegende hatte eine **ungeheure Wirkung**, erlaubte sie es doch allen „guten Deutschen“, die nationale Schande eines verlorenen Krieges auf diejenigen abzuwälzen, die sich in ihren Augen als Sündenböcke anboten. Zudem war die Dolchstoßlegende **für die Masse des Volkes** recht **plausibel**: Bei Kriegsende standen keine fremden Truppen auf deutschem Boden, der Krieg im Osten war siegreich beendet worden.
- Die **Reparationen**, die 1921 erstmalig konkretisiert wurden, waren zunächst völlig überzogen und wurden zudem (bis Mitte der 20er-Jahre) von Frankreich als politisches Druckmittel missbraucht (z. B. bei der Besetzung des Ruhrgebiets 1923, ➤ S. 163).

Entscheidend ist, dass diese Bestimmungen irreparable Kriegsergebnisse und hart umkämpfte Kompromisse waren. Der **Vorwurf der einseitigen Entscheidung** gegen das Deutsche Reich **lässt sich** heute **nicht** mehr **halten**, da Polen und Frankreich Maximalforderungen nicht verwirklichen konnten. Die Fehleinschätzung des Vertrags in Deutschland hatte jedoch zwei wichtige Auswirkungen: Die Deutschen waren sich einig in der wütenden Ablehnung des Vertrags und die Revision des „Schmachfriedens“ wurde für alle Politiker der Weimarer Republik das vorrangige außenpolitische Ziel.

Unproblematisch war der Verlust von Elsass-Lothringen, Eupen-Malmedy, Nordschleswig und des Hultschiner Ländchens.

Sehr **problematisch** war der **Verlust der Ostgebiete** (Westpreußen, Posen, Oberschlesien, der polnische Korridor und die „Freie Stadt“ Danzig).
Die Art. 227 (Kaiser als Kriegsverbrecher) und 231 (alleinige Kriegsschuld Deutschlands und seiner Verbündeten) erwiesen sich als sehr emotionalisierend.

Die **Dolchstoßlegende** setzte Hindenburg in die Welt. Er behauptete, das im Felde unbesiegte deutsche Heer sei von hinten, also von linken, pazifistischen Parteien erdolcht worden.
Die Dolchstoßlegende hatte eine **ungeheure propagandistische Wirkung**, da die Schuld am verlorenen Krieg den staatstragenden Parteien zugeschoben wurde.

Die **Reparationen** waren zunächst völlig überzogen und wurden bis Mitte der 20er-Jahre von Frankreich als Druckmittel benutzt.

Die Fehleinschätzung des Versailler Vertrags hatte zwei wesentliche **Auswirkungen**:
- Die Deutschen lehnten ihn geschlossen und pauschal ab;
- wichtigstes außenpolitisches Ziel aller Regierungen war die Revision des Vertrags.

10.6 Die Beurteilung des Vertrags

Die Beurteilung des Vertrags:

- Bis 1945: „**Schmachfriede**", „Karthagofriede", ungerecht, bösartig.
- Nach 1945 wird gelegentlich unzutreffenderweise behauptet, der **Versailler Vertrag** sei die **Hauptursache** für den Untergang der Weimarer Republik und den Aufstieg Hitlers gewesen.
- Heute: Die distanzierte Betrachtung der Sachzwänge und Kompromisse der Staatsmänner und der Vergleich von 1919 und 1945 führen zur Feststellung, dass der **Versailler Vertrag kein „Karthagofriede"** war.

Scheidemann 1919:

„Dieser Vertrag ist so unannehmbar, dass ich heute noch nicht zu glauben vermag, die Erde könne ein solches Buch ertragen." [2]

Der Versailler Vertrag war sicherlich die **schwerwiegendste Belastung** für die junge Republik. Viele Deutsche identifizierten die Demokratie und die den Vertrag unterzeichnenden „Erfüllungspolitiker" mit dem Untergang des Kaiserreichs, mit dem Verlust seiner Größe, mit den innen- und außenpolitischen Problemen, kurz: mit allem, was der rechten Mentalität verhasst war. Er war für sie das ideale Agitations- und Propagandamittel zur öffentlichen Abwertung der staatstragenden Parteien. Die staatstragenden Parteien trifft der Vorwurf, dass sie in diesem Punkt mit den Rechtskreisen und den Militärs an einem Strang zogen und deren Schuld an den kritisierten Verhältnissen nicht deutlich machten.

Immer wieder wurde und wird behauptet, dass der Untergang Weimars eine unmittelbare Folge des Vertrags gewesen sei und dass dessen rechtzeitige Revision den Untergang verhindert hätte. Insofern seien auch die Alliierten am Aufstieg Hitlers schuld. Damit wird das deutsche Volk indirekt von der Verantwortung am Dritten Reich befreit, Hitler gleichsam als logische Konsequenz des Vertrags gesehen. Diese Betrachtungsweise ist unzutreffend. Entscheidend war neben den eigentlichen Ursachen des Untergangs (→ S. 193), dass die Enttäuschung über den ausbleibenden milden Wilson-Frieden und das Unvermögen, den verlorenen Krieg zu akzeptieren, zu einer sehr subjektiven Beurteilung führten, die bestimmt wurde von einem Gemisch aus Selbstmitleid und bösartiger Aggressivität. Ressentiments überwogen eindeutig die reale Einschätzung des Erreichbaren.

Seit 1945 ist die Betrachtung und **Beurteilung** des Vertrags, der von den USA nicht ratifiziert und auch in Großbritannien kritisiert wurde, **distanzierter und gemäßigter**. Hierbei spielt nicht nur die zeitliche Distanz, sondern vor allem der Vergleich mit dem Ende des Zweiten Weltkriegs die entscheidende Rolle. Ausgangslage und Sachzwänge der Staatsmänner werden nun ebenso berücksichtigt wie erkämpfte Kompromisse gewürdigt. Die generelle Ablehnung ist der Erkenntnis gewichen, dass der Versailler Friede alles andere als ein „Karthagofriede" gewesen war. Im Vergleich zu 1945 hatte er geringfügige territoriale Verluste gebracht und Deutschland die Chance gelassen, auf lange Sicht Großmacht zu bleiben.

Alle Querverweise im Überblick:

Einkreisung des Deutschen Reichs: S. 157 → S. 124
Verständigungsfriede 1917: S. 157 → S. 129
Besetzung des Ruhrgebiets 1923: S. 157 → S. 163
Gründe für den Untergang Weimars: S. 158 → S. 193

Zusammenfassung

Der Vertrag von Versailles und seine Folgen

Die **Pariser Friedenskonferenz** von 1919 war eine **reine Angelegenheit der Sieger**, die besiegten Länder waren nicht beteiligt. Die Verhandlungen und Ergebnisse wurden im Wesentlichen von den drei Großmächten USA, Großbritannien und Frankreich, vertreten durch Wilson, Lloyd George und Clemenceau bzw. deren sehr unterschiedliche Friedenskonzepte bestimmt.

Frankreich verfocht einen **harten Frieden** mit Deutschland, der den traditionellen Gegner entscheidend und auf Dauer schwächen sollte. **Großbritanniens** Konzept zielte zwar auf eine **Entmachtung** Deutschlands ab, der Friede sollte jedoch so maßvoll sein, dass er das deutsche Volk nicht in die Arme des Bolschewismus treiben würde. Die Vorstellungen des **amerikanischen Präsidenten** waren ebenso idealistisch wie unrealistisch.

Vielfältige Probleme, die sich aus dem Weltkrieg und dem Verhältnis der Sieger untereinander ergaben, **erschwerten** den **Prozess des Friedenschließens**, erzwangen Kompromisse, erneute Spannungen und Konflikte. Bei fast allen Beteiligten dominierte das Gefühl, entweder überhart und ungerecht behandelt worden zu sein oder zu wenig gewonnen zu haben.

Der **Versailler Vertrag**, von dem sich die Deutschen einen milden Wilson-Frieden erhofft hatten, wurde von allen Deutschen und fast allen Parteien (mit Ausnahme der KPD) als **„Schmachfriede"** und **„Karthagofriede"** gegeißelt und als „nationaler Betrug" heftig bekämpft.

Drohungen der Alliierten erzwangen schließlich die Annahme des Vertrags durch die Regierung Bauer (SPD). Dies hatte zur Folge, dass die **staatstragenden Parteien**, „feigen Demokraten", die „Novemberverbrecher" und „Erfüllungspolitiker" **zu Unrecht mit** dem als nationale Schande empfundenen **Vertrag identifiziert** wurden.

Die harten territorialen, wirtschaftlichen, finanziellen und militärischen Bestimmungen des Vertrags erwiesen sich als langfristig belastend. Noch belastender waren die Art. 227 (Kaiser als Kriegsverbrecher) und 231 (alleinige Kriegsschuld Deutschlands und seiner Verbündeten) sowie die Dolchstoßlegende Hindenburgs. Diese **Vertragsinhalte** oder Vertragsfolgen **vergifteten die innenpolitische Atmosphäre in Deutschland** nachhaltig und bildeten den Nährboden der rechtsgerichteten Agitation und Propaganda.

Die Bewertung des Vertrags änderte sich **nach 1945.** Der Vertrag wurde mit der entsprechenden Distanz und vor dem Hintergrund des Zweiten Weltkriegs nun nicht mehr als ausschließliche Ursache für den Untergang Weimars gesehen, sondern die **Bedeutung anderer Faktoren** betont (zu wenige Demokraten, Mentalitäten aus dem Kaiserreich, strukturelle Mängel der Verfassung etc.).

11 Innenpolitische Belastungen der Anfangsjahre (1919 – 1923)

In diesem Kapitel erfahren Sie:

- Die Weimarer Republik hatte in ihren Anfangsjahren mit zahlreichen Belastungen zu kämpfen, die den jungen Staat in seiner Existenz gefährdeten.
- Dazu gehörten neben der Novemberrevolution, dem politischen Neuaufbau, dem in hohem Maße emotionalisierenden Versailler Vertrag und der Dolchstoßlegende vor allem die Entstehung und Niederschlagung von Räterepubliken, der Kapp-Putsch, kommunistische Aufstände und der Mord als Mittel der politischen Auseinandersetzung.
- Ruhrkampf, Inflation, Hitler-Putsch und Separatismus machten das Jahr 1923 zum „Krisenjahr" und stürzten die Weimarer Republik in eine Existenz gefährdende Krise.
- Diese Krise hatte erhebliche soziale und politische Auswirkungen: Sie bewirkte große Geld- und Besitzverluste, schwächte die demokratischen Kräfte, radikalisierte die politischen Verhältnisse und zeigte die Anfälligkeit und Instabilität der jungen Demokratie.

Räterepubliken:

7.11.1918: Eisner (USPD) ruft die **Münchner Räterepublik** aus.

Die **Ermordung von Luxemburg und Liebknecht** (Spartakusaufstand) löst in zahlreichen Großstädten Tumulte und die Ausrufung von Räterepubliken aus.

Erneute **Revolutionswelle in Bayern** nach der Ermordung Eisners (21.2.1919).

Die Anarchisten Mühsam und Landauer rufen am 7.4. erneut eine (bedeutungslose) Räterepublik in München aus.

Eine am 13.4. verkündete kommunistische Räterepublik wird in München Anfang Mai vom Militär beendet.

11.1 Räterepubliken

Am **7. November 1918** rief Kurt **Eisner** (USPD) in **München** eine **Räterepublik**, den „Freien Volksstaat" aus. Er strebte jedoch keine wirkliche, sozialistische Räterepublik, sondern eine parlamentarische Regierungsform an. Die brutale Niederwerfung des linksradikalen Spartakusaufstands durch das Militär und die Ermordung von Rosa Luxemburg und Karl Liebknecht (→ S. 142) lösten in zahlreichen Großstädten bzw. Gebieten **bürgerkriegsähnliche Zustände** und die **Ausrufung von Räterepubliken** (z.B. in Hamburg, Bremen, Braunschweig, Leipzig, Berlin) aus.

Als Eisner die Landtagswahl verlor, trat er zurück. Auf dem Weg zum Landtag ermordete ihn am 21.2.1919 der rechtsradikale Leutnant Graf Arco-Valley. Der Mord löste erneut eine Revolutionswelle linker Gruppierungen in Bayern aus und die Anarchisten Erich **Mühsam** und Gustav **Landauer** riefen am 7. April eine **Räterepublik** aus, die jedoch keinerlei Bedeutung erlangte. Die neu gewählte Regierung Hoffmann (SPD) verlegte ihren Amtssitz ins ruhige Bamberg. Am 13. April entstand eine zweite Räterepublik nach kommunistischem Vorbild, die Anfang Mai von Regierungstruppen beendete wurde. Die **letzte Räterepublik** wurde im **Vogtland** im April **1921 beseitigt**.

11.2 Der Kapp-Putsch

Die Zwangsauflösung der Freikorps führte am 13. März 1920 zur **Besetzung des Berliner Regierungsviertels durch Freikorpstruppen** (Marinebrigade Erhardt) unter Führung von General Lüttwitz. Die Regierung Bauer (SPD) floh nach Stuttgart. Der reaktionäre Politiker **Kapp** (DNVP) erklärte die Regierung für abgesetzt und übernahm als **neuer Kanzler** die Regierung. Der Putsch scheiterte bereits nach vier Tagen, weil er dilettantisch vorbereitet war und der Generalstreik, zu dem die SPD aufgerufen hatte, Kapp sowohl die finanziellen Mittel als auch die ausführenden Organe (Beamte, Angestellte, Arbeiter) entzog. Das Militär unterstützte zwar nicht die Forderung der Regierung, gegen die Aufständischen vorzugehen, doch sie griff auch nicht auf deren Seite ins Geschehen ein, obwohl sie mit Kapp sympathisierte.

Der **Kapp-Putsch** ist in vielerlei Hinsicht **symptomatisch**: Er zeigt die Unzuverlässigkeit der Reichswehr, die gegen die „Kameraden" nicht vorgegangen war, macht die Unzufriedenhit weiter Kreise, vor allem des Militärs mit dem neuen Staat deutlich, dokumentiert die von nun an permanente „Bedrohung von rechts" und verstärkte das Selbstbewusstsein der Rechtsparteien. Die milde Ahndung der im Zusammenhang mit dem Kapp-Putsch begangenen Vergehen und Verbrechen machte erneut das Problem des „Pakts mit den alten Mächten" deutlich.

Kapp-Putsch: Die Marinebrigade Ehrhardt (Freikorps) besetzt am 13.3.1920 das Berliner Regierungsviertel, setzt die Regierung ab und Kapp (DNVP) als neuen Reichskanzler ein. Der Putsch **scheitert am 17. März an einem Generalstreik**. Das Militär greift nicht ein.

Der Putsch zeigte die Unzuverlässigkeit der Reichswehr, die Unzufriedenheit weiter Kreise, die permanente Bedrohung des Staates und das Problem des Pakts mit den „alten Mächten."

11.3 Kommunistische Aufstände

Der Kapp-Putsch rief unter der revolutionären Arbeiterschaft eine ungeheure Erregung hervor. Im **Ruhrgebiet** brach ein Arbeiteraufstand aus und eine über 100 000 Mann starke kommunistische **Rote Armee** entstand. Sie besetzte einige Städte und terrorisierte die Bevölkerung. Der als Reichskommissar eingesetzte Carl Severing (SPD) erreichte die freiwillige Selbstauflösung der Roten Armee gegen ein Amnestieversprechen. Die Haltung der dortigen Reichswehr und das aggressive Auftreten einiger (ehemaliger) Freikorpsführer ließ es den Kommunisten geraten erscheinen, ihren Kampf fortzusetzen, was **bürgerkriegsähnliche Zustände** zur Folge hatte. Reichswehreinheiten schlugen, verstärkt durch eben erst wieder eingegliederte und „auf den Boden der Verfassung zurückgekehrte" Kapp-Verbände, die Rote Armee zurück. Die Auseinandersetzung war den politischen Gegensätzen entsprechend äußerst brutal und riss die tiefen Gräben noch weiter auf.

Severing stellte fest, dass das Vorgehen der Reichswehr

„hinter den Schreckenstaten der Rotgardisten leider nicht zurückblieb." [1]

Der **Kapp-Putsch** bewirkte im Ruhrgebiet, in Hamburg, im sächsisch-thüringischen Grenzgebiet **kommunistische Aufstände**, die im Auftrag der Reichsregierung von der Reichswehr brutal niedergeschlagen wurden.

Daraus resultierten wachsende Spannungen zwischen der SPD-Führung und der Parteibasis.

Auch in **Hamburg und im sächsisch-thüringischen Grenzgebiet** kam es zu erbitterten Auseinandersetzungen zwischen roten Kampfverbänden und der von Freikorps unterstützten Reichswehr, die die Aufstände im Mai 1920 in schweren und teilweise sehr grausamen Kämpfen blutig niederschlug, ohne dass dadurch Friede und Ordnung hätten etabliert werden können.

Der Einsatz der Reichswehr und ehemaliger Freikorpstruppen beschädigte das Ansehen der Reichsregierung und vor allem der SPD schwer. Die Parteibasis kritisierte das Vorgehen der SPD-geführten Regierungen Bauer und Müller (Juni 1919–Juni 1920) heftig.

11.4 Der Mord als politisches Mittel

Der **politische Mord** wurde, vor allem unter den Rechtsradikalen, zu einem **„normalen" Mittel der politischen Auseinandersetzung**.

Ermordet wurden von Rechtsradikalen u.a. Luxemburg und Liebknecht (Spartakus), Eisner (USPD), Landauer (Anarchist), Gareis (USPD), Erzberger (Zentrum), Rathenau (DDP).

Die NSDAP feierte die Ermordung Rathenaus mit der Plakataufforderung:

„Rathenau ist tot, Ebert und Scheidemann leben noch." [2]

Der politische Mord wurde unter den Radikalen, vor allem unter den Rechtsradikalen zu einem „normalen" Mittel der politischen Auseinandersetzung und die **Ermordung des politischen Gegners** erschien als durchaus **legitimes und ehrenwertes Mittel.**

Hierbei taten sich in erster Linie ehemalige Freikorpsleute hervor. Sie bekämpften das verhasste „System" mit allen Mitteln, auch mit denen des politischen Mordes. Rechtsradikale ermordeten z. B. Rosa **Luxemburg** und Karl **Liebknecht** (➤ S. 142), Kurt **Eisner** (USPD, ➤ S. 160), Gustav **Landauer**, Karl **Gareis** (USPD) und Matthias **Erzberger** (Zentrum), der den Waffenstillstand unterzeichnet hatte. In bürgerlichen Kreisen wurde diese Tat begeistert als „Rache für Compiègne" gefeiert, der Münchner Polizeipräsident verhalf den beiden Tätern persönlich zur Flucht. Ende Mai 1922 ermordeten zwei ehemalige Marineoffiziere und Mitglieder der Organisation Consul (➤ S. 150) Außenminister Walter **Rathenau** (DDP). Auf ihn hatte sich seit langer Zeit der Hass der „nationalen" Kreise konzentriert. Er verkörperte für sie die landesverräterische „Erfüllungspolitik" gegenüber den Alliierten bzw. dem Versailler Vertrag. Er wolle Deutschland dem Bolschewismus ausliefern, sei zudem ein „Rassefremder", ein „Vertreter des Weltjudentums", einer der „Weisen von Zion". Mit seiner Ermordung, die von der Parole „Schlagt tot den Walter Rathenau, die gottverdammte Judensau!" vorbereitet wurde, erreichte die antisemitische Welle einen ersten Höhepunkt. Dieser Welle von politischen Morden, zu der zahlreiche gescheiterte Attentate hinzuzurechnen sind, standen **Ebert und** die **staatstragenden Parteien hilflos** gegenüber, da die „alten Mächte" mit den rechtsradikalen Mördern oft sympathisierten.

11.5 Das Krisenjahr 1923

Vier Krisen bestimmten das Jahr 1923:

Der Ruhrkampf: Die hohen Reparationsforderungen Frankreichs (➛ S. 172) lehnte die Regierung Cuno (parteilos) Ende 1922 ab. Der französische Ministerpräsident **Poincaré** drohte, **„produktive Pfänder“** (Bergwerke, Industrieanlagen etc.) zu nehmen. Als die von Frankreich eingeschaltete Reparationskommission einen Rückstand der Reparationszahlungen festellte, besetzten am **11. Januar 1923** französische und belgische Truppen das Ruhrgebiet. Cuno stellte die Reparationszahlungen ein und propagierte den passiven Widerstand, der von allen Schichten der Bevölkerung befolgt wurde. Die Auseinandersetzung im Ruhrgebiet eskalierte. **Harte Maßnahmen Frankreichs** (Belagerungszustand, Beschlagnahmung öffentlicher Kassen, Passzwang, Errichtung einer Zollgrenze zum restlichen Deutschland) wurden **mit Sabotageakten beantwortet**, die wiederum harte Vergeltungsmaßnahmen Frankreichs hervorriefen. Gustav **Stresemann** (DVP), der Nachfolger Cunos, **beendete** im Sommer 1923 den ebenso aussichtslosen wie wirtschaftlich ruinösen **Ruhrkampf**.

Die Inflation: Zahlreiche Ursachen bewirkten 1923 einen raschen Verfall der Währung. Neben den Kosten des Ersten Weltkriegs, den territorialen Verlusten und der Umstellung der Kriegs- auf Friedenswirtschaft brachte vor allem der Ruhrkampf (Verlust von Einnahmen, Finanzierung des passiven Widerstands) die Inflation zum Galoppieren. Sie erreichte im Herbst ihren Höhepunkt. Die Kaufkraft der Reichsmark war gleich Null, eine Flucht in die Sachwerte setzte ein und die Versorgung der Bevölkerung wurde problematisch. Der Regierung Stresemann gelang es Ende des Jahres, die Inflation mit folgenden wirksamen Maßnahmen zu stoppen: Einsetzung eines Reichswährungskommissars, Schaffung einer neuen Währungseinheit, der Rentenmark; Deckung der neuen Währung durch eine Grundschuld auf Grundbesitz, Handel, Industrie und Banken, die zwar weitgehend fiktiv war, aber so viel Vertrauen einflößte, dass die Bevölkerung die Rentenmark annahm.

Der Separatismus: Ruhrkampf und Inflation lösten separatistische Bewegungen in der Pfalz und im Rheinland aus, die von Frankreich unterstützt wurden. Sie bedrohten die Einheit des Reichs, da ihr Ziel im Anschluss an Frankreich bestand. Auf dem Höhepunkt der Inflation entstanden die Rheinische Republik und die **Autonome Pfalz**. Die Überwindung der Inflation entzog beiden die Grundlage. Sie endeten im November 1923 bzw. im Februar 1924.

Das **Krisenjahr 1923**:

Ruhrkampf: 11.1.1923: Frankreich und Belgien besetzen das Ruhrgebiet wegen Reparationsrückständen; Reichskanzler Cuno propagiert den „passiven Widerstand“, das harte Vorgehen Frankreichs (z. B. Beschlagnahmung öffentlicher Kassen, Zollgrenze zum restlichen Deutschland) provoziert Gegenmaßnahmen (z. B. Sabotageakte). Stresemann beendet den ruinösen Ruhrkampf im Sommer 1923.

Kriegskosten, territoriale bzw. wirtschaftliche Verluste und Umstellung der Wirtschaft lösen die **Inflation** aus, der Ruhrkampf bringt sie zum Galoppieren. Stresemann stoppt sie Ende des Jahres mit wirksamen finanzpolitischen Maßnahmen (z. B. neue Währung).

Separatismus: Ruhrkampf und Inflation lösen separatistische Bewegungen aus. Es entstehen die „Rheinische Republik“ und die „Autonome Pfalz“. Sie enden mit der Überwindung der Inflation.

Der Hitler-Putsch: Zwischen der Reichsregierung und dem rechtslastigen Bayern entstanden im Herbst 1923 wachsende Spannungen. In dieser Situation versuchte Hitler durch einen Putsch (9.11.1923) die Macht an sich zu reißen. Er erklärte die Reichsregierung für abgesetzt und verkündete eine „provisorische deutsche Nationalregierung" mit ihm als Reichskanzler. Da er die Unterstützung von Militär und Polizei nicht erreichte, scheiterte sein Putsch. Hitler erhielt die Mindeststrafe von 5 Jahren wegen Hochverrats, musste aber nur 9 Monate absitzen.

Der **Hitler-Putsch**: Bayern war das Zentrum der antidemokratischen, rechtslastigen und rechtsradikalen Gruppierungen. Sie sahen Bayern als „Ordnungszelle des Reichs" und riefen zum „Sturm auf die Republik", zum „Marsch nach Berlin" auf. Ihre Parole lautete: „Das christliche, nationale Bayern gegen das verjudete, marxistische Berlin". Ende September verhängte die bayerische Regierung den Ausnahmezustand über Bayern und ernannte von **Kahr** zum **Generalstaatskommissar** und damit zum zeitweiligen Diktator. Reichskanzler Stresemann verhängte daraufhin den Ausnahmezustand über ganz Deutschland und übertrug die vollziehende Gewalt an Reichswehrminister Gessler, der sie wiederum an die Wehrkreisbefehlshaber der Reichswehr übertrug. Da Bayern den Reichsausnahmezustand nicht anerkannte, verhängte Ebert die **Reichsexekution** gegen Bayern. General von Seeckt, der Chef der Heeresleitung der Reichswehr lehnte diese ab, da sie in Bayern nicht durchführbar sei. Stattdessen wollte er die Diktaturgewalt, die ihm Ebert jedoch verweigerte. Als das Gerücht aufkam, dass in Thüringen und Sachsen SPD/KPD-Regierungen entstünden, sah **Hitler** eine günstige Gelegenheit. In der Nacht zum **9. November** unternahm er einen **Putsch**. Er erklärte die Reichsregierung für abgesetzt und proklamierte eine neue „provisorische deutsche Nationalregierung" mit ihm an der Spitze. Das Scheitern des Putsches versuchte er am 9. November mit einem Marsch zur Feldherrnhalle zu verhindern, mit dem er die Unterstützung der Münchner Bevölkerung gewinnen wollte. Die bayerische Polizei stoppte den Marsch, Hitler wurde von wohlwollenden Richtern zur Mindeststrafe von 5 Jahren verurteilt. Davon musste er nur 9 Monate absitzen.

Alle Querverweise im Überblick:

Ermordung von Rosa Luxemburg und Karl Liebknecht: S. 160, 162 ➛ S. 142
Ermordung von Kurt Eisner: S. 162 ➛ S. 160
Organisation Consul: S. 162 ➛ S. 150
Reparationsforderungen Frankreichs: S. 163 ➛ S. 172

Zusammenfassung

Innenpolitische Belastungen der Anfangsjahre (1919 – 1923)

Die **Weimarer Republik** wurde **in** ihren **Anfangsjahren von** zahlreichen **gravierenden Problemen erschüttert**, die die innere Zerrissenheit Deutschlands verdeutlichen. Dazu gehören neben dem Versailler Vertrag die Entstehung von Räterepubliken, der Kapp-Putsch, kommunistische Aufstände als Gegenreaktion, der politische Mord, der Ruhrkampf, die Inflation, separatistische Bestrebungen und der Hitler-Putsch.

Sozialistische Räterepubliken entstanden in zahlreichen Städten, die gefährlichsten in Bremen, Braunschweig, München und im Vogtland. Sie wurden ausnahmslos im Auftrag der Regierung von Reichswehr und Freikorps brutal niedergeschlagen.

Der **Kapp-Putsch** (März 1920) machte die Schwäche der Republik, die Unzuverlässigkeit der Reichswehr, die Unzufriedenheit weiter Kreise mit dem neuen Staat, die Rechtslastigkeit der Justiz und das Selbstbewusstsein der rechtsradikalen Parteien und Gruppierungen deutlich.

Er löste **als Gegenreaktion kommunistische Aufstände** in vielen Städten, vor allem im Ruhrgebiet und im sächsisch-thüringischen Grenzgebiet aus. Sie wurden, wiederum im Auftrag der Regierung, in erbitterten Kämpfen von Reichswehr und Freikorps niedergeschlagen.

Der **Einsatz von Militär und Freikorpstruppen** schwächte die Weimarer Koalition, vor allem die SPD, und **bewirkte starke Stimmenverluste der staatstragenden** und starke Gewinne der rechtsradikalen **Parteien**.

Der **politische Mord**, meist von rechtsradikalen ehemaligen Soldaten an Linkspolitikern, an „Novemberverbrechern" und „Rassefremden" verübt, war für die Rechtsradikalen ein „legitimes" und sogar „ehrenwertes" Mittel der politischen Auseinandersetzung. Staatliche Gegenmaßnahmen zeigten wenig Wirkung, da der politische Mord oft von „verständnisvollen" Vorgesetzten oder rechtslastigen Richter gar nicht oder sehr milde bestraft wurde.

Ruhrkampf, **Inflation**, **Separatismus** und **Hitler-Putsch** machten das Jahr **1923** zu einem „**Krisenjahr**". Sie stürzten die Republik in eine Existenz gefährdende Krise, schwächten die demokratischen Kräfte und radikalisierten die politischen Verhältnisse.

16.4.1922 Rapallo-Vertrag
D–UdSSR; Aufnahme diplomatischer Beziehungen
(= Durchbrechen der außenpolitischen Isolation)
→ **S. 169**

16.10.1926 Aufnahme in den Völkerbund
Deutschland gehört wieder zum Kreis der europäischen Großmächte
→ **S. 171**

Außenpolitik

16.10.1925 Locarno-Verträge
D, F, I, GB, Belgien; Garantie der französischen und belgischen Ostgrenze; Schiedsabkommen: D–Polen, D–CSR: Schiedsverträge (aber zeitlicher Vorbehalt)
→ **S. 170**

24.4.1926 Berliner Vertrag
D–UdSSR; militärischer Neutralitätsvertrag; Verständigung über politische und wirtschaftliche Fragen
→ **S. 171**

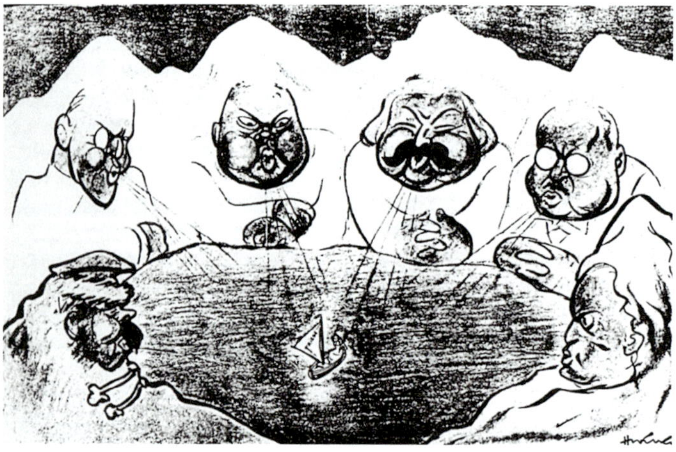

„Frohe Fahrt am Locarner See"
(H. Wilke, 1925).
Die europäischen Spitzenpolitiker (Zweiter von rechts: Stresemann, Dritter von rechts: Briand) bringen das europäische Schiff in Fahrt.

DIE AUSSENPOLITIK

1919 Spa: Festlegung des Verteilerschlüssels

1920 Boulogne: Reparationssumme von 269 Mrd. Goldmark

1921 Paris: Reduzierung auf 226 Mrd. Goldmark

1924 London: Dawes-Plan; Wiederherstellung der deutschen Wirtschaft mit Hilfe eines US-Kredits in Höhe von 800 Mio. Goldmark

1929 Paris: Verbesserte Reparationsbedingungen durch den Young-Plan; innenpolitisch heftig umstritten

Reparationen

1921 London: Ablehnung der Forderungen durch Deutschland; Folge: Besetzung von Düsseldorf, Duisburg und Ruhrort

1931 Hoover-Moratorium (einjähriger Zahlungsaufschub wegen der Weltwirtschaftskrise)

1932 Lausanne: Festlegung der restlichen Reparationen auf 3 Mrd. Goldmark

1934 Endgültige Einstellung der Reparationszahlungen

→ **S. 172 f.**

Deutsche und sowjetische Offiziere treffen sich bei Manövern, 1929

12 Die Außenpolitik der Weimarer Republik

In diesem Kapitel erfahren Sie:

- Die Außenpolitik der Weimarer Republik war durchgehend revisionistisch.
- Der Rapallo-Vertrag von 1922 brachte den Vertragspartnern Deutschland und UdSSR große Vorteile.
- Die Locarno-Verträge von 1925 lösten (auf dem Papier) ein europäisches Kernproblem (Garantie der französischen und belgischen Ostgrenzen).
- Der Eintritt in den Völkerbund (1926) machte Deutschland zu einem gleichberechtigten europäischen Partner.
- Der Berliner Vertrag zwischen Deutschland und der UdSSR (1926) setzte die Rapallo-Politik fort.
- Die Reparationen belasteten die innenpolitischen Verhältnisse Deutschlands erheblich. Daran änderten auch der Dawes-Plan (1924) und der Young-Plan (1929) nichts, obwohl sie deutliche Verbesserungen brachten.
- Die Weltwirtschaftskrise führte 1934 zur Einstellung der Reparationen.

12.1 Bedingungsfaktoren

Bedingungsfaktoren der Weimarer Außenpolitik:

- **Ziele**: Revision des Versailler Vertrags, d.h. Gleichberechtigung Deutschlands, Streichung der Art. 227 und 231, Rückgewinnung der Ostgebiete und Beseitigung des polnischen Korridors, Streichung der Reparationen.
- **Wege**: Befreiung aus der außenpolitischen Isolation; Aussöhnung mit Großbritannien und (vor allem) Frankreich.

Die Außenpolitik der Weimarer Republik ist durch eine auffallende Kontinuität gekennzeichnet, auch wenn dies aufgrund des Pendelns zwischen Ost- und Westorientierung (Rapallo, Locarno, Berliner Vertrag) auf den ersten Blick nicht deutlich wird. Ausschlaggebend für diese Kontinuität sind folgende Bedingungsfaktoren der deutschen Außenpolitik: Die übergeordneten und langfristigen Ziele aller Regierungen bestanden in der Wiedererlangung der politischen Stärke Deutschlands, in der Revision des Versailler Vertrags, vor allem jedoch in der Rückgewinnung der an Polen verlorenen „urdeutschen" Gebiete und der damit verbundenen Korrektur des „unerträglichen" polnischen Korridors.

Bei der Erreichung dieser Ziele mussten bestimmte Faktoren berücksichtigt werden: Die Isolierung Deutschlands, die Feindschaft Frankreichs und dessen extremes Sicherheitsbedürfnis gegenüber Deutschland, das Festhalten Großbritanniens an seiner traditionellen balance-of-power-Politik und die Entstehung des politisch-ideologischen Gegensatzes zwischen den Westmächten und der Sowjetunion.

Es boten sich **zwei Wege** zur Erreichung der Ziele an: 1. Die Gewinnung eines oder mehrerer Bündnispartner, um die außenpolitische Isolation zu durchbrechen; 2. Die Aussöhnung mit Großbritannien und Frankreich, um das Misstrauen der Alliierten zu verringern und ihr teilweise großes Sicherheitsbedürfnis (Frankreich) zu befriedigen.

12.2 Der Rapallo-Vertrag

Vorgeschichte: Als das zweite Kabinett Wirth (Okt. 1921–Nov.1922) daran ging, die außenpolitische Isolation zu durchbrechen, bot sich als **einziger Bündnispartner** die ebenfalls isolierte **UdSSR** an. Das Verhältnis der beiden Staaten zueinander war aus politischen, gesellschaftlichen und ideologischen Gründen zwiespältig und entwickelte sich auch in der Folgezeit so. In der konkreten Situation der beginnenden 20er-Jahre überwogen jedoch die **Gemeinsamkeiten** (Isolation, Opposition gegenüber den westlichen Siegermächten, die traditionelle Beute Polen).

1921 schlug der britische Premierminister Lloyd George ein internationales Wirtschaftskonsortium vor, das den wirtschaftlichen Neuaufbau Mittel- und Osteuropas beschleunigen sollte. Hinter diesem Vorschlag stand die Absicht, die Wirtschaftshilfe für die UdSSR von politischen Zugeständnissen abhängig zu machen, um so Einfluss auf den kommunistischen Staat nehmen zu können. Über die Modalitäten des Lloyd-Plans sollte eine internationale Konferenz zu Genua entscheiden. Im Vorfeld der Konferenz kam es zu einer Verständigung zwischen der UdSSR und Deutschland, die beide außenpolitisch isoliert waren. Sie torpedierten die geplante Konferenz, indem sie vor ihrer Eröffnung zu Rapallo (Vorort von Genua) am 16.4.1922 mit einem Vertrag an die Öffentlichkeit traten.

Inhalt: Die Vertragspartner vereinbarten den Verzicht auf alle Forderungen, die sich aus dem Krieg ergeben, die Intensivierung der Handelsbeziehungen, die Aufnahme diplomatischer Beziehungen und die Absprache eines gemeinsamen Vorgehens bei der Regelung wirtschaftlicher Fragen auf internationaler Ebene. Damit erteilten sie dem Lloyd-Plan bzw. ähnlichen Plänen eine diplomatisch formulierte, aber klare Absage.

Bedeutung: Der Rapallo-Vertrag hatte für beide Vertragspartner eine große Bedeutung: Sie waren nun außenpolitisch nicht mehr isoliert, intensivierten die (heimliche) militärische Zusammenarbeit auf russischem Boden, die UdSSR versprach sich wirtschaftliche und technologische Gewinne, Deutschland günstigere Voraussetzungen für die Rückgewinnung der Ostgebiete.

Der **Vertrag** war nicht nur **im Ausland**, sondern auch **in Deutschland** recht **umstritten**: Einige deutsche Politiker befürchteten erneute Spannungen mit den Westmächten, die Mehrheit begrüßte den Vertrag als Voraussetzung für die Rückgewinnung der Ostgebiete. Die UdSSR sah den Vertrag als Modellvertrag für künftige Beziehungen zu kapitalistischen Mächten, Frankreich bewertete ihn als Beginn der deutschen Revanchepolitik und betrieb eine aggressive Deutschlandpolitik (→ S. 163, Ruhrbesetzung).

Der **Rapallo-Vertrag**

Vorgeschichte: Die von Lloyd George initiierte internationale Wirtschaftskonferenz (April 1922) sollte der UdSSR massive Wirtschaftshilfe gewähren, um so politischen Einfluss auf sie zu nehmen.
Die beiden außenpolitisch isolierten Staaten Deutschland und UdSSR vereitelten diesen Plan durch den Rapallo-Vertrag (16.4.1922).

Inhalt: Intensivierung der Handelsbeziehungen, Aufnahme diplomatischer Beziehungen, gemeinsames Vorgehen in einer ähnlichen Situation.

Bedeutung: Durchbrechen der außenpolitischen Isolation, wirtschaftliche und technologische Gewinne (UdSSR), günstigere Voraussetzungen für die Rückgewinnung der verlorenen Ostgebiete (Deutschland).

Poincaré 1922:

„Es liegt auf der Hand, dass ganz Deutschland … darin den ersten Schritt zu einer engen Annäherung an Russland sieht, die ihm helfen soll, die Westmächte in Schach zu halten und seine Revanche vorzubereiten.“ [1]

12.3 Die Locarno-Verträge

Die **Locarno-Verträge** bestehen aus:
- Westpakt (= Rhein- oder Sicherheitspakt): Garantie der französischen und belgischen Ostgrenzen, Garantiemächte sind Großbritannien und Italien; Aufnahme Deutschlands in den Völkerbund.
- Schiedsabkommen zwischen Deutschland, Frankreich und Belgien.
- Schiedsverträge zwischen Deutschland – Polen und Deutschland – CSR. Der zeitliche Vorbehalt (die Verträge gelten nur für künftige Streitigkeiten) lässt die Revision der Ostgrenzen offen.

Von Westarp (DNVP) zur Funktion der Schiedsverträge (1925):

„… Wir müssen uns die Handlungsfreiheit nach Osten freihalten, auch im Hinblick auf die östliche Grenze Deutschlands.“ [2]

Hindenburg:

„Die Suppe von Locarno ist mir vor meinem Amtsantritt durch Herrn Stresemann eingebrockt worden … Was mich betrifft, so bin ich von Locarno wenig erbaut und bemüht, dem Übel innerhalb der verfassungsmäßigen Grenzen vorzubeugen.“ [3]

Grundlagen und Prinzipien der Stresemann'schen Außenpolitik: Auch bei Gustav Stresemann (Außenminister von 1923–1929, ➤ S. 174) dominierten **nationalistische und revisionistische** außenpolitische **Ziele**. Allerdings versuchte er sie nicht gegen die Westalliierten, sondern mit ihnen zu erreichen. Obwohl die außenpolitische Lage Deutschlands zu Beginn des Jahres 1925 nicht günstig war (Rapallo-Vertrag, aggressive französische Deutschlandpolitik) bot Stresemann Frankreich, Belgien, Großbritannien und Italien einen Sicherheitsvertrag an, der die Ostgrenzen Frankreichs und Belgien garantieren sollte.

Das Vertragswerk: Die am 16.10.1925 unterzeichneten Verträge hatten folgende Inhalte:

- Der **Westpakt** (auch Rhein- oder Sicherheitspakt). Frankreich, Belgien, Großbritannien, Italien und Deutschland vereinbaren die Aufrechterhaltung des territorialen Status quo der deutsch-französischen und der deutsch-belgischen Grenze laut Versailler Vertrag und die Aufnahme Deutschlands in den Völkerbund. Sie verpflichten sich durch **Schiedsabkommen**, ihre Streitigkeiten in Zukunft durch Schiedsgerichte zu regeln. Der Pakt erhielt für Frankreich eine größere Bedeutung, weil ihn Großbritannien und Italien garantierten.
- Schiedsverträge zwischen Deutschland und Polen sowie Deutschland und der Tschechoslowakei (CSR). Beide Schiedsverträge beinhalteten die friedliche Regelung aller Streitfragen, keine gewaltsamen Grenzveränderungen im Osten. Sie implizierten jedoch **keine vertragliche Fixierung der Ostgrenzen**. Sie sollten nämlich keine Anwendung finden „auf Streitfragen, die aus Tatsachen entsprungen sind, die zeitlich vor diesem Abkommen liegen und der Vergangenheit [also dem Versailler Vertrag] angehören“. Dieser **zeitliche Vorbehalt** bedeutete in der Praxis, dass sich Deutschland die Revision der Ostgrenzen offen gehalten hatte. Damit entstanden im Osten und Westen Deutschlands **Grenzen unterschiedlicher Qualität**.

Die Aufnahme der Verträge: Stresemanns Angebot wurde im Ausland als „Quadratur des Kreises“ angesehen, da es ein wesentliches europäisches Kernproblem entschärfte und den Frieden stabilisierte. In Deutschland wurden die Locarno-Verträge von den Regierungsparteien gelobt; die Rechtskreise geißelten die Locarno-Verträge als „feige Erfüllungspolitik“, als „zweites Versailles“ und als Landesverrat. Stresemann verfolgten sie mit glühendem Hass („Stresemann verwese man [= mal]). Die DNVP trat aus der Regierung aus und selbst Stresemanns Partei (DVP) spaltete sich.

Auch die Aufnahme in den Völkerbund (mit ständigem Sitz) am 10.10.1926 stieß auf große Ablehnung, da der Völkerbund immer noch als Knebelungsinstrument der Sieger angesehen wurde und mit den USA und der UdSSR zwei wichtige Staaten nicht in ihm vertreten waren.

Die Bedeutung der Locarno-Verträge: Die Locarno-Verträge bzw. der von den Vertragspartnern immer wieder beschworene „Geist von Locarno" bewirkte **keine dauerhafte Veränderung der europäischen** außenpolitischen **Situation**. Auch für Deutschland brachte er nur kurzfristige Gewinne (Mitgliedschaft im Völkerbund, d.h. Wiedereintritt in den Kreis der europäischen Großmächte, Imagegewinn). Mit der Verschlechterung der wirtschaftlichen und der Radikalisierung der politischen Situation durch die Weltwirtschaftskrise nahm auch die Bereitschaft ab, die europäischen und nationalen Probleme gemeinsam zu lösen. Mit der Kanzlerschaft Hitlers verlor er praktisch seine Bedeutung.

Die **Bedeutung**:
- Keine dauerhafte Veränderung der außenpolitischen europäischen Verhältnisse.
- Kurzfristige Gewinne für Deutschland (Mitgliedschaft im Völkerbund = Wiedereintritt in den Kreis der europäischen Großmächte, Imagegewinn).

12.4 Der Berliner Vertrag

Die Locarno-Verträge und den bevorstehenden Eintritt Deutschlands in den Völkerbund sah die UdSSR als Westorientierung Deutschlands und als Aufgabe der Rapallo-Politik an und befürchtete eine erneute Isolation. Sie strebte deshalb einen militärischen Neutralitätsvertrag mit Deutschland an. Weil Stresemanns langfristiges Hauptziel nach wie vor die Revision der Ostgrenzen war und Deutschland dafür die UdSSR brauchte, wurde der Vertrag am 24.4.1926 unterzeichnet. Er hatte eine Laufzeit von fünf Jahren, setzte die zu Rapallo eingeschlagene Linie fort und vereinbarte die Verständigung über politische und wirtschaftliche Fragen sowie die Neutralität, wenn ein Vertragspartner von einem Dritten angegriffen wird.

Von den Rechtskreisen wurde der Vertrag als ein gegen Polen gerichtetes Zweckbündnis begrüßt, da nun eine britisch-französisch-russische Allianz nicht mehr möglich war.

Der von der UdSSR angestrebte Neutralitätsvertrag (Berliner Vertrag) von 1926 setzte Rapallo fort (Verständigung über politische und wirtschaftliche Fragen, militärische Neutralität).

12.5 Die Beurteilung Stresemanns

Stresemann verbesserte das deutsch-französische Verhältnis wesentlich, übernahm im Völkerbund in Anlehnung an Bismarcks Politik die Rolle des ehrlichen Maklers, verschaffte Deutschland ein neues Image und machte es zu einem angesehenen und gleichberechtigten Mitglied im Völkerbund. Dafür erhielt er 1926 (zusammen mit seinem französischen Amtskollegen Aristide Briand) den Friedensnobelpreis. Trotzdem erreichte er weder eine Revision des Versailler Vertrags noch die vorzeitige Räumung des Rheinlands. Lediglich die Verbesserung der Reparationsbedingungen durch den Young-Plan stellte einen kleinen Erfolg dar. Deshalb setzte sich bei den national Denkenden in Deutschland die Ansicht durch, dass man die „Ketten von Versailles" gewaltsam sprengen müsse.

Die **Beurteilung Stresemanns** ist bis heute uneinheitlich. Er gilt manchen als „großer Europäer", „deutscher Staatsmann europäischen Formats", „Friedenspolitiker".

Andere sehen in ihm den nationalen Revisionspolitiker, der als Realpolitiker lediglich andere Mittel und Methoden der Außenpolitik benutzte.

Entscheidend: Stresemann war ein nationaler Revisionspolitiker, der sich vor allem durch seine Mittel und Methoden von seinen Vorgängern und Nachfolgern unterschied.

Die englische Zeitung „Times" zu den Locarno-Verträgen (1925):

„Stresemann did inestimable service to the German Republic; his work for Europe as a whole was almost as great." [4]

Die Beurteilung Stresemanns war und ist sehr gegensätzlich. Das Ausland würdigte seine politischen Initiativen, die Rechten sahen in ihm einen Landesverräter. In der SPD und der DVP war seine Politik umstritten. Auch heute noch wird Stresemann kontrovers beurteilt. Den einen gilt er als **„Vertreter des europäischen Gedankens"**; als „Vorkämpfer einer überstaatlichen europäischen Ordnung". Andere sehen in ihm den nationalen **Revisionspolitiker**, dessen revisionspolitische Ziele sich von denen Hitlers nicht unterschieden.

Entscheidend ist: Stresemann war weder Demokrat noch Europapolitiker aus Überzeugung. Er war **immer** ein **nationaler Revisionspolitiker**. Was ihn von seinen Amtsvorgängern und Amtsnachfolgern unterschied, waren die Mittel und Methoden zur Erreichung seiner Ziele und der klare Blick für das Machbare.

12.6 Das Problem der Reparationen

Die **Reparationsproblematik** ergab sich aus ihrem politischen und emotionalen Gehalt. Deutschland wies die alleinige Kriegsschuld zurück und lehnte Reparationsforderungen deshalb ab; Frankreich stellte völlig unerfüllbare Reparationen, um jederzeit gegen Deutschland vorgehen zu können.

Bedeutung: Die Reparationen waren zwischen Siegern und Besiegten, aber auch unter den Siegern selbst, von Anfang an heftig umstritten. Hierfür gab es zahlreiche Ursachen: Die Höhe der Reparationen wurde von den am Krieg beteiligten Nationen als Gradmesser für Sieg bzw. Niederlage angesehen und war deshalb sehr prestigebelastet. Da die Deutschen die alleinige Kriegsschuld vehement zurückwiesen (➛ S. 127, 156), galten die Reparationen als zutiefst ungerechtes Knebelungsinstrument der Sieger. Zudem hatte Frankreich sich durchgesetzt und die Reparationen in unerfüllbare Höhen getrieben, wodurch es sich eine pseudorechtliche Grundlage schuf, jederzeit gegen Deutschland vorzugehen (vgl. Ruhrkampf, ➛ S. 163). Aus diesen Gründen wurden die Reparationen in Deutschland grundsätzlich abgelehnt und dienten den Rechten als wirksames Propaganda- und Agitationsmittel.

Konferenzen, Pläne, Beschlüsse:

Die **Entwicklung der Reparationen:**

Zunächst waren die Reparationen unerfüllbar hoch (269 Mrd. Goldmark). Erst 1924 setzen sich mit dem **Dawes-Plan** wirtschaftliche Überlegungen durch.

- 1919 (Spa): Festlegung des **Verteilerschlüssels**. Frankreich erhält 52 % der gesamten Reparationen, Großbritannien 22 %, Italien 10 %, Belgien 8 % und die restlichen Sieger 8 %.
- 1920 (Boulogne): Frankreich erreicht von Großbritannien die Einigung auf die unrealistische Reparationssumme von **269 Milliarden Goldmark**.
- 1921 (Paris): Reduzierung der von Deutschland zu zahlenden Reparationen auf **226 Mrd. Goldmark**.

- 1921 (London): Ablehnung der Forderungen durch die deutsche Delegation. Folge: Besetzung von Düsseldorf, Duisburg und Ruhrort durch französische, britische und belgische Truppen. Reduzierung der Gesamtsumme auf **132 Mrd. Goldmark.**
- 1924 (London): Erstmals behandelt eine Sachverständigenkommission unter der Leitung des amerikanischen Wirtschaftsexperten Charles Dawes das Reparationsproblem. Der **Dawes-Plan** beinhaltete: Wiederherstellung der deutschen Wirtschaft mit Hilfe eines US-Kredits in Höhe von 800 Mio. Goldmark; Sanktionen können nicht mehr von einer Nation verhängt werden; Deutschland zahlt die Reparationen durch steigende Annuitätsraten (von 1 Mrd. Goldmark 1924 auf 2,5, Mio. ab 1928); die endgültige Höhe der Reparationssumme und der Zahlungszeitraum werden noch nicht festgelegt.
- 1929 (Paris): Der nach dem amerikanischen Finanzexperten Owen **Young** benannte Plan legt fest: Zahlungszeitraum 59 Jahre, steigende Annuitäten, Gesamtsumme **126 Mrd. Goldmark**, vorzeitige Räumung des Rheinlands (1930 statt 1935). Trotz deutlicher Verbesserungen bewirkt der Young-Plan in Deutschland eine drastische innenpolitische Verschlechterung wegen der maßlosen Agitation der Rechtskreise. Ein von Hitler und Hugenberg (DNVP) initiiertes Volksbegehren gegen den Young-Plan (u.a. Verurteilung der Politiker, die den Young-Plan annehmen wegen Landesverrats) scheitert.
- 1931: Der US-Präsident Herbert **Hoover** verkündet auf dem Höhepunkt der Weltwirtschaftskrise einen einjährigen Zahlungsaufschub (**Moratorium**) für alle internationalen Kriegsschulden und Reparationszahlungen, dem sich Frankreich widerstrebend anschließt.
- 1932 (Lausanne): Festlegung der **restlichen Reparationen** auf **3 Mrd. Goldmark** (in Devisen).
- 1934: Endgültige **Einstellung der Reparationszahlungen**. Die Gesamtsumme der geleisteten Reparationszahlungen wurde von Deutschland mit 53 Mrd. Mark, von den Alliierten mit 20 Mrd. Mark errechnet.

Der Dawes-Plan (wirtschaftlicher Aufbau Deutschlands durch einen **amerikanischen Kredit** in Höhe von 800 Mio. Goldmark, keine einseitigen Sanktionen, keine endgültige Festlegung der Gesamtsumme) brachte deutliche Verbesserungen und führte zu einer (kurzfristigen) Entspannung.

Der **Young-Plan** legte als Gesamthöhe der Reparationen 126 Mrd. Goldmark fest, zahlbar in 59 Jahren und die vorzeitige Räumung des Rheinlands.

Für die Rechtsparteien und Rechtskreise war der Young-Plan „feige Erfüllungspolitik". Hitler und Hugenberg (DNVP) initiierten ein **Volksbegehren gegen den Young-Plan**, das jedoch fehlschlug.

1931 setzte der amerikanische Präsident Hoover die Reparationen für ein Jahr aus. 1932 wurden die von Deutschland noch zu zahlenden Reparationen auf 3 Mrd. Goldmark festgesetzt. 1934: **Endgültige Einstellung der Reparationen**.

GUSTAV STRESEMANN (10.5.1878–3.10.1929)

- Volkswirt
- überzeugter Anhänger der Monarchie
- 1907–12, 1914–18, 1920–29 Mitglied des Reichstags
- gründet 1918 die Deutsche Volkspartei (DVP)
- 13.8.1923–23.11.1923 Reichskanzler
- 13.8.1923–3.10.1929 Reichsaußenminister. In dieser Zeit ist er der angesehenste und erfolgreichste Staatsmann der Weimarer Republik
- 1926: Verleihung des Friedensnobelpreises

Alle Querverweise im Überblick:

Ruhrbesetzung: S. 169 → S. 163
alleinige Kriegsschuld Deutschlands: S. 172 → S. 127, 156
Ruhrkampf: S. 172 → S. 163
Stresemann: S. 174

Zusammenfassung

Die Außenpolitik der Weimarer Republik

Die **Außenpolitik** der Weimarer Republik war grundsätzlich **revisionistisch** und weist deshalb eine **ausgeprägte Kontinuität** auf.

Mit dem **Rapallo-Vertrag** mit der UdSSR **(1922)** durchbrach das Deutsche Reich die außenpolitische Isolation.

Mit Stresemann als Außenminister (1923–1929) änderten sich zwar die Mittel und Methoden, nicht jedoch die Ziele der deutschen Außenpolitik. Für den Realpolitiker Stresemann war der Ausgleich mit den Westmächten, in erster Linie mit Frankreich, die Grundvoraussetzung für seine revisionspolitischen Ziele im Osten. Deshalb initiierte er die **Locarno-Verträge (1925)**. Sie bestehen aus dem Rhein-, Sicherheits- oder Westpakt (Garantie der französischen und belgischen Ostgrenze, Garantiemächte sind Großbritannien und Italien), aus Schiedsabkommen mit Frankreich und Belgien sowie Schiedsverträgen mit Polen und der CSR.

Letztere bezogen sich ausdrücklich nicht auf Streitfälle, die vor Vertragsabschluss entstanden waren, und ließen deshalb die Revision der Ostgrenzen offen. Die **Locarno-Verträge schufen** deshalb im Osten und Westen Deutschlands **Grenzen unterschiedlicher Qualität**.

Die Locarno-Verträge führten zu einer **kurzfristig deutlichen Verbesserung** des deutsch-französischen Verhältnisses und brachten Deutschland als Mitglied des Völkerbundes (1926) wieder in das europäische Konzert der Großmächte zurück.

Während die Locarno-Verträge im **Ausland** als **„Quadratur des Kreises"** gesehen und dementsprechend begrüßt wurden, waren die Meinungen in Deutschland geteilt. Während die Regierungsparteien die Verträge begrüßten, geißelten die **Rechtskreise** sie als **„feige Erfüllungspolitik"**.

Der **Berliner Vertrag**, der **1926** auf Initiative der UdSSR zustande kam, setzte die Rapallo-Politik fort. Er war ein Neutralitätsvertrag und wurde auch von den Rechten als Grundvoraussetzung revisionistischer Politik im Osten begrüßt.

Die Beurteilung **Stresemanns** ist bis heute umstritten. Er wird als **großer Europäer**, als „Friedenspolitiker" und als „deutscher Staatsmann europäischen Formats" gesehen **oder** als **Revisionspolitiker**, der sich nur durch seine politischen Mittel und Methoden von seinen Amtsvorgängern und Amtsnachfolgern unterschied.

Die **Reparationsforderungen vergifteten** das Verhältnis Deutschlands zu den Siegermächten ebenso nachhaltig wie **die innenpolitische Atmosphäre**. Nach zunächst völlig unrealistischen Forderungen, die Frankreich erzwang, setzte mit dem Dawes-Plan 1924 eine sachlichere Behandlung dieses Themas ein. Der Young-Plan 1929 brachte weitere finanzielle und politische Verbesserungen. Die Weltwirtschaftskrise sorgte 1934 für die Einstellung der Reparationen.

Wirtschaft
Währungsreform 1923 und Dawes-Plan bewirken rasches Wirtschaftswachstum; Deutschland erreicht Anschluss an das Weltniveau; aber „Konjunktur auf Pump"
→ S. 178

Sozialpolitik
Sozialgesetze verbessern die Lage der unteren Schichten; diese Entwicklung stagniert Ende der 20er-Jahre und wird teilweise rückläufig
→ S. 179

Abschwächung des Radikalismus
Mit der Konsolidierung der Wirtschaft schwächt sich der politische Radikalismus ab, die innenpolitischen Verhältnisse stabilisieren sich
→ S. 180

Die ruhigen Jahre 1924 – 1929

Technik, Naturwissenschaften, Medizin
Deutschland wird weltweit führend; technische Großprojekte, zahlreiche hohe wissenschaftliche Auszeichnungen (z. B. Nobelpreise)
→ S. 179

Kultur
Einzigartige Vielfalt des kulturellen Lebens mit Berlin als Zentrum (Literatur, neue Kunst- und Musikstile, Theater, Rundfunk, Schallplatte, Zeitschriften)
→ S. 180

Schwäche des Parlamentarismus
Regierungskoalitionen werden schwieriger, häufige Regierungswechsel, öfters Minderheitskabinette; häufige Auflösung des Reichstages; 1925 wird der Antidemokrat Hindenburg Reichspräsident
→ S. 181

Luftschiff „Graf Zeppelin"

Paar tanzt den Charleston

DIE RUHIGEN JAHRE DER WEIMARER REPUBLIK UND IHR UNTERGANG

27.3.1930 Scheitern der Großen Koalition
aus SPD, DDP, Zentrum, BVP und DVP wegen zu unterschiedlicher Interessen der Flügelparteien SPD und DVP
→ **S. 185**

Juli und November 1932 Reichstagswahlen
Sie bringen riesige Gewinne der radikalen Parteien; die NSDAP wird größte Partei
→ **S. 190**

30.3.1930 Beginn der Präsidialkabinette
mit dem Kabinett Brüning; dieser ordnet die Wirtschafts- der Außenpolitik unter und vergrößert dadurch die von der Weltwirtschaftskrise ausgelösten sozialen Probleme: der Ruf nach dem „starken Mann" wird laut
→ **S. 186**

März 1932 Reichspräsidentenwahl
Hindenburg gewinnt gegen Hitler; die staatstragenden Parteien müssen Hindenburg unterstützen, um Hitler zu verhindern
→ **S. 189**

Der Untergang 1929 – 1933

1.6. – 2.12.1932
Kabinett von Papen
(„Kabinett der Barone"); sein Ziel ist ein autoritärer „neuer Staat" (= Wiederherstellung der politischen Verhältnisse des Kaiserreichs); außen- und wirtschaftspolitisch ist Papen erfolgreich
→ **S. 189**

2.12.1932 – 27.1.1933
Kabinett von Schleicher
Er scheitert, da er keine Zusammenarbeit mit der SPD erreicht und die NSDAP nicht spalten kann
→ **S. 192**

30.1.1933 Hindenburg ernennt Hitler
auf Betreiben Papens zum Reichskanzler
→ **S. 192**

Das deutsche Volk war noch nicht bereit für die Demokratie

„Sie tragen die Buchstaben der Firma – aber wer trägt den Geist?", Karikatur von Thomas Theodor Heine aus dem „Simplicissimus" von 1927

13 Die ruhigen Jahre der Weimarer Republik

In diesem Kapitel erfahren Sie:

- Die Überwindung des Krisenjahres 1923, die Währungsreform und die amerikanischen Kredite des Dawes-Plans waren die Voraussetzungen für Weimars ruhige Jahre 1924–1929.
- Die Wirtschaft entwickelte sich positiv. Moderne Industriezweige entstanden, die Sozialgesetze verbesserten die Lage der Arbeiterschaft und der Frauen. Technik, Wissenschaft, Kunst, Musik, Literatur, Geisteswissenschaften, Musik und Theater entfalteten sich in einzigartiger Weise.
- Auch die innenpolitische Situation verbesserte sich: Der politische Radikalismus schwächte sich ab, die extremen Parteien mussten bei den Reichstagswahlen Verluste hinnehmen.
- Andererseits zeigte sich, dass die politische Stabilität nur relativ war: Die Regierungen hatten oft keine stabile Mehrheit mehr und 1925 konnten die staatstragenden Parteien nicht verhindern, dass mit Hindenburg ein erklärter Antidemokrat Reichspräsident wurde.

13.1 Die „goldenen Zwanzigerjahre"

Zwischen 1924 und 1929 verbesserte sich die innenpolitische Situation der Weimarer Republik deutlich. Deshalb werden diese fünf Jahre als die **„ruhigen"** oder als die **„goldenen" Jahre** Weimars bezeichnet.

Diese Charakterisierung täuscht jedoch, da die wirtschaftlichen und politischen Verhältnisse keineswegs so stabil waren, wie sie auf den ersten Blick aussahen.

Die fünf Jahre vom Dawes-Plan (**1924**) **bis** zum Ausbruch der Weltwirtschaftskrise (Ende **1929**) waren eine **Phase der ruhigen Entwicklung**. Die innenpolitische Situation beruhigte sich, **Wirtschaft und Sozialpolitik** verzeichneten deutliche **Fortschritte**, **Kunst und Kultur** erlebten eine **Blütezeit**. Deshalb werden die Jahre 1924 bis 1929 oft als die „goldenen Zwanzigerjahre" der Weimarer Republik bezeichnet. Diese verallgemeinernde Bezeichnung kann jedoch nicht darüber hinweg täuschen, dass diese positive Entwicklung immer wieder durch gegenläufige Tendenzen oder durch Rückschläge in Frage gestellt wurde und dass die wirtschaftlichen und politischen Verhältnisse keineswegs so stabil waren, wie sie auf den ersten Blick aussahen.

13.2 Die wirtschaftliche Entwicklung

Die **wirtschaftliche Entwicklung** wird charakterisiert durch:
- Rasches Wachstum
- Anschluss an die Weltwirtschaft
- Entstehung moderner Industriezweige (Flugzeug-, Auto-, Rundfunk-, Filmindustrie,

Bereits 1924 setzte ein rasches Wirtschaftswachstum ein. Die Währungsreform vom November 1923 (➤ S. 163) und die Kredite des Dawes-Plans (➤ S. 173) bewirkten ein **rasches Wirtschaftswachstum**. Produktion, Konsum und Volkseinkommen wuchsen zwischen 1924 und 1929 kontinuierlich. Die rationalisierte und modernisierte Industrieproduktion sowie die Löhne erreichten am Ende dieses Jahrfünfts wieder das Vorkriegsniveau, der Export war höher als 1913, Deutschland fand den Anschluss an die **Weltwirtschaft** wieder. Moderne

Industriezweige (Flugzeug-, Auto-, Rundfunk-, Filmindustrie, elektrotechnische, chemische und optische Industrie) wuchsen. Eine **Reihe von wirtschaftlichen Problemen und Risiken** überschattete jedoch diese Entwicklung: Der Aufschwung wurde weitgehend von teilweise kurzfristigen Krediten des Dawes-Plans bewirkt, die die Banken im Vertrauen auf eine weitere positive Entwicklung in langfristige umwandelten und weitergaben; die Löhne waren relativ hoch, die Arbeitslosigkeit wuchs aufgrund von Rationalisierung nach amerikanischem Vorbild (Fließbandarbeit), ein beträchtlicher Teil der Landwirtschaft in Mittel- und Süddeutschland war unrentabel. Deshalb wird der Aufschwung und die relative Stabilität der Wirtschaft oft als „**Scheinkonjunktur**" oder „**Konjunktur auf Pump**" bezeichnet.

elektrotechnische, chemische, optische Industrie).
- Probleme: Umwandlung kurzfristiger ausländischer Kredite in langfristige, relativ hohe Löhne, wachsende Arbeitslosigkeit durch Rationalisierung, unrentable Landwirtschaft in Mittel- und Süddeutschland.

Fazit: Die Stabilität der Wirtschaft war relativ, eine „**Konjunktur auf Pump**".

13.3 Die Sozialpolitik

Seit Ende 1918 waren sozialpolitische Verbesserungen eingeführt worden (z. B. Achtstunden-Arbeitstag, Frauenwahlrecht, Koalitionsfreiheit, Jugendwohlfahrtsgesetz). Weitere **Sozialgesetze verbesserten** nach 1924 **die Lage der unteren Schichten** deutlich. Dazu gehörten die Angestelltenversicherung, die staatliche Fürsorge, Arbeitsgerichte, Unterstützungsanspruch bei unverschuldeter Arbeitslosigkeit, Arbeits- und Kündigungsschutz für werdende und stillende Mütter, Arbeitslosenversicherung und Überstundenzuschläge.

Gegen **Ende der Zwanzigerjahre** stagnierte diese Entwicklung. Der wesentliche Grund war, dass die Regierungskoalitionen dieser Zeit meist bürgerlich waren und die Interessenvertretungen des konservativen oder rechtslastigen Besitzbürgertums (DVP, BVP, DNVP) den Kurs bestimmten. Mit Ausbruch der Weltwirtschaftskrise (Oktober 1929) wurde die **soziale Entwicklung** in einzelnen Bereichen sogar **rückläufig** und viele Errungenschaften gingen wieder verloren.

Die Sozialpolitik schuf zunächst deutliche Verbesserungen für die Arbeiterschaft und die Frauen, **stagnierte** jedoch **gegen Ende der 20er-Jahre** und wurde sogar rückläufig.

13.4 Technik, Naturwissenschaften und Medizin

In diesen Bereichen entwickelte sich **Deutschland** besonders stark, erreichte Weltniveau oder wurde sogar **weltweit führend**. Technische Großprojekte verdeutlichen dies. Das Luftschiff „Graf Zeppelin" konnte 300 Passagiere über den Atlantik befördern, das Großverkehrsflugzeug Do X (7200 PS, 169 Passagiere) konnte auf dem Wasser landen und das Passagierschiff Bremen (52 000 Bruttoregistertonnen) beförderte 2235 Passagiere. Den außerordentlich hohen wissenschaftlichen Standard belegt die Verleihung von Nobelpreisen. Zwischen 1919 und 1932 wurden insgesamt 74 Nobelpreise vergeben. 17 davon gingen an Deutsche. In der Chemie ging jeder zweite Nobelpreis in diesem Zeitraum an einen Deutschen, in der Physik jeder dritte.

Technik, Naturwissenschaften und die Medizin entwickelten sich rasch, gewannen internationale Anerkennung und höchste Auszeichnungen.

13.5 Die kulturelle Blütezeit

Kunst und Kultur erreichten in dieser Phase einen Höhepunkt. Malerei, Architektur, Musik, Literatur, Theater und Film prägten die Vielfalt des geistigen Lebens. Berlin konnte sich als kulturelles Zentrum mit Paris und London messen.

Während die junge Republik ständig um ihre Existenz kämpfen musste, entfaltete sich in vielen Großstädten, vor allem in Berlin, das in kultureller Hinsicht mit Paris und London konkurrierte, eine **einzigartige Vielfalt des geistigen Lebens. Niveauvolle, überregionale Tageszeitungen** und literarisch-politische Zeitschriften („Die Weltbühne", „Neue Rundschau") wurden gegründet. Neue Massenmedien (Zeitungen, Illustrierte, Rundfunk, Schallplatte) traten einen Siegeszug an, Theater, Kabarett und Varieté bestimmten das großstädtische Leben, der deutsche Film gewann Weltgeltung. **Vielfältige Stilrichtungen** und Künstlergruppen suchten und fanden **neue Techniken und Ausdrucksformen** in der Malerei und der Architektur (das „Bauhaus", Kubismus, Futurismus, der „Blaue Reiter"; Klee, Marc, Nolde, Kandinsky, Kollwitz, Barlach, Kokoschka, Corinth). Große Komponisten (z. B. Schönberg, Berg, Egk, Orff) und Literaten (Thomas Mann, Brecht, Hauptmann, Kafka, Hesse, Rilke etc.) trugen zur Vielfalt des geistigen Lebens bei. Berlin konnte sich als kulturelles Zentrum mit Paris und London messen.

Wie aufgrund des politischen und gesellschaftlichen Hintergrunds nicht anders zu erwarten, gab es **zahlreiche politisch engagierte, links- bzw. rechtsorientierte Künstler**, die die bestehenden sozialen und politischen Verhältnisse heftig kritisierten. Zur ersten Gruppe gehören neben Kurt Tucholsky, Erich Kästner, Werner Finck und Carl von Ossietzky vor allem proletarisch-revolutionär motivierte Künstler wie Bertolt Brecht, Johannes Becher, Anna Seghers und George Grosz. Die Gegengruppe bildeten Literaten und Intellektuelle, die national denkende Anhänger eines konservativen Antimodernismus waren. Die bekanntesten Vertreter dieser Gruppe waren Ernst Jünger, Oswald Spengler, Arthur Moeller van den Bruck, der 1923 die programmatische Zeitschrift „Das Dritte Reich" herausgab. Sie bekämpften die neuen politischen Verhältnisse und verdammten die moderne Kunst als „Amerikanismus".

13.6 Die Abschwächung des Radikalismus

Mit der positiven wirtschaftlichen Entwicklung ging die politische Stabilisierung, die **Abschwächung des Radikalismus,** Hand in Hand.

Die Reichstagswahl vom Mai 1924 machte die Nachwirkungen der Inflation deutlich: Mit Ausnahme des Zentrums erlitten alle Parteien, die bisher Regierungsverantwortung mitgetragen hatten, deutliche Verluste, die KPD wurde zur Massenpartei und die äußersten Rechtsparteien waren die eindeutigen Wahlsieger. Die NSDAP kam von Null auf 6,5 %, die DNVP steigerte ihren Stimmenanteil um fast ein Drittel. Zusammen mit den 10 Abgeordneten des Landbundes war die DNVP nun die größte Fraktion im Reichstag und stellte den Reichstagspräsidenten.

Hand in Hand mit der Konsolidierung der Wirtschaft und der Verbesserung des Lebensstandards ging innerhalb von sieben Monaten die Stabilisierung der innenpolitischen Verhältnisse. Dies zeigt das **schwache Abschneiden der links- und rechtsextremen Parteien** in den beiden nächsten Reichstagswahlen (Dezember **1924** und Mai **1928**). Die gemäßigten bürgerlichen Mittelparteien verloren zwar auch Wählerstimmen, aber die SPD konnte kräftig zulegen.

Die extremen Parteien verloren Wähler und zeitweise beteiligte sich sogar die DNVP an der Regierung.

Ein weiteres deutliches Zeichen der innenpolitischen Stabilisierung war – auf den ersten Blick – die **Beteiligung der DNVP an der** ersten **Regierung** Luther (1925), die sich bezeichnenderweise nicht als Regierungskoalition bezeichnete, sondern als „überparteiliches Kabinett". Sie trat aus Protest gegen Locarno und den Eintritt in den Völkerbund im Januar 1926 wieder aus, beteiligte sich 1927/28 wieder an der (vierten) Regierung Marx und war mit Ausnahme des zweiten Kabinetts Brüning in allen Präsidialkabinetten❋ (➛ S. 185) vertreten. Damit gab es keinen starken regierungsfeindlichen Block mehr, da die NSDAP in dieser Zeit allein zu schwach war.

Erklärung der DNVP zum Eintritt in die Regierung (20.1.1925):

„… da gebietet es aber auch die Offenheit gegenüber denjenigen Parteien, die mit uns zusammenarbeiten wollen, auszusprechen, dass unsere letzten Grundsätze, unsere letzten Ziele unverändert geblieben sind … Wir werden in der praktischen Arbeit versuchen, von diesen Zielen durchzusetzen, was durchzusetzen irgend möglich ist." [1]

Reichstagswahlen (in %):

Parteien	1924 (Mai)	1924 (Dez.)	1928
KPD	12,6	9,0	10,6
USPD	0,8	0,3	0,1
SPD	20,5	26,0	29,8
Z	13,4	13,7	12,1
DDP	5,7	6,3	4,9
BVP	3,2	3,7	3,1
DVP	9,2	10,1	8,7
DNVP	19,5	20,5	14,2
NSDAP	6,5	3,9	2,6

13.7 Die Schwäche des Parlamentarismus

Diese parlamentarische Entwicklung war nur auf den ersten Blick positiv. Bei genauerem Hinsehen wurden eine **Reihe von Problemen** deutlich: Die breite Parteienlandschaft **und** die parteipolitischen Unverträglichkeiten brachten zahlreiche **Belastungen** für die Republik: Die gemäßigten bürgerlichen Parteien und die SPD verloren Wählerstimmen, die Regierungskoalitionen wurden schwieriger, die Regierungen wechselten häufig, hatten nicht immer eine parlamentarische Mehrheit und mussten sich bei grundlegenden innen- und außenpolitischen Fragen zusätzliche Partner suchen, was nicht immer gelang.

Die latente **Schwäche des Parlamentarismus** zeigte folgende Aspekte:

- Die gemäßigten bürgerlichen Parteien und die SPD verloren Wähler;
- Regierungskoalitionen wurden schwieriger;
- Regierungen wechselten häufig und verfügten nicht immer über eine parlamentarische Mehrheit;
- der Reichstag wurde öfters aufgelöst und konnte seine verfassungsmäßige Rolle nur unvollständig wahrnehmen;
- 1925 wurde der Kandidat der Rechtsparteien Hindenburg zum Reichspräsidenten gewählt.

Obwohl die SPD in dieser Zeit Oppositionspartei war, musste sie den bürgerlichen Regierungen bei wichtigen außenpolitischen Vorhaben (Dawes-Plan, Locarno-Verträge ➛ S. 170, Beitritt zum Völkerbund ➛ S. 171) zu einer Mehrheit verhelfen, damit diese nicht an dem Widerstand der Rechtsparteien und der KPD scheiterten. Als Konsequenz dieser Verhältnisse wurde der Reichstag häufig aufgelöst und konnte seine verfassungsmäßige Rolle nur unvollständig wahrnehmen. Wichtige Fragen blieben ungelöst und notwendige Gesetze kamen nicht oder nur als Kompromisse zustande. Der **parlamentarische „Normalfall“** (dauerhafte Mehrheitsregierung und klare Minderheitsopposition, die ihre Kontrollfunktion wahrnimmt) **trat nicht ein**.

Die Reichspräsidentenwahl von **1925** verdeutlicht die politische Scheinstabilität Weimars. Den staatstragenden Parteien gelang es nicht, die Wahl Hindenburgs (Kandidat der Rechtsparteien) zu verhindern. Damit war die entscheidende Position mit einem erklärten Antidemokraten besetzt, dem der neue Staat wesensfremd war und blieb. Deshalb war die **Wahl Hindenburgs** eine **entscheidende Niederlage der Demokratie**. Dies verdeutlicht der Kommentar des „Nationalen Frontsoldaten“ zur Reichstagswahl: „Hindenburg führt uns wieder! Wir folgen ihm und bereiten uns vor in stiller und zäher Kleinarbeit auf den Tag, der alle deutschen Stammesbrüder wieder einreiht in Sieg wollende Regimenter und Divisionen, in ein neues, großes Volksheer, das dem Reiche zurückgewinnt, was sein ist seit Jahrtausenden, das dem Reiche zurückholt auch das elsässische Land.“ [2]

Alle Querverweise im Überblick:

Währungsreform (1923): S. 178 ➛ S. 163
Dawes-Plan: S. 178 ➛ S. 173
Präsidialkabinett: S. 181 ➛ S. 185
Locarno-Verträge: S. 182 ➛ S. 170
Beitritt Deutschlands zum Völkerbund: S. 182 ➛ S. 171

Zusammenfassung

Die ruhigen Jahre der Weimarer Republik

Nach dem Krisenjahr 1923 stabilisierten sich die politischen und wirtschaftlichen Verhältnisse, weshalb die Jahre zwischen dem Dawes-Plan und dem Ausbruch der Weltwirtschaftskrise **(1924 bis Ende 1929)** als die **„ruhigen“** oder **„goldenen“ Jahre** der Weimarer Republik bezeichnet werden.

Die **Wirtschaft** entwickelte sich positiv und **fand wieder Anschluss an die Weltwirtschaft**. Moderne Industriezweige (Flugzeug, Auto-, Rundfunk-, Filmindustrie, elektrotechnische, chemische und optische Industrie) entstanden und wurden teilweise sogar führend. Allerdings lebte die deutsche Wirtschaft weitgehend von (teilweise kurzfristigen) Auslandskrediten (Dawes-Plan), die die Banken im Vertrauen auf eine anhaltend positive Entwicklung oft in langfristige umgewandelt und weitergegeben hatten. Deshalb war die **Konsolidierung trügerisch**.

Technik und Wissenschaft entwickelten sich rasch und gewannen internationale Anerkennung. Dies verdeutlichen industrielle Großprojekte und zahlreiche höchste Auszeichnungen für deutsche Wissenschaftler.

Auch die **Sozialpolitik** spiegelt diese **trügerische Stabilität** wider. Zunächst verbesserte sich die soziale Lage der Arbeiterschaft und der Frauen deutlich. Diese Entwicklung stagnierte jedoch gegen Ende der 20er-Jahre und wurde sogar rückläufig, so dass wichtige Errungenschaften wieder verloren gingen.

Kunst und Kultur erreichten in den 20er-Jahren ihre **Blütezeit**. Zahlreiche neue Kunstformen und Stile entwickelten sich. Literatur und Geisteswissenschaften, Musik, Theater und Film sowie die Bildenden Künste entfalteten sich in einem bisher nie gekannten Ausmaß.

Der wirtschaftliche Aufschwung bewirkte auch die **Stabilisierung der innenpolitischen Verhältnisse**. Der Radikalismus nahm ab, die extremen Parteien verloren Wähler und sogar die rechts stehende DNVP beteiligte sich an zwei Regierungen.

Allerdings gab es **auch problematische Entwicklungen**: Die gemäßigten bürgerlichen Parteien verloren Wählerstimmen, die parlamentarische Basis wurde kleiner, Regierungskoalitionen dementsprechend schwieriger. Dies führte zu instabilen Regierungen, die sich oft nicht auf eine parlamentarische Mehrheit stützen konnten, sondern auf Tolerierung durch andere oppositionelle Parteien angewiesen waren.

Bei der Reichspräsidentenwahl von 1925 konnten die staatstragenden Parteien die Wahl des Kandidaten der Rechtsparteien Hindenburg nicht verhindern. Damit war die entscheidende Position im Staat mit einem Manne besetzt, dem Republik und Demokratie wesensfremd waren. **Hindenburgs Wahl** war eine **entscheidende Niederlage der Demokratie**.

14 Der Untergang der Weimarer Republik

In diesem Kapitel erfahren Sie:

- Die Ende Oktober 1929 in den USA ausbrechende Weltwirtschaftskrise schuf gravierende wirtschaftliche, soziale und politische Probleme.
- Das Scheitern der Großen Koalition (März 1932) bedeutete den Anfang vom Ende Weimars.
- Mit der Regierung Brüning begannen die Präsidialkabinette. Sie hatten keinerlei parlamentarische Bindung mehr und regierten außerhalb der Legalität mit Notverordnungen.
- Die Unterordnung der Brüning'schen Wirtschaftspolitik unter die Außenpolitik verschlechterte die wirtschaftlichen und innenpolitischen Verhältnisse sehr stark. Gewinner dieser Politik waren die radikalen Parteien.
- Reichskanzler von Papen riss die Macht in Preußen verfassungswidrig an sich und strebte eine Rückkehr zu den politischen Verhältnissen des Kaiserreichs an.
- Die beiden Reichstagswahlen von 1932 und die Reichspräsidentenwahl desselben Jahres zeigen die Schwäche der demokratischen und die Stärke der radikalen Parteien.
- Reichskanzler von Schleicher scheiterte mit seinem sozialpolitisch bestimmten Regierungsprogramm. Nachfolger wurde ohne zwingende Notwendigkeit Hitler.
- Für den Untergang Weimars gibt es eine Reihe von Ursachen. Die entscheidenden sind die Schwäche der demokratischen Tradition und die Stärke obrigkeitsstaatlicher Einstellungen.

14.1 Die Weltwirtschaftskrise

Die **Weltwirtschaftskrise** wurde durch industrielle Überproduktion und hemmungslose Börsenspekulationen ausgelöst. Sie begann mit dem **Zusammenbruch der New Yorker Börse am 24.10.1929**. Sie beeinflusste die wirtschaftlichen und innenpolitischen Verhältnisse in den Industrieländern massiv.

Die Weltwirtschaftskrise begann als **Krise der industriellen Überproduktion und** der **hemmungslosen Börsenspekulation** in den USA. Am 24. Oktober 1929, dem „Black Thursday" brach die New Yorker Börse zusammen. Dies bewirkte eine sich rasch ausdehnende Absatzkrise, die zu Konkursen, extremer Arbeitslosigkeit und Armut führte. Sie griff im folgenden Jahr aufgrund der internationalen Finanz- und Wirtschaftsverflechtungen auf Europa über und hatte in allen Industrieländern einschneidende Folgen: Schließung von Banken, drastischer Produktionsrückgang infolge schwindender Kaufkraft, Verringerung der Staatseinnahmen bei gleichzeitig rapid steigenden staatlichen Soziallasten sowie Not und Existenzangst für große Teile der Bevölkerung. Die Weltwirtschaftskrise war damit zu einer tief greifenden strukturellen **Krise der kapitalistischen Wirtschaft** geworden.

14.2 Das Scheitern der Großen Koalition

Die Reichstagswahl vom Mai 1928 erzwang eine **Große Koalition** aus SPD, DDP, Z, BVP und DVP (Beginn: 29.6.1928); Reichskanzler wurde Hermann Müller (SPD). Sie war von Anfang an **labil**: Der innenpolitisch heftig umkämpfte Young-Plan (→ S. 171) bewirkte die politische Radikalisierung. Die Auseinandersetzungen zwischen Arbeitnehmern und Arbeitgebern bzw. ihren politischen Interessenvertretungen SPD und DVP nahmen zu, da beide konträre wirtschaftliche und soziale Vorstellungen hatten. In dieser äußerst kritischen Situation wurden die in vielen Bereichen gegensätzlichen wirtschaftlichen und sozialen Vorstellungen von SPD und DVP offensichtlich, der Handlungsspielraum der Koalition wurde immer geringer. Die Gemeinsamkeiten reduzierten sich auf ein absolutes Minimum an Kompromissen.

Die rasch anwachsende Arbeitslosigkeit machte eine neue Arbeitslosenversicherung nötig. Obwohl innerhalb der Regierungskoalition darüber Einigkeit bestand, konnten sich SPD und DVP nicht über die Höhe der Arbeitslosenversicherung einigen und das Kabinett Müller (SPD) musste am 27. März 1930 zurücktreten. Im Grunde war es gar nicht mehr um die Sache selbst gegangen. Die **eigentliche Ursache des Scheiterns** lag tiefer: Beide Flügelparteien dieser Koalition, SPD und DVP, befürchteten eine Abwanderung ihrer Wähler bei Fortführung der **„widernatürlichen" Koalition** und nahmen die Arbeitslosenversicherung nur als Anlass, die Koalition scheitern zu lassen.

Die **Große Koalition** (29.6.1928 – 27.3.1930) bestand aus SPD, DDP, Z, BVP und DVP, Reichskanzler war H. Müller (SPD).

Sie war aufgrund der Flügelparteien SPD (Arbeitnehmervertretung) und DVP (Arbeitgebervertretung) von Anfang an labil.

Da beide Parteien die Abwanderung ihrer Stammwähler befürchteten, gaben sie die Koalition auf. Offiziell scheiterte die Große Koalition am 27. März 1930 an der Erhöhung der Arbeitslosenversicherung.

14.3 Die Präsidialregierungen

Bereits drei Tage nach dem Scheitern der Großen Koalition ernannte Hindenburg am 30. März 1930 den Finanz- und Steuerfachmann Heinrich Brüning (Zentrum) zum Reichskanzler. Mit ihm begann die kurze, aber entscheidende Phase der Präsidialregierungen. Diese beruhten auf der verfassungsrechtlich als Ausnahmefall angesehenen Kombination der Art. 48 (Notverordnungsrecht des Reichspräsidenten) und 25 (Recht des Reichspräsidenten, den Reichstag aufzulösen). Die Präsidialregierungen waren also nicht mehr vom Vertrauen des Reichstags, sondern **ausschließlich vom Reichspräsidenten abhängig**. Sie regierten nicht mehr mit Unterstützung einer Reichstagsmehrheit, sondern mit Notverordnungen. Dies bedeutete das Ende der parlamentarischen Demokratie. An ihre Stelle trat eine Notverordnungsdiktatur, die, sofern das Parlament mitspielte, wenigstens noch halbparlamentarisch war. Entscheidend war, dass es jetzt für die Exekutive **keine parlamentarische Kontrolle** mehr gab.

Mit der Ernennung Brünings (Z) zum Reichskanzler begannen die **Präsidialkabinette**. Sie waren nicht mehr vom Vertrauen des Reichstags, sondern ausschließlich vom Reichspräsidenten abhängig. Sie regierten mit Notverordnungen (Art. 48). An die Stelle der parlamentarischen Demokratie trat nun eine Notverordnungsdiktatur.

Machtmechanismus der Präsidialregierungen

Die Präsidialregierungen beruhten auf der (letztlich verfassungswidrigen) Kombination der Art. 48 und 25 der Weimarer Verfassung. Durch Androhung und gegebenenfalls Anwendung beider Artikel wurde das Parlament als Entscheidungszentrum ausgeschaltet.

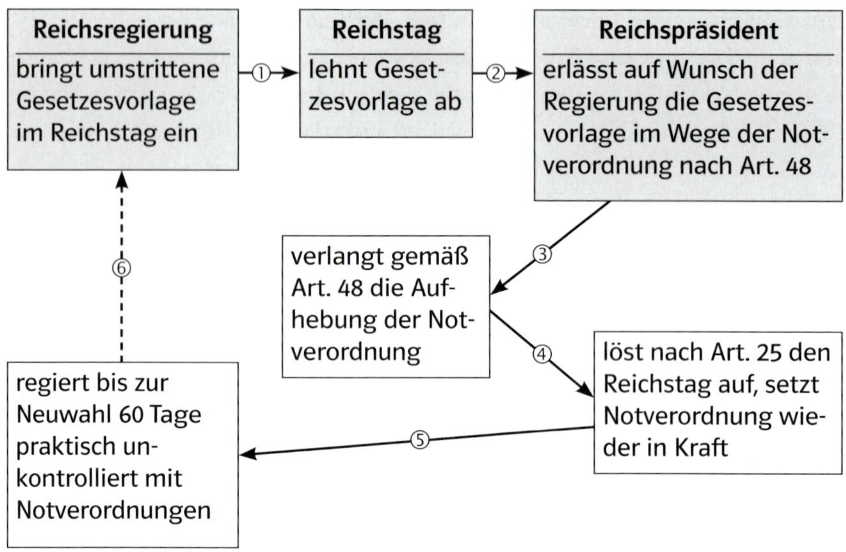

14.4 Die Regierung Brüning (30. 3. 1930 – 30. 5. 1932)

Brünings Regierungsverständnis

In Absprache mit Hindenburg sollte die **Regierung Brüning** (März 1930 – Mai 1932) antiparlamentarisch und antimarxistisch regieren und einen politischen Machtwechsel in Preußen erreichen.

Mit dem Amtsantritt Brünings kamen dann folgende, vom Reichspräsidenten gebilligte **Richtlinien der neuen Politik** zum Tragen: Die Regierung sollte **antiparlamentarisch**, also ohne Koalitionsverhandlungen regieren, einen scharfen antimarxistischen Kurs steuern, der sich auch gegen die SPD richtete, und einen grundlegenden Wandel der Verhältnisse im deutschen Kernland Preußen anstreben. Dieses neue Regierungsverständnis verkündete Brüning in seiner Regierungserklärung am 1. April 1930: Er werde notfalls ohne das Parlament über Art. 48 per Notverordnungen und Art. 25 (Auflösung des Reichstags) regieren. Sein Kabinett sei, laut Hindenburgs Auftrag, **an keine Koalition gebunden** und werde „der letzte Versuch sein, die Lösung mit diesem Reichstag durchzuführen".

Brünings Wirtschaftspolitik

Für die Millionen Arbeitslosen und deren Familien bedeutete die **Weltwirtschaftskrise** den täglichen Kampf um die nackte Existenz. Extreme Not, tiefe Hoffnungslosigkeit und die wachsende Verbitterung bereiteten den **Nährboden für die links- und** (vor allem) **rechtsradikalen Parteien**.

Die **Reichstagswahl** vom **September 1930** war eine **Katastrophe des Parlamentarismus**, ein „Triumph der Verantwortungslosen". Das Aufgeben der Parteien, die wirtschaftliche Not und die extreme Agitation der radikalen Parteien führten dazu, dass die staatstragenden Parteien deutlich verloren und die radikalen großen Zulauf erhielten. Die NSDAP konnte ihre Sitze im Reichstag fast verneunfachen (1928: 12, 1930: 107). War das **Parlament** bis jetzt weitgehend funktionsunwillig gewesen, so war es jetzt eindeutig **funktionsunfähig**. Parlamentarismus und Demokratie waren damit am Ende.

Die Reichstagswahl hatte auch die paradoxe Folge, dass ausgerechnet die SPD die Notverordnungen Brünings mittragen musste aus Furcht vor den braunen Massen und einem weiteren Rechtsrutsch. Deshalb konnte **Brüning** sein umstrittenes **Wirtschaftsprogramm** mit **folgenden** Maßnahmen durchführen: Scharfer Deflationskurs durch drastische Einschränkung der Staatsausgaben mit dem Ziel des Ausgleichs des Staatshaushaltes; Erhebung zusätzlicher Steuern (z. B. Krisensteuer, Ledigensteuer); Senkung der Löhne und Gehälter von Beamten und staatlichen Angestellten; Kürzung von Renten, der Arbeitslosenunterstützung, der Kinderzuschläge; Senkung der Preise durch niedrigere Löhne und steuerliche Vergünstigungen der Unternehmer, um die Exportfähigkeit der deutschen Industrie zu steigern.

Dadurch erreichte Brüning zwar einen ausgeglichenen Staatshaushalt, vergrößerte aber sehenden Auges die Not von Millionen Deutschen. Die **Folgen** waren eine weitere politische Radikalisierung, die Schwächung der Demokratie, große Wahlerfolge (1930 und 1932) für die radikalen Parteien und der Ruf nach dem „starken Mann".

Brünings Wirtschaftspolitik:

Die radikalen Parteien, vor allem die NSDAP, waren die Gewinner der Reichstagswahl vom Sept. 1930. Als Folge musste die SPD die umstrittene Wirtschaftspolitik Brünings mittragen. Sie bestand aus folgenden wesentlichen Maßnahmen:
- Scharfer Deflationskurs mit dem Ziel des Ausgleichs des Staatshaushaltes;
- zusätzliche Steuern;
- Senkung von Löhnen und Gehältern von Beamten und Staatsangestellten;
- Kürzung von Renten und Sozialleistungen;
- Senkung der Preise und Löhne.

Brüning sanierte dadurch den Staatshaushalt, **vergrößerte aber die Not von Millionen Deutschen** und verschärfte den Radikalismus.

Die Entwicklung der Arbeitslosigkeit in Deutschland von 1928 bis 1939

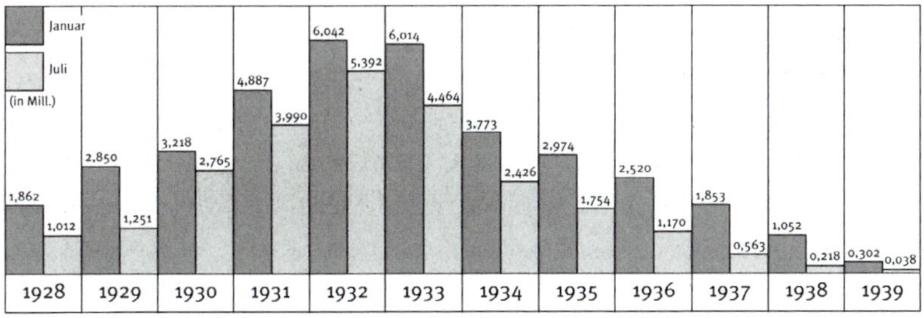

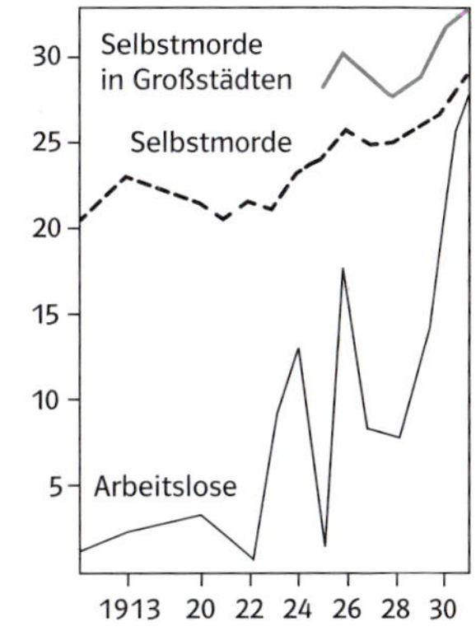

Außenpolitik

Ziele der **Außenpolitik Brünings**:

- Demonstration der Zahlungsunfähigkeit und Beendigung der Reparationen;
- militärische Gleichberechtigung;
- machtpolitischer Wiederaufstieg Deutschlands.

Erfolge Brünings:
- Drastische Verringerung der Reparationen (Lausanne, Juni 1932);
- Revision militärischer Bestimmungen des Versailler Vertrags (Genf, Frühjahr 1932).

Für Brüning war trotz der schlechten wirtschaftlichen Situation die **Außenpolitik vorrangig**. Er wollte den Siegermächten die Zahlungsunfähigkeit Deutschlands demonstrieren und so ein Ende der Reparationen erreichen. Außerdem strebte er die militärische Gleichberechtigung Deutschlands an und dessen machtpolitischen Wiederaufstieg. Diesen Zielen ordnete er die Wirtschaftspolitik unter. Angesichts der katastrophalen wirtschaftlichen und sozialen Verhältnisse in Deutschland trug Brünings rigoroser Sparkurs tatsächlich **außenpolitische Erfolge**. Es gelang ihm, Amerikaner und Briten von der Zahlungsunfähigkeit Deutschlands und der gefährlichen innenpolitischen Situation zu überzeugen. Die Folgen waren das Hoover-Moratorium (1931, ➤ S. 173) und die Einberufung der Konferenz von Lausanne (Juli 1932, ➤ S. 173), die eine abschließende Regelung des Reparationsproblems treffen sollte. Außerdem erreichte er auf der Abrüstungskonferenz von Genf (Frühjahr 1932) die Revision militärischer Bestimmungen des Versailler Vertrags. Damit war das Ziel aller deutschen Regierungen, eine umfassende Revision des Vertrags, zum Greifen nahe.

Brünings Sturz

Brünings Sturz:

Brüning will die NSADP „zähmen" und „abnutzen". Dies scheitert an der Forderung Hitlers, Reichskanzler zu werden.

Die innenpolitischen Auseinandersetzungen führen zu bürgerkriegsähnlichen Zuständen. Die Rechten formieren sich im Okt. 1931 zur Harzburger Front (NSDAP, DNVP, DVP, Stahlhelm, Reichslandbund, Alldeutscher Verband, Prominenz aus Adel und Wirtschaft). SPD, Allgemeiner Deutscher Gewerkschaftsbund, Reichsbanner, Arbeitersportorganisationen gründen die „Eiserne Front".

Im Oktober 1931 bildete Brüning sein Kabinett mit einer deutlichen Tendenz nach rechts um. Sein **zweites Kabinett** hatte nun dem Wunsche des Reichspräsidenten entsprechend **keinerlei „parteimäßige" Bindung** mehr. In dieser Situation erwog Brüning die Zusammenarbeit mit der NSDAP, um sie zu „zähmen" und „abzunutzen". Dies scheiterte an der kompromisslosen Forderung Hitlers, nur als Reichskanzler in ein Präsidialkabinett einzutreten. Dies lehnten Hindenburg und Brüning ab und die innenpolitische Krise spitzte sich weiter zu. Die Auseinandersetzungen verlagerten sich mehr und mehr auf die Straße und erzeugten **bürgerkriegsähnliche Zustände**, die ihre Höhepunkte in blutigen Saal- und Straßenschlachten fanden. An ihnen waren nahezu alle politischen und paramilitärischen Gruppierungen beteiligt, besonders die SA und der Rote Frontkämpferbund der KPD. Am 11.Oktober 1931 trafen sich in Bad Harzburg alle rechten Feinde der Republik (NSDAP, DNVP, DVP, Stahlhelm, Reichslandbund, Alldeutscher Verband und Prominenz aus Adel und Wirtschaft) und bliesen zum Sturm auf die Regierung Brüning und das verhasste „System" („**Harzburger Front**"). Als Reaktion auf die Harzburger Front gründeten SPD, ADGB (Allgemeiner Deutscher Gewerkschafts-Bund), AfA-Bund (Allgemeiner freier Angestellten-Bund), Reichsbanner und Arbeitersportorganisationen Mitte Dezember 1931 die militant auftretende „**Eiserne Front**".

Ende Mai 1932 entließ Hindenburg Brüning, weil er ihm nicht rechts genug war, sich im Parlament immer noch mit der SPD „abgab" und nicht bereit war, sich ausschließlich auf DNVP und NSDAP zu stützen.

30.5.1932: Entlassung Brünings, da er Hindenburg nicht rechts genug ist.

Die Beurteilung Brünings

Außenpolitisch war Brüning **erfolgreich**. Seine der Außenpolitik untergeordnete Wirtschaftspolitik **aber** zeigt eine kalte, erschreckende **Gleichgültigkeit gegenüber der Not von Millionen**. Außerdem plante er eine schrittweise Reduzierung des demokratischen Systems zugunsten der Monarchie. Deshalb ist auch seine Beurteilung unterschiedlich: Manche Historiker sehen in erster Linie die positiven Aspekte seiner langfristigen außenpolitischen Ziele und eine gewisse Tragik darin, dass seine Erfolge (militärische Gleichberechtigung, Begrenzung bzw. Streichung der Reparationen, Räumung des Rheinlands) seinen Nachfolgern in den Schoß fielen. Andere Historiker charakterisieren ihn als ersten Kanzler, der den **Untergang Weimars** betrieben bzw. **verschuldet** habe.

Die **Beurteilung Brünings** ergibt sich aus 2 Aspekten:
- Er ist außenpolitisch erfolgreich;
- er vergrößert aus außenpolitischen Gründen die wirtschaftliche Not von Millionen Menschen, verstärkt den Radikalismus und hat deshalb Schuld am Untergang Weimars.

14.5 Die Reichspräsidentenwahl von 1932

Die zweite **Wahl Hindenburgs** im Frühjahr **1932 spiegelt die paradoxen Verhältnisse** der Weimarer Republik **wider**. Ausgerechnet die früheren Gegner Hindenburgs, also SPD, Z und die DDP mussten ihm – wohl oder übel – zu einer zweiten Amtsperiode verhelfen, um das „größere Übel" Hitler als Staatsoberhaupt zu verhindern.

In der Folgezeit erhielt **die Kamarilla**, eine Art Schattenkabinett um den 85-jährigen Hindenburg, immer größeren Einfluss auf den „alten Herrn" und **bestimmte die politischen Geschicke Deutschlands wesentlich**. Zu diesen einflussreichen „Beratern" des Reichspräsidenten gehörten sein Sohn Oskar als persönlicher Adjutant, der Staatssekretär Meißner, der Chef des Ministeramtes im Reichswehrministerium General Kurt von Schleicher und die Interessenvertreter der ostelbischen Großgrundbesitzer.

Die **Reichspräsidentenwahl von 1932** verdeutlicht die innenpolitischen Verhältnisse: Die staatstragenden Parteien müssen den Antidemokraten Hindenburg unterstützen, um Hitler zu vermeiden.

Die engen Vertrauten des 85-jährigen Hindenburg nehmen immer stärkeren Einfluss auf den „alten Herrn".

14.6 Das Kabinett von Papen (1.6.–2.12.1932)

Das Kabinett der Barone: General von Schleicher empfahl Hindenburg Kurt von Papen (Zentrum, seit Sommer 1932 parteilos), der bisher politisch noch nicht sonderlich in Erscheinung getreten war, aus drei Gründen als Reichskanzler: Er „lag" als ehemaliger Berufsoffizier und Adliger dem greisen Hindenburg, er konnte mit der Unterstützung der NSDAP rechnen und Schleicher

Das **Kabinett von Papen:**

1.6.1932: Ernennung von Papens auf Betreiben Schleichers.

Papen bildet das „Kabinett der Barone" und regiert ohne parlamentarische Bindung.

Übergeordnetes Ziel Papens ist der autoritäre „neue Staat" (= Wiederherstellung der politischen Verhältnisse des Kaiserreichs).

hielt ihn für „kontrollierbar". **Papen** bildete ein ausschließlich vom Vertrauen des Reichspräsidenten getragenes „Kabinett der nationalen Konzentration". Als einziger Reichskanzler sprach Papen nie vor dem Parlament. Seine Regierung bestand aus konservativen, meist adligen Beamten, die dem Reichstag nicht angehörten. In diesem **„Kabinett der Barone"** übernahm Schleicher als starker Mann das Amt des Reichswehrministers. Papens übergeordnetes Ziel bestand in Übereinstimmung mit Hindenburg in einer entschiedenen **Rechtspolitik**, deren Ergebnis ein autoritärer **„neuer Staat"** sein sollte, also die Widerherstellung der politischen Verhältnisse des Kaiserreichs. Deshalb ließ er unmittelbar nach Amtsantritt den Reichstag auflösen und hob das Verbot der SA und SS auf, mit dem sein Vorgänger die bürgerkriegsähnlichen Verhältnisse einzudämmen versucht hatte. Die Folgen dieser Maßnahmen waren blutige Kämpfe und Auseinandersetzungen in ganz Deutschland.

Erster Schritt auf diesem Weg ist der **„Preußenschlag"** (20.7.1932): Hindenburg verfügt verfassungswidrig die Absetzung der preußischen SPD-Regierung Braun; die Regierungsgeschäfte übernimmt als Reichskommissar von Papen.

Der von Braun angerufene Staatsgerichtshof bestätigt die Rechtmäßigkeit des „Preußenschlags", belässt der Regierung Braun jedoch gewisse Amtsbefugnisse. Die tatsächliche Macht bleibt bei Papen.

Die Rechten begrüßen den „Preußenschlag" als „Liquidierung der Novemberherrschaft".

Der Preußenschlag: Als grundlegende Voraussetzung für den „Neuen Staat" sah Papen die Ausschaltung der SPD-geführten preußischen Regierung Braun, die von den Parteien der Weimarer Koalition getragen wurde. Mit Unterstützung des Reichspräsidenten ging Papen im Juli 1932 gegen Preußen vor. Mit Hilfe des Artikels 48 verfügte er die Absetzung der Regierung Braun, da diese ihre Pflichten gegenüber dem Reich verletzt habe, übernahm als Reichskommissar die Regierungsgeschäfte und verhängte über Berlin und Brandenburg den Ausnahmezustand. Dieser „Preußenschlag" hatte keinerlei gesetzliche Berechtigung und war deshalb ein Staatsstreich. Der von Braun angerufene voreingenommene Staatsgerichtshof in Leipzig entschied, dass das Vorgehen Hindenburgs bzw. Papens zur „Aufrechterhaltung der Ordnung und Sicherheit" rechtens gewesen sei, dass die geschäftsführende preußische Regierung jedoch das Recht habe, Preußen im Reichstag und im Reichsrat zu vertreten. Damit blieb die tatsächliche Macht in den Händen Papens.

Von den Rechten wurde der „Preußenschlag" mit Begeisterung aufgenommen, als „Liquidierung der Novemberherrschaft" bejubelt und als Schwäche der Demokratie bewertet.

Aufgrund der wirtschaftlichen Misere und der innenpolitischen Verhältnisse gewannen die beiden extremen Parteien **die Reichstagswahlen von 1932**. Die NSDAP wurde größte Partei und blieb es, obwohl sie in der zweiten Wahl mehr als 4% an Wählerstimmen verlor.

Die Reichstagswahlen von 1932: Der Wahlkampf der ersten Reichstagswahl vom Juli 1932 war bestimmt von der wirtschaftlichen Misere, der Massenarbeitslosigkeit und dem Gezänk der Parteien und politischen Gruppierungen. Er entwickelte sich zu einem Bürgerkrieg, der alles Bisherige an Brutalität, Diffamierung und Hass übertraf. Die Wahl, die mit 84% die höchste Wahlbeteiligung bisher hatte, wurde eine **katastrophale Niederlage der staatsbejahenden Parteien** (SPD, Z, DDP) und ein **triumphaler Gewinn der antidemokratischen Parteien**, die zusammen mehr als 60% aller Stimmen erhielten. Nahezu 52% aller Stimmen entfielen allein auf die beiden extremsten Parteien KPD und

NSDAP. Vor allem die NSDAP konnte sich bei einem Anwachsen ihrer Parlamentssitze von 107 auf 230 als der große Gewinner fühlen. Hitler forderte nun kategorisch die Kanzlerschaft, die Hindenburg dem „böhmischen Gefreiten", wie er ihn fälschlicherweise nannte, unter Hinweis auf die Radikalität seiner Partei verweigerte.

Um eine Wahl Hitlers zum Reichskanzler zu vermeiden, ließ Papen den Reichstag im Herbst 1932 erneut auflösen. Die **Reichstagswahl vom November** brachte für die extremen Parteien unterschiedliche Ergebnisse: Die **NSDAP** verlor ca. 2 Mio. Wähler bzw. 34 Sitze und erlitt eine große **Niederlage**. Offensichtlich hatte das radikale und brutale Auftreten der SA das rechte Bürgertum geschockt. Die **KPD** dagegen erreichte mit 16,9 % (+ 11 Sitze) ihr bestes Ergebnis in der Weimarer Republik, wurde **drittgrößte Partei** und war der Wahlgewinner. Zusammen hatten die beiden extremen Parteien exakt 50 % erreicht.

Die Reichstagswahlen von 1932:

Parteien	31. Juli	6. November
KPD	14,5	16,9
SPD	21,6	20,4
DDP	1,0	1,0
Z	12,5	11,9
BVP	3,2	3,1
DVP	1,2	1,9
DNVP	5,9	8,3
NSDAP	37,3	33,1
Sonstige	2,8	3,4

Papens Außen- und Wirtschaftspolitik: Außenpolitisch profitierte Papen von seinem Vorgänger und „erbte" dessen **Erfolge**: Die Reparationskonferenz von Lausanne (➤ S. 173) setzte die restliche Reparationssumme auf 3 Mrd. Goldmark fest, die Genfer Abrüstungskonferenz akzeptierte im Dezember 1932 die grundsätzliche Anerkennung der militärischen Gleichberechtigung Deutschlands.

Außenpolitisch profitierte Papen von Brüning. In seine Amtszeit fallen die Festlegung der restlichen Reparationssumme von 3 Mrd. Goldmark und die Anerkennung der militärischen Gleichberechtigung Deutschlands.

Auch in der Wirtschaftspolitik war Papen durchaus erfolgreich. Sein Beschäftigungsprogramm benachteiligte zwar die Arbeiterschaft aufgrund erneuter Senkung von Sozialleistungen, kurbelte die Wirtschaft jedoch mit staatlichen Beschaffungsmaßnahmen und mit Steuervergünstigungen und Beschäftigungsprämien für Unternehmer an. Seine für damalige Zeit sehr moderne antizyklische Konjunkturpolitik verbesserte die Wirtschaftslage spürbar.

Papens antizyklische **Wirtschaftspolitik** benachteiligte die unteren Schichten (Verringerung von Sozialleistungen) und förderte die Unternehmer. Sie verbesserte jedoch die Wirtschaftslage.

Papens „neuer Staat" sah vor:
- Der Reichspräsident ist preußischer Ministerpräsident
- die Reichsregierung ist nur ihm verantwortlich
- der Reichstag hat nur noch die Bedeutung des kaiserlichen
- Wahlen sind öffentlich, ungleich und indirekt.

Der „neue Staat" ließ sich nur per Staatsstreich verwirklichen. Als Schleicher die Unterstützung der Reichswehr verweigerte, stürzte Papen am 2.12.1932.

Papens Sturz: Nach der Reichstagswahl vom November 1932 ging Papen an die **Schaffung des „neuen Staats"**. Konkret sah dieser Folgendes vor: Der Reichspräsident ist gleichzeitig preußischer Ministerpräsident, die Reichsregierung ist nur ihm verantwortlich, die Rechte des Reichstags sind geringer als die des kaiserlichen Reichstags (→ S. 90) und die Wahlen sollten öffentlich, ungleich und indirekt sein.

Derartige Maßnahmen ließen sich nur **durch einen Staatsstreich** mit Hilfe der Reichswehr erreichen. Papen erreichte zwar die Unterstützung Hindenburgs, doch verweigerte Schleicher die Unterstützung der Reichswehr, da ein derartiges Vorgehen einen Bürgerkrieg mit unsicherem Ausgang bedeutet hätte. Damit war Papen gescheitert und wurde am 2.12.1932 entlassen.

14.7 Das Kabinett von Schleicher

Das **Kabinett von Schleicher**:

Schleicher wollte ein „sozialer General" sein. Er erreichte keine Zusammenarbeit mit der SPD und konnte die NSDAP nicht spalten. Einen Staatsstreich verweigerte ihm Hindenburg und entließ ihn (28.1.1933).

Um Hitler als Reichskanzler zu vermeiden, musste Hindenburgs „graue Eminenz" **Schleicher** (parteilos) das Amt übernehmen. Er wollte ein **„sozialer General"** sein und sah sein vorrangiges Ziel in der Verbesserung der wirtschaftlichen und sozialen Situation. Deshalb versuchte er, mit den wichtigen Parteien und Verbänden eine Einigung zu erzielen. Er konnte jedoch weder die SPD gewinnen, die mit dem „reaktionären General" nichts zu tun haben wollte, noch konnte er die NSDAP spalten und den nichtrevolutionären Flügel um Gregor Strasser auf seine Seite ziehen. Als er von seinem stark sozialpolitisch bestimmten Programm nicht abwich, wanden sich die einflussreichen konservativen Kreise (um den Kölner Bankier von Schröder) von ihm ab. Sie suchten den „starken Mann" und fanden ihn in Hitler. Als Schleicher schließlich als letzten Weg den **Staatsstreich** (**mit Diktaturermächtigung**) plante, zwang ihn Hindenburg am 28. Januar 1933 zum Rücktritt.

14.8 Die Ernennung Hitlers zum Reichskanzler

Die **Ernennung Hitlers**:

Papen empfahl Hitler als Reichskanzler, da er glaubte, ihn mit Hilfe Hindenburgs „einrahmen" zu können. 30.1.1933: Hindenburg ernannte widerwillig, aber ohne zwingende Notwendigkeit den „böhmischen Gefreiten" zum Reichskanzler.

Ende Januar 1933 befand sich die NSDAP in einer schlechten Lage: Die Parteikassen waren leer, 2 Mio. Wähler hatten sich im November 1932 von ihr abgewandt, das brutale Auftreten der SA schreckte immer mehr Bürger ab und die endgültige Lösung des Reparationsproblems zeichnete sich ab. In dieser Situation ernannte Hindenburg auf Drängen Papens widerwillig Hitler, obwohl er noch wenige Tage zuvor Vertrauten versichert hatte, dass der „böhmische Gefreite" – Hindenburg verwechselte das böhmische Braunau mit dem österreichischen – keinesfalls für dieses Amt in Frage komme. **Papen** ging davon aus, dass er **Hitler** mit Hindenburgs und Hugenbergs (DNVP) Unterstützung

„**einrahmen**" könne. Tatsächlich sah dies zunächst so aus: Vizekanzler wurde Papen, der das Vertrauen Hindenburgs hatte, die wichtigsten Ressorts lagen in den Händen von Konservativen und neben Hitler gehörten nur noch zwei Nationalsozialisten der Regierung an.

14.9 Ursachen und Gründe für das Scheitern Weimars

Die Ursachen und Gründe, die den Untergang Weimars herbeiführten, sind zahlreich. Ihre Gewichtung hängt vom jeweiligen Standort des Beurteilenden ab. Die zeitgenössischen deutschen Historiker sehen den **Untergang** Weimars als **Ergebnis eines sehr komplexen Ursachengeflechts**. Die Antwort auf die Frage, woran Weimar letztendlich gescheitert ist, hänge von der Gewichtung der verschiedenen Ursachen ab und lasse sich „nicht mit letzter wissenschaftlicher Präzision" geben. Folgende Ursachen spielten eine wesentliche Rolle:

Ursachen des Untergangs der Weimarer Republik:

- Schwäche der demokratischen Tradition und Stärke der obrigkeitsstaatlichen Einstellungen
- außenpolitische Belastungen als Folge des Ersten Weltkriegs
- strukturelle Fehler der Verfassung
- wirtschaftliche Belastungen
- Versagen der Parteien und Interessenvertretungen
- Die Bedeutung einzelner Politiker (Hindenburg, Brüning, Papen, Hitler).

Die Bedeutung der einzelnen Ursachen ist unterschiedlich. **Entscheidende Ursachen** waren die antidemokratische Einstellung des Großteils der Bevölkerung sowie die aus dem Kaiserreich stammende Mentalität.

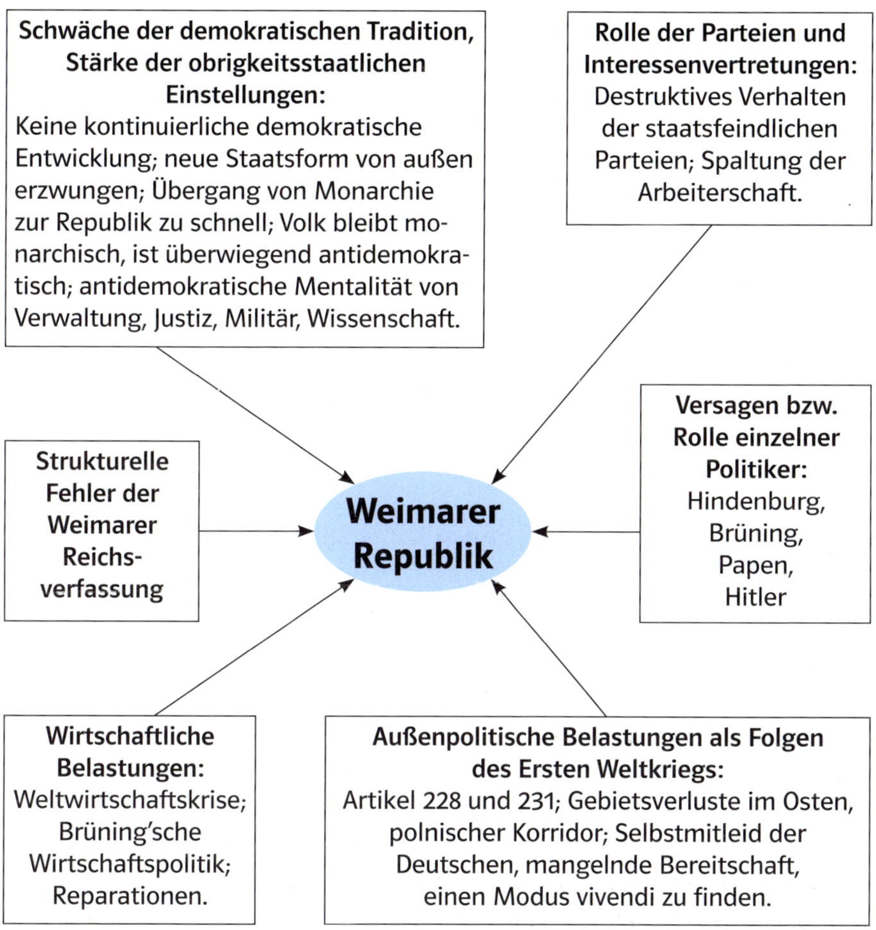

Die **wichtigsten Ursachen** waren sicherlich die aus dem Kaiserreich stammende Mentalität und die traditionell-konservativen politischen Einstellungen. Die Mehrheit der Deutschen war antidemokratisch und nicht bereit, das politische System auf Dauer zu akzeptieren; Parteien und Verbände waren zerstritten und den Anforderungen des Parlamentarismus nicht gewachsen.

PAUL VON BENECKENDORFF UND VON HINDENBURG (2.10.1847–2.8.1934)

- Berufssoldat
- wird aus dem Ruhestand geholt und am 22.8.1914 Oberbefehlshaber der 8. Armee in Ostpreußen; „Sieger" der Schlachten von Tannenberg und an den Masurischen Seen
- volkstümlichster Feldherr des Krieges
- 1916–1918: Chef der Obersten Heeresleitung (OHL)
- 1925: Der erklärte Monarchist Hindenburg wird im zweiten Wahlgang als Kandidat der rechten Parteien zum Reichspräsidenten gewählt
- er gewinnt 1932 die Wahl zum Reichspräsidenten im zweiten Wahlgang gegen Hitler
- nach dem Sturz der Großen Koalition greift er durch die Ernennung der Präsidialregierungen und die häufige Anwendung des Artikels 48 (Notstand) stark in die Politik ein und ist verantwortlich für die Rechtspolitik Brünings und Papens
- er ernennt am 30.1.1933 widerstrebend, aber ohne zwingende Notwendigkeit Hitler zum Reichskanzler

Alle Querverweise im Überblick:

Young-Plan: S. 185 ➛ S. 171
Hoover-Moratorium: S. 188 ➛ S. 173
Reparationskonferenz von Lausanne: S. 188, 191 ➛ S. 173
Kaiserlicher Reichstag: S. 192 ➛ S. 90

Zusammenfassung

Der Untergang der Weimarer Republik

Ende Oktober 1929 brach in den USA eine **Wirtschaftskrise** aus, die bald zur Weltwirtschaftskrise wurde. Sie stürzte weite Teile der Bevölkerung in Not und Existenzangst und trug wesentlich zur politischen Radikalisierung bei.

Die SPD-geführte **Große Koalition** (Juni 1928 – März 1930), bestehend aus SPD, DDP, Zentrum, BVP und DVP, war von Anfang an labil. SPD (Arbeitnehmerpartei) und DVP (Arbeitgeberpartei) nahmen die Erhöhung der Arbeitslosenversicherung zum Anlass, die Koalition zu beenden. Tatsächlich wollten sie aus parteitaktischen Erwägungen nicht mehr zusammenarbeiten.

Mit dem Kabinett Brüning begann 1930 die Phase der **Präsidialkabinette**. Sie waren nicht mehr vom Reichstag, sondern ausschließlich vom Reichspräsidenten abhängig und regierten mit Hilfe von Notverordnungen (Art. 48). Damit trat an die Stelle der parlamentarischen Demokratie die **Notverordnungsdiktatur**.

Für **Reichskanzler Brüning** (Zentrum, 30. 3. 1930 – 30. 5. 1932) waren außenpolitische Erfolge vorrangig. Seine Wirtschaftspolitik sollte deshalb den Staatshaushalt ausgleichen und damit den Alliierten zeigen, dass Deutschland keine Reparationen zahlen könne. Mit seinen Wirtschaftsmaßnahmen erreichte er dieses Ziel zwar, **vergrößerte** aber **die Not der unteren Schichten** und **verstärkte den politischen Radikalismus**. Die radikalen Parteien verzeichneten 1930 und 1932 große Wahlgewinne, die NSDAP wurde die stärkste Partei, der Ruf nach dem „starken Mann" immer lauter. Bei der Reichspräsidentenwahl 1932 mussten die staatstragenden Parteien Hindenburg unterstützen, um Hitler zu verhindern. Ende Mai 1932 entließ Hindenburg Brüning, da er ihm nicht rechts genug war.

Reichskanzler von Papen (Zentrum, seit Juni 1932 parteilos) betrieb eine strikte **Rechtspolitik**. Ihr Ergebnis sollte der **„neue Staat"** sein, d. h. die Wiederherstellung der politischen Verhältnisse des Kaiserreichs. Als ersten Schritt ließ er im Juli 1932 ohne legale Berechtigung die preußische Regierung Braun (SPD) per Notverordnung absetzen und übernahm als Reichskommissar in Preußen die Macht. Der „neue Staat" hätte nur per Staatsstreich erreicht werden können. Da die Reichswehr ihre Unterstützung versagte, scheiterte Papen am 2. 12. 1932.

Sein Nachfolger General **von Schleicher** (2. 12. 1932 – 28. 1. 1933) wollte die Lage der unteren Volksschichten verbessern. Da er die SPD nicht für eine Mitarbeit gewinnen und die NSDAP nicht spalten konnte, scheiterte auch er.

Auf Empfehlung Papens, der glaubte Hitler „einrahmen" zu können, ernannte Hindenburg am **30. 1. 1933** ohne zwingende Notwendigkeit **Hitler** zum **Reichskanzler**.

Die **Ursachen des Untergangs** der Weimarer Republik waren die Schwäche der demokratischen Tradition und der obrigkeitsstaatlichen Einstellungen, außenpolitische Belastungen als Folge des 1. Weltkriegs, Fehler der Verfassung, wirtschaftliche Belastungen, das Versagen der Parteien und Interessenvertretungen und die Bedeutung einzelner Politiker. **Entscheidend** war die zuerst genannte Ursache.

Literaturnachweis

Kapitel 2: 1 Golo Mann: Deutsche Geschichte des 19. und 20. Jahrhunderts, Frankfurt. 1922. S. 115 f.; **2** Rudolf Stadelmann: Soziale und politische Geschichte der Revolution 1948. Wissenschaftliche Buchgesellschaft, Darmstadt 1962; **Kapitel 3: 1** Robert Krause: Friedrich List und die erste große Eisenbahn Deutschlands, S. 11; **2** Zitiert nach „Sächsische Zeitung" vom 3./4. November 2007, S. 27; **Kapitel 4: 1** Zechlin, Egmont: Die Reichsgründung, Frankfurt, Berlin, Wien 1967, S. 34; **Kapitel 5: 1** Simplizissimus; **Kapitel 6: 1** Zit. nach: Burgdorf, Stephan / Wiegrefe, Klaus (Hrsg.): Der Erste Weltkrieg. Die Urkatastrophe des 20. Jahrhunderts. München, 2004, S. 39 f.; **Kapitel 7: 1** Zit. nach: Die Weimarer Republik. Informationen zur politischen Bildung, Nr. 261. Hg. von der Bundeszentrale für politische Bildung. Bonn, 1999, S. 4; **Kapitel 8: 1** Zit. nach: Schmid, Heinz Dieter: Fragen an die Geschichte. Das 20. Jahrhundert. Berlin, ^{4}2002, S. 25, Q. 8; **2** Zit. nach: Heinloth, Bernhard (Hrsg): Geschichte 4, Ausgabe B. München, 1982, S. 78; **Kapitel 10: 1** Zit. nach: Stammen, Theo: Die Weimarer Republik. Bd. 1: Das schwere Erbe. Bayerische Landeszentrale für politische Bildungsarbeit. München, 1987, S. 290; **2** Zit. nach: Schulze, Hagen: Weimar. Deutschland 1917–1933. Berlin, 1982, S. 15; **Kapitel 11: 1** Zit. nach: Die Weimarer Republik. Informationen zur politischen Bildung, H. 109/110. Hg. von der Bundeszentrale für politische Bildung. Bonn, 1978, S. 14; **2** Zit. nach: Heiber, Helmut: Die Republik von Weimar. München, ^{15}1982, S. 129; **Kapitel 12: 1** Zit. nach: Schmid, S. 37, Q. 28; **2** Zit. nach: Schmid, S. 35, Q. 21; **3** Zit. nach: Binder, Gerhart: Geschichte im Zeitalter der Weltkriege. Unsere Epoche von Bismarck bis heute. Bd. I: 1870 bis 1945. Stuttgart, o. J., S. 340; **4** Zit. nach: Schulze, S. 286; **Kapitel 13: 1** Zit. nach: Holtmann, Eberhard: Die Weimarer Republik. Der brüchige Frieden. Bd. 2: 1924–1928. Hg. Bayerische Landeszentrale für politische Bildungsarbeit. München, 1994, S. 74; **2** Zit. nach: Holtmann, S. 44

Abbildungsnachweis

Titelbild: Corbis, Düsseldorf; Seite 8: LWL-Landesmuseum für Kunst und Kulturgeschichte (Rudolf Wakonigg), Münster; Seite 9, 11, 35, 70, 77, 109, 115, 123: AKG, Berlin; Seite 12: BPK (Stiftung Preußische Schlösser und Gärten Berlin-Brandenburg), Berlin; Seite 22: Ullstein Bild GmbH (Archiv Gerstenberg), Berlin; Seite 23, 108, 134, 152, 153, 176: Ullstein Bild GmbH, Berlin; Seite 34: Stiftung Historische Museen, Altonaer Museum, Hamburg. Foto: LWL-Landesmuseum für Kunst und Kulturgeschichte, Münster / Rudolf Wakonigg; Seite 38: „Kladderadatsch", 1848; Seite 52, 74, 75, 194: BPK, Berlin; Seite 53: Historisches Archiv Krupp (A. Ritscher), Essen; Seite 63, 64: aus: Friedrich-Wilhelm Henning: Die Industrialisierung in Deutschland 1800–1914, Verlag Schoeningh, Paderborn, 9., unv. Auflage 1995, UTB 145; Seite 65, 91, 146, 156: Erich Schmidt Verlag GmbH, Berlin; Seite 81: Ullstein Bild GmbH (Imagno), Berlin; Seite 109: AKG (Erich Lessing), Berlin; Seite 122: BPK (Bildarchiv Preußischer Kulturbesitz (BPK), Berlin), Berlin; Seite 123: Bundesarchiv, Bild 183-R12318, Fotograf: o. Ang.; Seite 138: Friedrich-Ebert-Stiftung, Bonn; Seite 139: Interfoto, München; Seite 153: Bundesarchiv (Georg Pahl), Koblenz; Seite 166: Hagen Schulze: Weimar. Deutschland 1917–1933. Severin und Siedler, Berlin 1982; Seite 167: Bundesarchiv Koblenz (Sign. 146-2006-0049); Seite 174: Ullstein Bild GmbH (Atelier Binder), Berlin; Seite 176: Süddeutsche Zeitung Photo, München; Seite 177: Thomas Theodor Heine, „Sie tragen die Buchstaben der Firma", 1927, VG Bild-Kunst Bonn, 2009

Nicht in allen Fällen war es uns möglich, den Rechteinhaber der Abbildungen ausfindig zu machen. Berechtigte Ansprüche werden selbstverständlich im Rahmen der üblichen Vereinbarungen abgegolten.

Begriffsverzeichnis (erklärt alle mit einem ⊛ versehenen Begriffe)

A

ABSOLUTISMUS Monarchische Herrschaftsform, in der der Monarch absoluter „Diktator" mit uneingeschränkter Machtbefugnis ist. Der Absolutismus findet seine für Europa vorbildhafte Ausprägung in der Herrschaft der französischen Könige im 17. und 18. Jahrhundert. (Ludwig XIV. – Ludwig XVI.)

AGITATION (lat. = anspornen, antreiben): Verbreitung radikaler Ideen bzw. die systematische aggressive Werbung für diese.

AKKUMULATION Im Marxismus Anhäufung von Kapital.

ALLIANZ Völkerrechtlich ein Bündnis zwischen Staaten.

ANNEXION Einfügung eines fremden Staatsgebietes oder Einverleibung eines fremden Staates in das eigene Staatsgebiet. Voraussetzung ist die militärische Besetzung des fremden Staatsgebietes oder die vertragliche Abtretung.

APPROBATION Staatliche Genehmigung zur Berufsausübung bei bestimmten Berufen (v. a. Heilberufe).

ARRONDIERUNG Abrundung, Erweiterung eines Territoriums.

B

BALANCE OF POWER Traditionelles englisches außenpolitisches Ziel seit Ende des 17. Jahrhunderts, das Gleichgewicht der Kräfte unter den europäischen Mächten zu erhalten und die Hegemonie einer Macht auf dem Kontinent zu verhindern.

BALKAN, BALKANPOLITIK, BALKANFRAGE, BALKANKONFLIKT Der Balkan war seit dem Krimkrieg 1856 aus folgenden Gründen ein Krisenherd der internationalen Politik:

- Dem Niedergang der Großmacht Türkei („der kranke Mann am Bosporus");
- dem russisch-österreichischen Konflikt, bedingt durch das Expansionsstreben beider Mächte auf dem Balkan;
- der russisch-englischen Rivalität, die auf die Meerengenfrage zurückging.
- dem imperialistischen Panslawismus Russlands auf dem Balkan seit Anfang der siebziger Jahre des 18. Jahrhunderts.

BUDGETRECHT Recht des Parlaments, den Staatshaushalt zu genehmigen. Im 19. Jahrhundert oft das einzige wesentliche Recht der Parlamente.

C

CÄSARISMUS Einzelherrschaft einer charismatischen Herrscherpersönlichkeit (Diktator) ohne monarchische Legitimation.

CHAUVINISMUS Nach einer Figur aus einem frz. Lustspiel, Chauvin, benannter fanatischer und überzogener Nationalismus, verbunden mit militaristischem, rassistischem und imperialistischem Gedankengut, Völkerhass und Völkerhetze.

D

DARDANELLEN Siehe Meerengenfrage.

DEPESCHE Telegramm, Eilnachricht.

DESPOTISMUS Despotie bezeichnet die willkürliche, auf Gewalt gegründete Herrschaft einer Person (bzw. mehrerer Personen), in der sich der Despot weder an Gesetze noch an moralische Prinzipien hält. Der Despotismus ist also eine Form der Diktatur, bei der sich die Herrschaftsausübung meist auf Günstlinge stützt und militärisch oft auf landfremde Söldner.

DREIBUND 1882 abgeschlossenes und bis 1914 geltendes Geheimbündnis zwischen dem Deutschen Reich, Österreich-Ungarn und Italien, das eintreten sollte bei einem unprovozierten Angriff Frankreichs oder dem Angriff von zwei und mehr Großmächten. Bei Kriegsbeginn 1914 beendete Italien das Bündnis durch seine Neutralitätserklärung.

DYNASTIE Geschlechterfolge einer Herrscherfamilie.

E

EMPIRE Englische Bezeichnung für das imperiale und koloniale britische Weltreich.

EXEKUTIVE Ausführende Staatsgewalt, Regierungsgewalt.

EXPANSION Erweiterung von Staatsgebiet, Interessensgebiet, Wirtschafts-, Machtmöglichkeiten.

F

FEUDALISMUS, FEUDAL Adelsgesellschaft auf der Grundlage mittelalterlicher Lehentradition (von *födus* = Lehen).

FISKUS Steuerbehörde, Steuereinnahmestelle.

FÖDERALISMUS, FÖDERALISTISCH Bundesstaatliche Bewegung in Deutschland, im Gegensatz zu den Partikularisten, die einen deutschen Staatenbund begünstigten.

FRAKTION, FRAKTIONSLOS Organisierte Gruppe von Abgeordneten gleicher politischer Anschauungen, Interessen oder Parteizugehörigkeit in einem Parlament.

FREIKOPRS Truppen, die lediglich für die Dauer eines Krieges oder eines Feldzuges meist von einzelnen Führern aufgestellt wurden. Im November 1918 wurden in Deutschland in Absprache zwischen Regierung und Oberster Heeresleitung Freikorps aufgestellt, die aus ehemaligen Frontsoldaten bzw. ehemaligen Berufssoldaten bestanden. In den Freikorps sammelten sich monarchische antidemokratische, rechtskonservative und rechtsextremistische ehemalige Soldaten, denen der verlorene Krieg die berufliche Existenz und die politische Perspektive genommen hatte. Die ca. 400 000 Mitglieder, organisiert in über 200 Freikorps, unterstanden bis zur Unterzeichnung des Versailler Vertrags der Obersten Heeresleitung, danach der Reichswehrführung, waren aber sehr stark auf ihre Führer fixiert. Im Baltikum und in Oberschlesien schützten sie 1919 bis 1921 die dortige deutsche Bevölkerung gegen die Rote Armee bzw. gegen polnische Truppen. Im Deutschen Reich schlugen sie im Auftrag der Regierung in den unmittelbaren Nachkriegsjahren kommunistische Aufstände oft mit großer Brutalität nieder. Sie agierten jedoch auch gegen die verhasste Republik der „Novemberverbrecher" (vgl. Kapp-Putsch). Sie wurden nach ihrer Auflösung im Jahre 1921 entweder geschlossen in die Reichswehr eingegliedert oder organisierten sich neu in rechtsextremistischen Organisationen und Geheimbünden oder schlossen sich der SA und SS an. Die Freikorps bzw. ihre illegalen Nachfolgeorganisationen blieben aufgrund ihrer rechtsradikalen Einstellung und der von ihnen verübten politischen Morde in der Anfangsphase der Weimarer Republik (bis 1923) ein permanenter Faktor der innenpolitischen Destabilisierung.

FRÜHSOZIALISMUS Der Frühsozialismus wurzelte in den Gleichheitsforderungen der Französischen Revolution und in der Entstehung des Arbeiterelends durch das englisch-französische Manchestertum.

G

GEMENGELAGE
Begriff aus der mittelalterlichen Dreifelder-Landwirtschaft, der die gemeinsame freie Nutzung bestimmter Flächen durch mehrere/alle Bauern bezeichnet, also das Nebeneinander von verschiedenen Nutzungsarten innerhalb eines Gebiets.

GENERALSTAB
Planungsgruppe einer militärischen Einheit, die Planung wird vom militärischen Kommando ausgeführt.

GESETZES-INITIATIVE
Recht, Gesetzesvorschläge zu unterbreiten.

GLORIOUS REVOLUTION
1688 vertreibt das englische Parlament König Jakob II. und ersetzt ihn durch Wilhelm von Oranien. Dafür lässt es sich in den *declarations of rights* 1689 erhebliche Befugnisse zusichern. Dies ist der eigentliche Beginn des Parlamentarismus in Europa.

GRUNDRECHTE / MENSCHENRECHTE
Von der aufklärerischen Philosophie formulierter Katalog von elementaren Freiheits- und Unverletzlichkeitsrechten, die jedem Menschen von Natur aus zustehen und unveräußerlich sind.

H

HEGEMONIE – HEGEMONIAL-MACHT
Militärische und oft auch wirtschaftliche Vorherrschaft eines Staates über andere Staaten innerhalb eines bestimmten Territoriums.

HEILIGE ALLIANZ
Absichtserklärung der Herrscher Russlands, Preußens und Österreichs 1815, der später alle christlichen Staaten Europas außer Großbritannien und dem Vatikan beitraten. Initiator dieser Erklärung war Zar Alexander I. von Russland, der die Allianz einmal als Mittel zur Herrschaftssicherung durch religiöse Erneuerung und zum anderen als Unterstützung der russischen Hegemonialpläne sah.

HEILIGES RÖMISCHES REICH DEUTSCHER NATION
Es bestand seit 962 (Otto der Große) bis 1806. Tatsächlich war das Reich nach dem Dreißigjährigen Krieg in zahllose Einzelstaaten zerfallen, die nur noch durch die alte Reichsidee zusammengehörig waren und in der der Kaiser nur noch repräsentative Funktion hatte. Der mittelalterliche Personenverband war im Zeitalter der modernen Territorialstaaten zum Anachronismus geworden.

HOFKAMARILLA
Günstlinge am Königshof, die auf die Politik des Herrschers ohne Mandat, Legitimation oder Verantwortung Einfluss ausüben (spanisch *camarilla* = Privatkabinett des Königs).

HYPOTHEK
Im historischen Sinne mit der Bedeutung „Belastung“ gebraucht.

I

IDEOLOGIE, IDEOLOGISCH
Allgemein Ideenlehre, Gedankensystem und Gesamtheit der Vorstellungen zu einem bestimmtem Aspekt, politisch eine Weltanschauung mit unbedingtem Wahrheitsanspruch.

IMPERIALISMUS
(lat. *imperium* = Reich, Weltreich): a) Bestreben eines Staates, sein Staatsgebiet durch Eroberung oder Annexion anderer Gebiete zu vergrößern (direkter Imperialismus) oder seinen politischen, militärischen, wirtschaftlichen und kulturellen Einfluss auf einen anderen, rechtlich selbstständig bleibenden Staat auszudehnen (indirekter Imperialismus); b) Außenpolitik europäischer Staaten, der USA und Japans zwischen ca. 1880 und dem Ersten Weltkrieg; c) Epoche von ca. 1880 bis 1914/18.

INDEMNITÄT (~SVORLAGE) Indemnität bezeichnet eigentlich die Rechtsimmunität eines Parlamentariers, bezeichnet aber auch die nachträgliche Legitimierung nicht rechtskonformer Handlungsweisen der Regierung durch das Parlament (Amnestie).

INTERNATIONALISMUS, SOZIALISTISCHER ODER PROLETARISCHER INTERNATIONALISMUS Sozialistisches Gegenkonzept zum bürgerlichen Nationalismus, der unter anderem auch als bürgerliche Methode zur Spaltung des ausgebeuteten Proletariats betrachtet wurde. Dem entgegengesetzt sollte sich das europäische Proletariat gemeinsam zur Wehr setzen.

J

JUNKER Landadeliger, adeliger Großgrundbesitzer.

K

KADAVERGEHORSAM Der Begriff ist aus einer Passage des früheren Eides der Jesuiten abgeleitet („keinen eigenen Willen haben […], selbst als Leiche oder Kadaver …"). Er bezeichnet blinden, gedanken- und willenlosen Gehorsam bis zum Tod.

KLASSE, KLASSENSTAAT Politische Klasse: Bezeichnung für große soziale Gruppen, die sich als Rechts-, Schicksals- oder Interessensgemeinschaft zusammengehörig fühlen und betrachtet werden und die politisch als Gruppe auftreten und behandelt werden. Im Marxismus ist der Klassenbegriff fest umrissen in der Dialektik von herrschenden und unterdrückten Klassen. Die herrschende Klasse kontrolliert die unterdrückten Klassen im Klassenstaat.

KOALITION Politischer Zusammenschluss von Staaten oder Parteien bzw. anderen gesellschaftlichen Institutionen zur Verfolgung gemeinsamer Ziele (Zweckbündnis).

KONSTITUIERUNG Einrichten einer gesellschaftlichen oder politischen Institution, nicht zu verwechseln mit Konstitution = Verfassung.

KONSTITUTIONALISMUS Liberale Verfassungsbewegung französischen Ursprungs, die als Schutz vor staatlicher Willkür (des Absolutismus) für den Bürger eine schriftliche Festlegung seiner Rechte und Pflichten und des Aufbaus der staatlichen Ordnung in Form eines Grundgesetzes (Verfassung) verlangte, unter das alle Staatsangehörigen, auch der Souverän, gestellt sind.

KONTINENTALSPERRE Jeglicher Handel der von Napoleon unterworfenen europäischen Staaten mit England wurde unterbunden. Die Kontinentalsperre sollte als Antwort auf die britische Blockade der französischen Seehäfen England wirtschaftlich in die Knie zwingen. Die britische Wirtschaft wurde zwar geschädigt, doch langfristig brachte die Blockade keinen Erfolg, denn die Kontinentalsperre wurde durch Schmuggel unterlaufen.

KONZESSION Genehmigung, Erlaubnis, Nutzungsrecht.

KRIMKRIEG Krieg zwischen Russland auf der einen und Großbritannien, Frankreich und der Türkei auf der anderen Seite. Ursache war der Angriff Russlands auf die allmählich zerfallende Türkei. Russland erlitt eine schwere Niederlage und musste in der Frage der Durchfahrt durch den Bosporus ins Mittelmeer nachgeben (Entmilitarisierung der Meerengen).

L

LANDFLUCHT Wanderungsbewegung vom Land in die Städte, heute typisch für Länder der Dritten Welt.

LANDSTÄNDISCHE VERFASSUNGEN Im Wiener Kongress geprägter Begriff für die Verfassungen, welche die deutschen Regime ihren Untertanen zugestehen wollten. Der Streit, ob es sich bei den einzurichtenden Volksvertretungen um Ständekammern herkömmlicher Art handeln sollte (jeder Stand eine Stimme) oder um repräsentative Parlamente, wurde dadurch beigelegt, dass der künstliche Begriff „landständisch" verwendet wurde, der im Grunde alles offen ließ.

LANDWEHR „Zweite Linie" des preußischen Militärs (wehrpflichtige Reservisten).

LASSALLE(ANER) Anhänger der Theorie des ehernen Lohngesetzes von Lassalle; gingen in der SPD anteilsmäßig zugunsten der Marxisten ständig zurück.

LEIBEIGENSCHAFT Lehensabhängigkeit mit Schollenbindung, privater Unfreiheit und Unterstellung unter die Rechtsprechung des Leibherren.

M

MAGISTRAT Stadtverwaltung.

MANDAT Abgeordnetensitz im Parlament, politischer Auftrag, heute meist als Wählerauftrag an einen Abgeordneten in der Legislative zu verstehen. Unterschieden werden freies (Handlungsfreiheit des Beauftragten) oder imperatives Mandat (Bindung des Beauftragten an einen bestimmten Auftrag).

MANUFAKTUR Vorindustrielle, oft schon an Maschineneinsatz (Wasserkraft) ausgerichtete Massenfabrikation durch Ausnutzung der Rationalisierungseffekte von Mechanisierung, starker Arbeitsteilung und Produktnormung. Die hohe Rendite aus der Massenfabrikation erlaubt hohen Kapitaleinsatz und damit teure Investitionen (Mechanisierung).

MARKTVERSCHIEBUNG Verschiebung der Nachfrage an bestimmten Gütern durch Änderung des Bedarfs oder der Mode etc.

MATRIKULARBEITRÄGE Zahlungen der einzelnen Bundesländer an den Bundesstaat zur Erfüllung seiner Aufgaben.

MEERENGENFRAGE (DARDANELLENFRAGE) Es ging um das Durchfahrtsrecht für Kriegschiffe durch Bosporus und Dardanellen vom Schwarzen Meer ins Mittelmeer. Insbesondere Russland versuchte seine eisfreien Kriegshäfen im Schwarzen Meer weltweit nutzen zu können, was Großbritannien um die Seeherrschaft im Mittelmeer fürchten ließ. Erst 1936 kam es zum Abkommen von Montreux, das bis heute in Kraft ist.

MEHRHEITSWAHLRECHT Wahlrecht, bei dem nur die direkt gewählten Abgeordneten von Wahlkreisen ein Mandat erhalten. Je nach Zuschnitt und Zusammensetzung der Wahlkreise kann das Wahlergebnis manipuliert werden. Im Gegensatz dazu steht das Verhältniswahlrecht.

MERKANTILISMUS Absolutistische Wirtschaftsform als staatlich gelenkte Zentralwirtschaft. Der Handlungsspielraum des wirtschaftenden Bürgertums wird entsprechend den Herrschaftsinteressen eingeschränkt und reglementiert. Staatsziel ist die Erhöhung der Steuereinnahmen zur Finanzierung des teuren absolutistischen Staatsapparates (Steuerstaat).
Als Hauptquelle des Reichtums gilt der Außenhandelsüberschuss. Importierte Rohstoffe sollen zu möglichst wertvollen Gütern verarbeitet werden und wieder teuer exportiert werden. Der eigene Markt wird durch hohe Zölle vor Konkurrenz geschützt.

MILITÄRDIKTATUR Uneingeschränkte Ausübung der Staatsgewalt durch das Militär bzw. durch militärische Führer. Die Militärdiktatur kann als verfassungsmäßige Notstandsmaßnahme bei außergewöhnlicher Gefährdung der öffentlichen Sicherheit legitim sein (vgl. Diktaturrecht der Weimarer Reichsverfassung), ist jedoch meist die verfassungswidrige Aneignung der politischen Macht durch die militärische Führung.

MILITARISMUS Überzeugung, dass außenpolitische Konflikte nur mit militärischer Gewalt gelöst werden können und geschichtliche Erfolge einer Nation meist auf militärischen Erfolgen gründen („Krieg als Vater der Geschichte"). Meist steht der Militarismus in Verbindung mit Konkurrenz- und Überlegenheitsdenken gegenüber anderen Nationen (Nationalismus und Chauvinismus).

MISSTRAUENSVOTUM Beschluss der Mehrheit des Parlaments, der Regierung, dem Regierungschef oder einem Regierungsmitglied das Misstrauen auszusprechen. Ein erfolgreiches Misstrauensvotum zwingt zum Rücktritt. In der Weimarer Republik genügte das einfache Misstrauensvotum, d. h. die das Misstrauensvotum einbringenden Parteien mussten sich nicht auf einen gemeinsamen Kanzlerkandidaten festlegen (= destruktives Misstrauensvotum) und konnten deshalb den Kanzler leicht stürzen. In der Bundesrepublik regelt Art. 67 GG das konstruktive Misstrauensvotum. Die das Misstrauensvotum einbringenden Parteien müssen sich auf einen gemeinsamen Kanzlerkandidaten geeinigt haben, der im Falle des erfolgreichen Misstrauensvotums das Kanzleramt übernimmt.

MOBILMACHUNG Herstellung der Kriegsbereitschaft einer Nation, Aufmarsch und Stellung der Truppen an den Grenzen zum Gegner. Die Schnelligkeit der Mobilmachung oder ein zeitlicher Vorsprung konnte, wie der Krieg 1870/71 zeigte, kriegsentscheidend sein. Die Mobilmachung der einen Seite zog deshalb üblicherweise die sofortige Mobilmachung der Gegenseite zwingend nach sich.

MONARCHIE, KONSTITUTIONELLE Regierungsform, in der die Macht des Monarchen durch eine Verfassung beschränkt wird. Charakteristika sind die Beteiligung der Volksvertretung an der Gesetzgebung, die parlamentarische Kontrolle der Exekutive, Ministerverantwortlichkeit, Unabhängigkeit der Judikative und Garantie der Grundrechte.

MONARCHIE, PARLAMENTARISCHE Staatsform, die sich aus der konstitutionellen Monarchie entwickelte. Sie ist aufgrund ihrer Regierungsform eine parlamentarische Demokratie. Charakteristika: 1. Das Staatsoberhaupt ist ein durch Erbfolge auf Lebenszeit bestellter Monarch, der jedoch nur repräsentative Aufgaben wahrnimmt (z. B. die des Staatsoberhauptes, die Ernennung der Regierung und hoher Beamter, die Eröffnung des Parlaments etc.); 2. Träger der Staatsgewalt ist die Volksvertretung (= Parlament); 3. Die Regierung ist allein vom Vertrauen des Parlaments abhängig.

MONOPOL Alleinanbieter oder Nachfrager ohne Wettbewerber auf dem Markt.

N

NATIONALISMUS Übersteigertes Selbstbewusstsein einer Nation bzw. eines Nationalstaats verbunden mit Machtstreben und Überheblichkeit gegenüber anderen Nationen.

NATIONALÖKONOMIE Im 19. Jahrhundert entstehende akademische Lehre über Wirtschaft und Wirtschaftssystem des Staates (Verwissenschaftlichung des wirtschaftlichen Handelns).

NATURRECHTSLEHRE / PHILOSOPHIE Aus der Aufklärung stammende Lehre, nach der Menschen von Natur aus bestimmte unveräußerliche Freiheits- und Unverletzlichkeitsrechte besitzen (Menschenrechte). Zusammen mit der so genannten Vertragslehre, nach der Menschen einen Staat durch einen Gesellschaftsvertrag gründen und den Souverän bestellen, bildet diese Lehre bis heute die Grundlage moderner demokratischer Verfassungen.

P

PANSLAWISMUS a) Im 19. Jahrhundert ursprünglich literarisch-kulturelle Bewegung mit dem Ziel, das Gemeinschaftsbewusstsein aller Slawen zu stärken; b) Seit 1848 auf den politischen Zusammenschluss aller slawischen Völker ausgerichtete Bewegung; c) Russische Politik in der zweiten Hälfte des 19. Jahrhunderts. und zu Beginn des 20. mit folgenden Zielen: Zersetzung des Osmanischen Reichs und des Vielvölkerstaats Österreich-Ungarn, Hegemonie auf dem Balkan. Der Panslawismus scheitert am Misstrauen der Polen, Ukrainer und Kroaten, die ihn als „Panrussismus" (= unverhüllter russischer Imperialismus) ansehen.

PARTIKULARISMUS Konservative Kleinstaatlerei, die die alten Verhältnisse im zersplitterten deutschen Raum aufrechterhalten wollte. Die politischen Minderheiten der Partikularisten standen im Gegensatz zu den nationalen Kräften, aber auch zur SPD (Republikaner).

PATRIARCHAT, PATRIARCHALISCH „Vaterherrschaft", Bevorzugung und Privilegierung des männlichen Geschlechts in einer Gesellschaft.

PATRIOTISMUS Liebe zum eigenen Vaterland ohne Abwertung anderer Völker oder Konkurrenzdenken („positiver Nationalismus").

PAZIFISMUS Philosophisch-politische Denkrichtung, die Krieg und militärische Gewalt als Mittel staatlicher Auseinandersetzungen und der Politik grundsätzlich ablehnt. Als Gegenbewegung zum deutschen Militarismus im 19. Jahrhundert entwickeln sich gleichzeitig neben dem religiösen Pazifismus, wenn auch letztlich wirkungslos, der sozialistische und der bürgerliche Pazifismus.

PERSONALUNION Vereinigung mehrerer Herrschaftsgebiete und -titel unter einer Person.

PERSONEN-VERBANDSSTAAT Mittelalterlicher Staatsverband gekennzeichnet durch persönliche Abhängigkeiten (Lehensabhängigkeit, d.h. ein Deutscher ist ein Angehöriger der Lehenpyramide, an deren Spitze der deutsche Kaiser steht). Territoriale oder ethnische Zugehörigkeiten spielen keine Rolle.

PLUTOKRATIE Herrschaft der reichen Schichten.

POLNISCHER NATIONAL-AUFSTAND 1863/64 15 Monate dauernder Partisanenaufstand im russischen Teil Polens. Preußen hilft dem Zaren, indem auf preußischem Territorium alle Rückhalt- und Rückzugsmöglichkeiten den Partisanen genommen werden, russische Truppen gegen die Aufständischen auch auf preußischem Territorium operieren dürfen und geflüchtete Widerstandskämpfer verhaftet und den russischen Behörden ausgeliefert werden.

PRAGMATISMUS Politischer Pragmatismus: praktisches, frei der Situation angepasstes vorteilsbezogenes Handeln und Denken im Gegensatz zum regelbezogenen dogmatisch prinzipiellen Vorgehen.

PRÄSIDIALREGIERUNG Bezeichnung für die Regierungen der Weimarer Republik 1930 bis 1933, die sich ausschließlich auf das Vertrauen des Reichspräsidenten, nicht jedoch auf das des Parlaments stützten. Die Kabinette Brüning, Papen, Schleicher und Hitler (bis 1934) regierten in der Regel ohne bzw. gegen das Parlament mit Hilfe des Notverordnungsrechts des Reichspräsidenten (Art. 48 Weimarer Verfassung).

PRESTIGE Ansehen.

PRIMAT DER POLITIK Preußische Regel des Vorrangs der Politik vor rein militärischen Interessen (Clausewitz).

PROSPERITÄT Wirtschaftswissenschaftlich: Aufschwung, Gedeihen.

PROTEKTORAT Schutz, Schutzherrschaft.

R

RÄTE, RÄTESYSTEM, RÄTEREPUBLIK In der idealtypischen Form des Rätesystems werden wichtige Entscheidungen von der politischen Basis, den Urwählern getroffen, die auch ihre politische Vertretung (Räte) wählen. Die Räte der untersten Ebene (Betriebs-, Wohnebene) wählen die Räte der nächsthöheren Ebene usw., sodass sich eine hierarchische Struktur ergibt, an deren Spitze ein Zentralrat steht. Alle Räte tagen öffentlich und haben die legislative, exekutive und judikative Macht, die von gewählten Vollzugsausschüssen (Volksbeauftragte, Volkskommissare) ausgeübt wird. Die Räte sind an die Weisungen ihrer Wähler gebunden (imperatives Mandat). Gewaltenteilung existiert nicht. In der Praxis entartet das Rätesystem, da es einen hohen Grad an politischer Mitarbeit aller voraussetzt, weshalb in der Regel nur eine kleine Gruppe die Politik bestimmt. Die fehlende Gewaltenteilung verstärkt diesen Prozess der Machtkonzentration ebenso wie die nicht durchführbare Kontrolle übergeordneter Räte durch die Basis, die Urwähler.
Das Rätesystem ist in der kommunistischen politischen Theorie das Regierungssystem, das in der Revolutions- und Übergangszeit (vom Kapitalismus zum Sozialismus) die Diktatur des Proletariats sichern soll.

RATIFIKATION, RATIFIZIERUNG Inkraftsetzung eines Vertrages durch die dazu berechtigte Institution.

REALTEILUNG Verteilung des Erbes unter alle Erbberechtigten bei jedem Erbfall (im Gegensatz zum Anerbenrecht).

REICHSFREIHEIT Unmittelbare Unterstellung unter den Kaiser (Umgehung der Lehenpyramide).

REPUBLIK (lat. *res publica* = Sache der Allgemeinheit, der Öffentlichkeit): Staatsform, in der das Staatsoberhaupt (im Gegensatz zur Monarchie) ein durch Wahl für eine bestimmte Zeit bestellter Staatspräsident ist. Über das Herrschafts- bzw. Regierungssystem sagt die Staatsform nichts aus. Eine Republik kann eine Demokratie westlicher Prägung sein, eine Volksdemokratie (wie in den früheren Ostblockstaaten) oder eine Diktatur.

RESSOURCEN Materielle oder personelle Mittel.

REVANCHEPOLITIK Politik, die darauf abzielt, eine militärisch oder vertraglich aufgezwungene politische Veränderung wieder rückgängig zu machen.

REVISION Im historischen Sprachgebrauch Rücknahme, Wiederherstellung des Alten (oder Behauptung des Gegenteils).

S

SEKTOREN, WIRTSCHAFTSSEKTOREN	In der Wirtschaft werden die drei Sektoren Landwirtschaft, Gewerbe und Dienstleistung unterschieden.
SEZESSIONSSTAATEN	Abtrünnige Staaten.
SONDERKLAUSEL	Sonderbestimmung in einem Vertrag.
SOUVERÄN	Legitimer Inhaber der Staatsgewalt, in der Demokratie das Volk, in der Monarchie der König.
SPERRMINORITÄT	In abstimmungsberechtigten Gremien der festgelegte Mindeststimmanteil, der eine Entscheidung verhindern kann.
STAATSFORM	Form, in der in einem Staat die staatliche Herrschaft organisiert ist. Es gibt zwei Arten der Staatsformen, die abhängig sind von der Bestellung und der Amtszeit des Staatsoberhauptes: 1. Die Monarchie mit einem durch Erbfolge bestellten und auf Lebenszeit amtierenden Monarchen; 2. Die Republik, deren Staatsoberhaupt ein für eine bestimmte Zeit gewählter Staatspräsident ist.
STANDESSCHRANKEN	Einschränkungen der vertikalen sozialen Mobilität aufgrund Standeszugehörigkeit.
STÄNDE, STÄNDISCH	Mittelalterliche gesellschaftliche Ordnungsvorstellung in drei oder vier Gruppen: Adel, Klerus, dritter Stand (Stadtbürger und Bauern).
STRATEGIE	Methodische Planung, Vorgehensweise, Methode.

T

TERRITORIALSTAAT	Modernes Staatsverständnis, das am Ende des Mittelalters entsteht (Gegensatz: Personenverbandsstaat). Die Staatsgewalt erstreckt sich auf die Menschen (Staatsvolk), die innerhalb eines durch Grenzen abgesteckten Gebietes leben.
THEOKRATIE	Vereinigung von Herrscher- und Priesteramt in einer Person oder Institution, Priesterkönigtum, geistliche oder Kirchenherrschaft.
TOTALER KRIEG	Neuartige, im 19. Jahrhundert sich entwickelnde Form des Kriegs (Vernichtungskrieg) mit folgenden Charakteristika: 1. Ziel ist nicht nur die militärische Unterwerfung des Gegners, sondern dessen physische und moralische Vernichtung; 2. Unterordnung aller militärischen, wirtschaftlichen und politischen Belange unter dieses Ziel; 3. Einsetzung aller ideologischen und propagandistischen Mittel zur Diskriminierung des Gegners; 4. Uneingeschränkte massive Gewaltanwendung auch gegenüber der Zivilbevölkerung; 5. Einsatz von Massenvernichtungsmitteln und Zerstörung ganzer Landstriche.

U

ULTIMATUM	In der Diplomatie förmliche Androhung von Sanktionen oder Gewalt bei Nichterfüllung einer Forderung.
UNITARISMUS	Einheitsbewegung (z.B. deutsche Einheitsbewegung).

V

VETO(RECHT)
Gegenstimme, man unterscheidet absolutes Veto und aufschiebendes Veto (für einen bestimmten Zeitraum).

VOLKS-SOUVERÄNITÄT
Republikanisches Prinzip der Legitimation zur politischen Macht nach Rousseau: Alle Macht liegt beim Volk oder geht zumindest von ihm aus.

W

WILSON, 14-PUNKTE
Januar 1918 vom amerikanischen Präsidenten Woodrow Wilson verkündetes Programm einer künftigen Weltfriedensordnung. Programmpunkte waren u.a. die freie und öffentliche Diplomatie, die Freiheit der Meere und der Wirtschaft, Abrüstung, Selbstbestimmungsrecht der Völker und ein Völkerbund als Garant für politische Unabhängigkeit, territoriale Unverletzlichkeit, Gerechtigkeit, Frieden und Freiheit.

Z

ZENSUSWAHL
Frühliberale Wahlrechtsform des Besitzbürgertums. Das Recht zu wählen oder das Gewicht der Stimme ist an den Nachweis eines bestimmten Besitzes, Einkommens oder Steueraufkommens gebunden. Eine Spielart des Zensuswahlrechts war das preußische Dreiklassenwahlrecht, das bis 1918 galt. Die gesamte wahlberechtigte Bevölkerung wurde in drei Wahlklassen aufgeteilt, die nach dem Steueraufkommen bemessen waren: Die jeweilige Wahlklasse erbrachte ein Drittel der Steuern in Preußen. Jede Wahlklasse wählte ein Drittel der Abgeordneten. Wenige sehr Reiche hatten also über ebenso viele Abgeordnetensitze zu bestimmen, wie das zahllose Heer der Armen.

ZÜNFTE
Mittelalterliche Zusammenschlüsse von städtischen Handwerkern nach Produktionssparten zur Sozialversorgung und wirtschaftlichen und politischen Interessenvertretung. Zünfte organisieren sich in der Regel für die jeweilige Stadt als absolutes Marktmonopol.

ZWEIBUND
1879 zwischen dem deutschen Reich und Österreich-Ungarn abgeschlossenes Defensivbündnis. Inhalt: Gegenseitiger Beistand bei einem Angriff Russlands oder bei dessen Unterstützung einer anderen angreifenden Macht (z.B. Frankreich). Bei alleinigem Angriff einer anderen Macht sind die Vertragspartner zur wohlwollenden Neutralität verpflichtet.

ZWEIKAMMER-SYSTEM
Parlamentarisches System mit zwei parlamentarischen Institutionen (Kammern), die sich gegenseitig kontrollieren.